실전 말하기와 시험 준비까지 **완전** 정복!

GO!독학

스페인어

단어장

이소라(Natalia) 지음 | Raimon Blancafort 감수

S 시원스쿨닷컴

GO!독학 스페인어 단어장

초판 1쇄 발행 2020년 12월 15일
개정 1쇄 발행 2025년 2월 27일

지은이 이소라(Natalia)
펴낸곳 (주)에스제이더블유인터내셔널
펴낸이 양홍걸 이시원

홈페이지 www.siwonschool.com
주소 서울시 영등포구 영신로 166 시원스쿨
교재 구입 문의 02)2014-8151
고객센터 02)6409-0878

ISBN 979-11-6150-947-1 13770
Number 1-511104-26181807-09

GO! 독학

스페인어

단어장

¡Hola a todos! 여러분, 안녕하세요!

<GO! 독학 스페인어 단어장>을 손에 든 모든 학습자 여러분을 환영합니다.
이 책을 통해 여러분을 만날 생각을 하니, 처음 스페인어를 배우던 제 모습이 생각납니다.
그때의 호기심과 새로움은 아직도 저에게 즐거운 추억으로, 신선한 자극으로 남아 있습니다.

처음 공부를 시작했을 때, 스페인어의 매력에 빠져 시간 가는 줄 모르고 스페인어에만 매달렸던 기억이 있습니다. 하지만 한편으로는 '어떻게 하면 쉽고 빠르게, 정확하게 스페인어를 배울 수 있을까?'라는 목마름도 있었습니다. 현지에서 공부를 하면서, 스페인어 고유의 느낌을 살리지 못한 어색한 의미 제시, 한국식으로 만든 문장들, 정확하지 않은 문화 설명 등 한국에서 출간된 도서들에 많은 아쉬움이 있었다는 사실을 깨닫고 적잖이 실망했던 것도 사실입니다.

스페인어를 배우기 시작하면서 느꼈던 매력과 신선함을 여러분에게 선물하고, 과거의 저처럼 스페인어 학습에 대한 고민을 갖고 계신 여러분에게 속 시원한 해결책을 제시하고자 <GO! 독학 스페인어 단어장>을 출간하였습니다. 한국식 표현에 맞춘 어색한 스페인어가 아닌, 현지에서 직접 들을 수 있는 생생한 문장들로 단어를 학습해 보세요. 단어를 잘 녹여 낸 좋은 예문까지 함께 배운다면 회화, 문법, 숙어까지 자연스럽게 마스터할 수 있을 것입니다. 또한 팁으로 제시된 뉘앙스 차이, 표현의 유래 등을 보면서 문화적인 간접 체험까지 가능할 것입니다. 이 모든 것들을 전달하고자 욕심을 내고, 수정에 수정을 거듭하여 제 모든 노하우를 이 책에 담았습니다.

단어 실력은 스페인어를 이해하고 학습하는 데 큰 힘이 됩니다. 본 도서를 구성하고 있는, 표준 유럽어 기준(MCER) 부합 엄선된 단어들과 그 단어들을 잘 녹여 낸 양질의 예문까지 학습하면 서 최대한 많이 읽어 보세요. 무료로 제공되는 원어민 선생님의 발음과 억양을 들리는 그대로 흉내 내며 학습하는 방법이 가장 좋습니다. 실생활과 밀접하게 관련된 좋은 문장들을 많이 읽으면서, 스페인어를 모국어로 사용하는 사람들의 문장 구성 방식과 사고방식을 자연스럽게 익혀 보세요. 보석 같은 예문들로 회화 능력을 키우는 동시에, 자신도 모르는 사이에 DELE까지 정복할 수 있을 것입니다.

La prática hace al maestro.
훈련이 명인을 만든다.

<GO! 독학 스페인어 단어장>은 레벨별 필수 단어와 그것들을 녹인 양질의 예문으로 여러분의 스페인어 해결사이자, 선물이 될 만한 도서라고 자신 있게 말씀드릴 수 있습니다.

반복하며 연습하는 것이 완벽을 위한 가장 쉬운 방법입니다.
마지막 페이지까지 제 손을 꼭 잡고 따라와 주세요. 지금부터 시작합니다!

저자 Natalia

구성과 특징

원어민 MP3

스페인어 원어민 전문 성우가 녹음한 단어와 예문 MP3 파일을 제공합니다.

표제어

세르반테스 문화원에서 공시한 A1~B2 난이도 체계에 따라 엄선된 3,000여 개의 단어를 제시하고, 난이도에 따라 다른 색의 막대로 표시하여 직관적으로 정리했습니다. 단어의 성별에 따른 변화형까지 한눈에 익히고, 동사 표현도 함께 암기해 보세요.

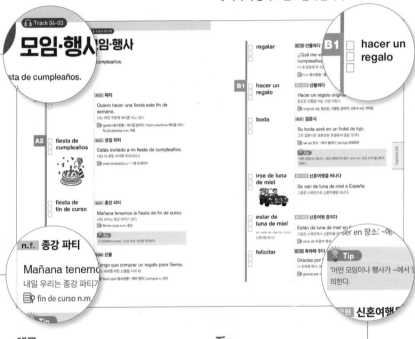

예문

실제 원어민이 자주 사용하는 예문으로 단어 암기력 향상은 물론, 말하기 훈련까지 가능합니다.

Tip

스페인어 고수가 되기 위해 꼭 알아야 할 꿀팁만 모았습니다. 문법, 응용 표현, 학습 포인트, 문화적 설명 등 빠짐없이 내 것으로 만드세요.

참고 단어
예문에 제시된 새 단어들을 바로 아래에 제시하여, 잘 모르는 단어도 바로바로 이해할 수 있습니다.

체크박스
외워지지 않는 단어들은 체크박스에 표시하고 여러 번 반복 학습하세요.

삽화
단어와 예문 상황에 꼭 맞는 귀여운 그림으로 연상 작용을 일으켜, 단어 암기를 돕습니다.

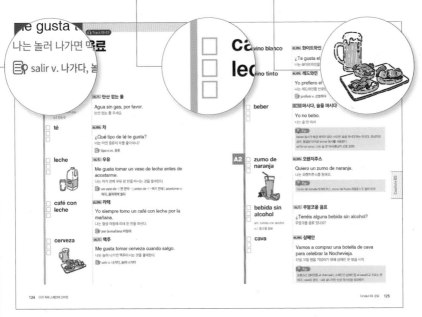

실력을 보여 줘!
학습한 단어를 활용하여 실생활에서 충분히 일어날 수 있는 상황을 설정, 생활 밀착형 대화문을 구성했습니다. 단어와 함께 재미까지 챙기세요.

연습문제
외국어 독학에 성공하기 위해서는 실력 점검과 복습이 필수적입니다. 목표한 단어를 다 외웠는지 각 Capítulo마다 제공되는 연습문제로 꼭 확인해 보세요.

보너스 단어
각 주제별로 좀 더 폭넓게 활용할 수 있는 응용 확장 단어까지 담았습니다. B2 수준 단어까지 욕심내 보세요.

단어 학습 플랜

Día	Capítulo _Unidad	공부한 날		암기 확인			복습 체크
1	1_01	월	일	☑	☑	☐	☑
2	1_02~1_03	월	일	☐	☐	☐	☐
3	2_01	월	일	☐	☐	☐	☐
4	2_02~2_03	월	일	☐	☐	☐	☐
5	3_01~3_03	월	일	☐	☐	☐	☐
6	4_01~4_02	월	일	☐	☐	☐	☐
7	4_03~5_01	월	일	☐	☐	☐	☐
8	5_02~5_03	월	일	☐	☐	☐	☐
9	5_04~5_06	월	일	☐	☐	☐	☐
10	5_07~6_02	월	일	☐	☑	☐	☐
11	6_03~6_05	월	일	☐	☐	☐	☐
12	7_01~7_02	월	일	☐	☐	☐	☐
13	7_03~7_04	월	일	☐	☐	☐	☐
14	8_01~8_02	월	일	☐	☐	☐	☐
15	8_03~9_02	월	일	☐	☐	☐	☐

Día	Capítulo_Unidad	공부한 날	암기 확인	복습 체크
16	9_03~9_06	월 일	☐☐☐	☐
17	10_01~10_02	월 일	☐☐☐	☐
18	10_03~11_03	월 일	☐☐☐	☐
19	11_04~12_01	월 일	☐☐☐	☐
20	12_02~12_04	월 일	☐☐☐	☐
21	13_01~13_02	월 일	☐☐☐	☐
22	13_03~14_01	월 일	☐☐☐	☐
23	14_02~14_03	월 일	☐☐☐	☐
24	15_01~15_03	월 일	☐☐☐	☐
25	15_04~16_02	월 일	☐☐☐	☐
26	16_03~17_01	월 일	☐☐☐	☐
27	17_02~17_03	월 일	☐☐☐	☐
28	18_01~18_02	월 일	☐☐☐	☐
29	18_03~18_04	월 일	☐☐☐	☐
30	18_05~19_02	월 일	☐☐☐	☐
31	19_03~19_04	월 일	☐☐☐	☐
32	20_01~20_05	월 일	☐☐☐	☐

차례

스페인어 알파벳 (Abecedario)

스페인어 알파벳은 자음 22개, 모음 5개의 총 27자로 구성됩니다. 한 개의 단어는 한 음절 이상으로 구성되며, 음절의 중심은 항상 모음이기 때문에 모음에 강세를 줍니다. 자음은 단독으로 음절을 구성할 수 없습니다.

*음절: 한 번에 발음할 수 있는 소리의 단위

모음 vocales [보깔레스]

대문자	소문자	발음	단어 예시
A	a	[아]	amigo [아미고] 친구 | ayer [아예르] 어제
E	e	[에]	España [에스빠냐] 스페인 | Ecuador [에꾸아도르] 에콰도르
I	i	[이]	Isabel [이사벨] 이사벨 | inteligente [인뗄리헨떼] 똑똑한
O	o	[오]	oso [오소] 곰 | ocho [오쵸] 8
U	u	[우]	Uruguay [우루구아이] 우루과이 | uno [우노] 1

*강모음: a, e, o / 약모음: i, u

자음 consonantes [꼰소난떼스]

대문자	소문자	발음	단어 예시
B	b	[베]	botella [보떼쟈] 병 | Bolivia [볼리비아] 볼리비아
C	c	[쎄]	camarero [까마레로] 웨이터 | coche [꼬체] 자동차 | cuatro [꾸아뜨로] 4 | cerveza [쎄르베싸] 맥주 | ciudad [씨우닫] 도시 - c는 영어의 번데기 발음과 유사 - ca, co, cu [까, 꼬, 꾸] / ce, ci [쎄, 씨]
D	d	[데]	dos [도스] 2 | domingo [도밍고] 일요일
F	f	[에뻬]	fiesta [피에스따] 파티 | familia [파밀리아] 가족 - f는 아랫입술을 윗니로 살짝 깨물면서 발음
G	g	[헤]	goma [고마] 지우개 | guapo [구아뽀] 잘생긴 | gente [헨떼] 사람들 | girasol [히라솔] 해바라기 | guionista [기오니스따] 시나리오 작가 | guerra [게ㄹ라] 전쟁 - g는 목에서 끌어내는 강한 소리로, 스페인어 특유의 'ㅎ' 발음 - ga, go, gu [가, 고, 구] / ge, gi [헤, 히] / gue, gui [게, 기]

H	h	[아체]	Honduras [온두라스] 온두라스 | hoy [오이] 오늘 | hijo [이호] 아들 - h는 묵음
J	j	[호따]	jefe [헤페] 사장 | jueves [후에베스] 목요일 - j는 목에서 끌어내는 강한 소리로, 스페인어 특유의 'ㅎ' 발음
K	k	[까]	kilo [낄로] 킬로 | kiwi [끼위] 키위
L	l	[엘레]	él [엘] 그는 | lunes [루네스] 월요일
M	m	[에메]	martes [마르떼스] 화요일 | madre [마드레] 어머니
N	n	[에네]	noche [노체] 밤 | Nicaragua [니까라구아] 니카라과
Ñ	ñ	[에녜]	mañana [마냐나] 내일 | niño [니뇨] 남자아이
P	p	[뻬]	Perú [뻬루] 페루 | padre [빠드레] 아버지
Q	q	[꾸]	queso [께소] 치즈 | quince [낀쎄] 15 - que [께], qui [끼]로만 발음
R	r	[에레]	pero [뻬로] 그러나 | rosa [ㄹ로사] 장미 | Enrique [엔ㄹ리께] 엔리케 | sonrisa [손ㄹ리사] 미소 | alrededor [알ㄹ레데도르] 주변 - 단어 첫머리의 r와, n, l 다음에 오는 r는 rr(떨어 주는 소리)로 발음
S	s	[에쎄]	sábado [사바도] 토요일 | semana [세마나] 주(=week)
T	t	[떼]	tú [뚜] 너는 | tomate [또마떼] 토마토
V	v	[우베]	Venezuela [베네쑤엘라] 베네수엘라 | vaso [바소] 컵
W	w	[우베도블레]	Washington [우아싱똔] 워싱턴
X	x	[엑끼스]	examen [엑사멘] 시험 | excursión [엑스꾸르시온] 소풍
Y	y	[이 그리에가] 또는 [예]	yo [요] 나는 | ayer [아예르] 어제 | rey [ㄹ레이] 왕
Z	z	[쎄따]	zapato [싸빠또] 신발 | zumo [쑤모] 주스 - z는 영어의 번데기 발음과 유사

*c, z는 영어의 번데기 발음과 유사합니다
(스페인의 남부 혹은 섬 등의 일부 지역 및 중남미에서 c, z는 s와 같은 발음)

단어의 강세

'강세'는 특정 음절에 힘을 주어 발음하는 것으로, 스페인어에서 매우 중요한 요소입니다. 모음 위에 강세 부호 (´)를 찍어서 표현하며, 강세를 어디에 두느냐에 따라 의미 전달이 완전히 달라지기 때문에 강세를 넣어 제대로 읽는 연습을 해야 의미를 정확하게 전달할 수 있습니다. 단어 자체가 강세 기호를 갖고 있는 경우도 있지만, 그렇지 않은 단어들도 규칙에 따라 강세를 넣어야 합니다. 특히 동사 변형이 들어가면 강세는 더욱 중요해지므로 이 부분을 염두에 두고 학습해 주세요!

	[에스뚜디오]	
Estudio	**vs**	**Estudió**
나는 공부한다		그, 그녀, 당신은 공부했다

1 기본 규칙

① 모음 또는 n, s로 끝나는 단어는 뒤에서 두번째 모음에 악센트를 준다.

joven	**sacapuntas**	**carne**
[호벤]	[사까뿐따스]	[까르네]
젊은이, 젊은	연필깎이	고기

② n, s 외의 자음으로 끝나는 단어는 맨 뒤의 모음에 악센트를 준다.

ordenador	**universidad**	**girasol**
[오르데나도르]	[우니베르시닫]	[히라쏠]
컴퓨터	대학교	해바라기

③ 그 외 불규칙한 단어들은 각각의 단어가 가진 강세 부호에 따른다.

película	**sofá**	**televisión**
[뻴리꿀라]	[소파]	[뗄레비시온]
영화	쇼파	텔레비전

2 이중모음 규칙

기본 규칙의 ①, ②를 적용하되, 두개의 모음을 하나의 모음 또는 독립적인 두 개의 모음으로 취급합니다. 아래 예시에서 빨간색 부분을 올려서 읽습니다.

① 약모음+약모음=하나의 모음으로 취급한다.

suizo	construir	triunfo
[수이쏘]	[꼰스뜨루이르]	[뜨리운포]
스위스 남자	건설하다	승리

② 강모음+약모음/약모음+강모음=하나의 모음으로 취급하지만, 강모음에 중점을 두고 발음한다.

sueco	Austria	peruano
[수에꼬]	[아우스뜨리아]	[뻬루아노]
스웨덴어, 스웨덴 남자	오스트리아	페루 남자

idioma	aire	deuda
[이디오마]	[아이레]	[데우다]
언어	공기	빚

③ 강모음+강모음=독립된 모음으로 취급하며, 기본 규칙의 ①, ②를 적용한다.

airear	coreano	teatro
[아이레아르]	[꼬레아노]	[떼아뜨로]
환기시키다	한국어, 한국 남자	극장

Capítulo
01

Cuerpo
신체

MP3 바로 듣기

◀ Fuente de Cibeles, Madrid
  시벨레스 분수, 마드리드

Unidad 01 우리 몸

Mamá, Luis me ha sacado la lengua.
엄마, 루이스가 나에게 메롱 했어!

A1 ☐ **pelo**
☐
☐ sin. cabello n.m. 머리카락

n.m. 머리카락, 털

Quiero cortarme el pelo.
나 머리카락 자르고 싶어.

🗒 cortarse el pelo (자신의) 머리카락을 자르다

💡 **Tip**
pelo가 머리숱 전체를 지칭할 때는 집합명사이기 때문에 복수로 쓰이지 않는다.

☐ **oreja**
☐
☐

n.f. 귀, 외이

Ana siempre tiene una sonrisa de oreja a oreja.
아나는 항상 환한 미소를 띠고 있다.

🗒 siempre adv. 항상 | tener v. ~을(를) 가지고 있다 | sonrisa n.f. 미소

💡 **Tip**
una sonrisa de oreja a oreja는 '귀에서 귀까지 걸리는 미소' 즉, '환한 미소' 를 뜻한다.

☐ **ojo**
☐
☐

n.m. 눈

Mi novia tiene los ojos muy grandes.
내 여자 친구는 큰 눈을 가지고 있다.

🗒 novia n.f. 여자 친구 | grande adj. 큰

☐ **nariz**
☐
☐

n.f. 코

Tengo la nariz tapada por el resfriado.
나는 감기 때문에 코가 막혔다.

🗒 nariz tapada n.f. 막힌 코 | por ~ 때문에 | resfriado n.m. 감기

boca

n.f. 입

No hables con la boca llena.
입에 음식이 찬 상태로 말하지 마.

📑 hablar v. 말하다 | lleno/a adj. 꽉 찬

mano

n.f. 손

Este collar está hecho a mano.
이 목걸이는 수작업으로 만들어졌다.

📑 collar n.m. 목걸이 | estar hecho/a a mano 손으로 만들어지다

> **Tip**
> hecho는 주어에 맞추어 성수를 바꾸어야 하며, 성수가 변한다는 점에 유의한다. mano는 -o로 끝나지만 여성 명사라는 점에 유의하자.

A2

cara

n.f. 얼굴, 뻔뻔함

¡Qué cara tiene tu jefe!
너의 상사는 참 뻔뻔하구나!

📑 jefe n.m. 상사(남자)

cabeza

n.f. 머리

Me duele mucho la cabeza.
나 머리가 많이 아파.

> **Tip**
> 역구조 동사인 doler(아프다)는 동사 뒤에 주어가 위치하며, 주어는 'la cabeza'와 같이 정관사를 동반한다. 역구조 동사란, 문법상의 주어가 동사 뒤에 위치하고 해석상의 주어는 동사 앞에 me, te, le, nos, os, les로 표시 되는 동사들을 의미하며, 대표적인 역구조 동사로는 gustar가 있다.

ceja

n.f. 눈썹

José tiene las cejas muy pobladas.
호세는 송충이 눈썹을 가지고 있다.

📑 poblado/a adj. 누군가가 살고 있는, 빽빽한

> **Tip**
> ceja는 주로 복수로 쓰인다.

oído

n.m. 귀, 내이

Miguel toca el piano de oído.

미겔은 귀동냥으로 피아노를 연주한다.

📝 tocar el piano 피아노를 연주하다 | de oído 귀동냥으로

labio

n.m. 입술

Tengo los labios secos en invierno.

나는 겨울에 입술이 메마른다.

📝 seco/a adj. 마른 | invierno n.m. 겨울

> **Tip**
>
> labio는 주로 복수로 쓰인다. 'labio superior 윗입술'과 'labio inferior 아랫입술'도 알아 두자.

diente

n.m. 치아

Ya me lavo los dientes, mamá.

이제 이 닦을게, 엄마.

📝 lavarse+정관사+신체 부위: 자신의 ~를 닦다, 씻다

> **Tip**
>
> diente는 주로 복수로 쓰인다.

muela

n.f. 어금니

Tengo que sacarme la muela del juicio.

나 사랑니 빼야 해.

📝 tener que+동사원형: ~해야 한다 | sacarse v. (자신의) ~을(를) 빼다, 꺼내다 | muela del juicio n.f. 사랑니

lengua

n.f. 혀

Mamá, Luis me ha sacado la lengua.

엄마, 루이스가 나에게 메롱 했어!

> **Tip**
>
> sacar la lengua a alguien을 직역하면 '~에게 혀를 내밀다'이지만, '~에게 메롱을 하다'로 자연스럽게 해석한다.

cuello

n.m. 목

Siento algo en el cuello.
목에 무언가 있는 것 같아.

📝 sentir algo en ~: ~에 무언가를 느끼다

💡 **Tip**
cuello는 목의 겉면을 뜻하며, 목구멍 내부를 지칭하는 단어는 garganta라고 한다.

garganta

n.f. 목, 목구멍

Me duele la garganta.
나 목이 아파.

corazón

n.m. 심장, 하트

No me gustan las revistas del corazón.
나는 가십성 잡지들을 좋아하지 않아.

📝 revista del corazón n.f. 가십성 잡지

💡 **Tip**
역구조 동사인 gustar는 동사 뒤에 주어가 위치하며, 주어는 las revistas와 같이 정관사를 동반한다.

brazo

n.m. 팔

Tengo los brazos fofos, así que voy a hacer ejercicio.
나 팔뚝이 좀 물컹해서 운동할 거야.

📝 fofo/a adj. 살이 물컹물컹한 | así que 그래서 | hacer ejercicio 운동하다

💡 **Tip**
ejercicio가 '신체적인 운동'의 의미로 사용될 때에는 복수로 쓰이지 않기 때문에, '운동을 하다'라는 표현을 hacer ejercicios라고 하지 않음에 유의한다.

☐☐☐ **codo**

n.m. 팔꿈치

Ana me dio con el codo.

아나는 나를 팔꿈치로 툭 쳤다.

📖 dar con el codo a alguien ~을 팔꿈치로 치다, 찌르다

☐☐☐ **muñeca**

n.f. 손목

Me duele la muñeca al coger el ratón.

나는 마우스를 잡을 때 손목이 아파.

📖 al+동사원형: ~할 때 | coger v. 잡다 | ratón n.m. 생쥐, 마우스

☐☐☐ **dedo**

n.m. 손가락, 손가락 하나의 폭(약 18mm)

Tienes los dedos finos.

너는 손가락이 가늘구나.

📖 fino/a adj. 가는

☐☐☐ **estómago**

n.m. 배, 위

Me duele el estómago desde ayer.

어제부터 나는 배가 아프다.

📖 desde ~부터(시간, 공간) | ayer adv. 어제

☐☐☐ **espalda**

n.f. 등

Siento algo en la espalda.

등에 뭐가 있는 것 같아.

☐☐☐ **cintura**

n.f. 허리

Mi hermana mayor tiene una cintura de avispa.

나의 언니는 개미허리를 가지고 있다.

📖 hermana mayor n.f. 언니, 누나 | avispa n.f. 말벌

💡 **Tip**

tener una cintura de avispa는 직역하면 '말벌 허리를 가지고 있다'이지만, 여기에서는 '개미허리를 가지고 있다'라고 해석하면 자연스럽다.

culo

n.m. 엉덩이

Me duele el culo de tanto estar sentado.

나는 너무 오래 앉아 있어서 엉덩이가 아파.

📑 de tanto+동사원형: 너무 ~해서 | estar sentado/a 앉아 있다

pierna

n.f. 다리

Tengo una cicatriz en la pierna derecha.

나는 오른쪽 다리에 상처 하나가 있다.

📑 cicatriz n.f. 상처 | derecho/a adj. 오른쪽의

rodilla

n.f. 무릎

Siempre me duele la rodilla derecha después de jugar al fútbol.

축구를 하고 나서 나는 항상 오른쪽 무릎이 아프다.

📑 después de 동사원형: ~한 후에 | jugar al fútbol 축구를 하다

pie

n.m. 발

Esa historia no tiene ni pies ni cabeza.

그 이야기는 앞뒤가 맞지 않다.

📑 historia n.f. 이야기

💡 **Tip**

no tener ni pies ni cabeza는 직역하면 '발도 머리도 없다'지만, '앞뒤가 없다, 맞지 않다, 얼토당토않다'라는 의미로 사용되는 표현이다.

cuerpo

n.m. 몸, 시체

La Policía dijo que el cuerpo estaba debajo del puente.

경찰은 그 시체가 다리 밑에 있었다고 말했다.

📑 debajo de ~: ~의 밑에 | puente n.m. 다리, 교량

💡 **Tip**

'남자 경찰'과 '여자 경찰'은 관사를 통해 구분하며, Policía와 같이 첫 글자를 대문자로 쓴 여성 명사일 경우 '경찰 조직'을 지칭하기도 한다.

frente

n.f. 이마

Me ha salido un grano en la frente.

나 이마에 여드름 하나가 났어.

📖 grano n.m. 여드름

Tip

동사 salir가 '~이 나오다'라는 의미로 사용될 경우, 주어가 뒤에 위치하는 역구조 형태를 취한다.

pestaña

n.f. 속눈썹

Mi sobrina tiene las pestañas muy largas.

나의 조카는 매우 긴 속눈썹을 가지고 있다.

📖 sobrina n.f. 여자 조카 | largo/a adj. 긴

Tip

pestaña는 보통 복수로 쓰인다.

mejilla

n.f. 볼

Los españoles se dan un beso en cada mejilla para saludarse y despedirse.

스페인 사람들은 만남과 헤어짐의 인사를 하기 위해서 각각의 볼에 한 번씩 뽀뽀를 한다.

📖 español n.m. 스페인 사람(남자) | española n.f. 스페인 사람(여자) | saludarse v. 서로 인사하다 | despedirse v. 작별 인사하다

Tip

se dan과 saludarse에서는 상호의 se가 쓰였고, despedirse는 재귀동사로 쓰였다.

piel

n.f. 피부

Yuna Kim tiene la piel de porcelana.

김연아는 도자기 피부를 가지고 있다.

📖 tener la piel de porcelana 도자기 피부를 가지고 있다

hombro

n.m. 어깨

Alejandro tiene los hombros anchos.
알레한드로는 넓은 어깨를 가지고 있다.

📖 ancho/a adj. 넓은

💡 **Tip**

hombro는 보통 복수로 쓰인다.

pecho

n.m. 가슴

Siento un dolor agudo en el pecho.
나는 가슴에 쿡쿡 찌르는 듯한 통증을 느껴.

📖 dolor n.m. 통증, 고통 | agudo/a adj. 찌르는 듯한

pulmón

n.m. 폐

Raúl tuvo un problema grave en el pulmón.
라울은 폐에 심각한 문제를 가지고 있었다.

📖 problema n.m. 문제 | grave adj. 심각한

barriga

n.f. 배

Mi padre tiene mucha barriga.
나의 아버지는 배가 많이 나왔다.

💡 **Tip**

'배가 많이 나왔다'라고 할 때도 barriga를 복수로 쓰지 않음에 유의한다.

vientre

sin. barriga n.f. 배, 복부

n.m. 배, 복부

¿Sabes bailar la danza del vientre?
너는 벨리 댄스를 출 줄 아니?

🗣️ saber+동사원형: ~할 줄 알다 | danza del vientre n.f. 벨리 댄스

Tip 1
vientre는 일반적으로 '배'를 지칭할 때 사용하는 단어로 문어적인 어감을 가지고 있고, 'danza del vientre 벨리 댄스'와 같이 굳어진 표현에 많이 등장한다.

Tip 2
estómago는 '위장이나 소장 등의 내장이 있는 부위'를 지칭하며, barriga와 vientre는 '겉에서 보이는 배, 여성의 몸에서 아기가 드는 부분'을 지칭한다.

ombligo

n.m. 배꼽

Quiero hacerme un *piercing* en el ombligo.
나는 배꼽에 피어싱 하나를 하고 싶다.

🗣️ hacerse un *piercing* en ~: ~에 피어싱 하나를 하다

nalga

sin. trasero n.m. 엉덩이
sin. culo n.m. 엉덩이

n.f. 엉덩이

Tengo un lunar en la nalga derecha.
나는 오른쪽 엉덩이에 반점 하나를 가지고 있다.

🗣️ lunar n.m. 반점

Tip 1
nalga는 복수로 쓰여야 양쪽 엉덩이를 가리킨다.

Tip 2
중남미에서는 동의어인 culo보다, trasero 혹은 nalga를 선호한다.

palma

n.f. 손바닥

Ana sabe leer la palma de la mano.
아나는 손금을 읽을 줄 안다.

🗣️ leer la palma de la mano 손금을 읽다

uña

n.f. 손톱

No te muerdas las uñas.
손톱 물어뜯지 마.

📖 morderse v. (자신의 신체 부위를) 물어뜯다, 물다

tobillo

n.m. 발목

Me he hecho daño en el tobillo derecho.
나는 오른쪽 발목을 다쳤다.

📖 hacerse daño en ~: ~을(를) 다치다

talón

n.m. 발뒤꿈치

El talón de Aquiles de Ana es el chocolate.
아나의 약점은 초콜릿이다.

📖 talón de Aquiles n.m. 아킬레스건, 약점

💡 **Tip**
talón de Aquiles는 발뒤꿈치의 힘줄을 말하며, '치명적인 약점'을 비유적으로 가리킨다.

hueso

n.m. 뼈

Me rompí un hueso al caer de un árbol.
나는 나무에서 떨어졌을 때 뼈 하나가 부러졌다.

📖 romperse+신체 부위: (자신의) 신체 부위를 부러뜨리다 | caer de ~: ~(으)로부터 떨어지다 | árbol n.m. 나무

músculo

n.m. 근육

No tengo músculos.
나는 근육이 없다.

Unidad 02 신체 특징

Mi padre ya tiene canas.
나의 아버지는 벌써 흰머리를 가지고 있다.

A1

☐ **ser + alto/a**   `동사 표현` **키가 크다**
☐
☐ ant. ser bajo/a 키가 작다

Mi hermana menor es más alta que yo.
나의 여동생은 나보다 키가 더 크다.

📖 hermana menor n.f. 여동생 | más+형용사+que+명사: ~보다 ~한

> 💡 **Tip 1**
> 'ser de estatura media 보통 키이다'도 알아 두자. ~o로 끝나는 형용사는 수식 대상이 여성 명사인 경우 ~a로 변한다.

> 💡 **Tip 2**
> alto/a 자리에 gordo/delgado/flaco 등을 넣어서 '살찐/날씬한/마른 사람이다' 등을 표현할 수 있다.

☐ **estar + calvo/a**   `동사 표현` **머리가 벗겨진**
☐
☐

José está calvo.
호세는 머리가 벗겨진 상태다.

> 💡 **Tip**
> calvo 자리에 gordo/delgado/flaco 등을 넣어서 '살찐/날씬한/마른 상태이다' 등을 표현할 수 있다.

☐ **tener + barba**   `동사 표현` **턱수염을 가지고 있다**
☐
☐

No tengo mucha barba, ¿no?
나 턱수염 많이 안 자라지 않았어?

> 💡 **Tip 1**
> barba 자리에 bigote를 넣어서 '콧수염을 가지고 있다'를 표현할 수 있다.

> 💡 **Tip 2**
> barba와 bigote는 복수로 쓰이지 않는다.

□ **tener el pelo**
□ **+ negro**
□

동사 표현 **검은 머리를 가지고 있다**

Tengo el pelo negro y quiero teñirme de castaño.

나는 검은 머리를 가지고 있는데 밤색으로 염색하고 싶어.

📖 teñirse de+색상: ~ 색으로 염색하다

Tip

negro 자리에 blanco/castaño 등을 넣어서 '하얀 머리/밤색 머리를 가지고 있다' 등을 표현할 수 있다.

□ **tener los**
□ **ojos + claros**
□

동사 표현 **밝은 색의 눈을 가지고 있다**

Quiero tener los ojos claros y por eso llevo lentillas.

나는 밝은 색 눈을 갖고 싶어 그래서 렌즈를 착용하고 다녀.

📖 llevar v. (옷, 모자 렌즈 등) ~을(를) 입고 있다, 착용하고 다니다 | lentilla n.f. 렌즈

Tip 1

ojo는 보통 복수로 쓰인다.

Tip 2

claros 자리에 oscuros/negros 등을 넣어서 '어두운/검은 눈을 가지고 있다' 등을 표현할 수 있다.

□ **tener los**
□ **ojos +**
□ **marrones**

동사 표현 **갈색 눈을 가지고 있다**

Mi madre tiene los ojos marrones.

나의 어머니는 갈색 눈을 가지고 있다.

Tip

marrones 자리에 verdes/azules 등을 넣어서 '초록색의/파란 눈을 가지고 있다' 등을 표현할 수 있다.

□ **tener los ojos**
□ **+ grandes**
□

동사 표현 **큰 눈을 가지고 있다**

La actriz tiene los ojos grandes.

그 배우는 큰 눈을 가지고 있다.

📖 actriz n.f. 배우(여자)

Tip

grandes 자리에 pequeños을 넣어서 '작은 눈을 가지고 있다'를 표현할 수 있다.

tener el pelo + rizado

☐ ☐ ☐

동사 표현 곱슬머리를 가지고 있다

Mi sobrina tiene el pelo muy rizado.
나의 조카는 매우 곱슬거리는 머리를 가졌다.

💡 **Tip**
rizado 자리에 liso/largo/corto을 넣어서 '생머리/긴 머리/짧은 머리를 가지고 있다' 등을 표현할 수 있다.

tener el pelo + ondulado

☐ ☐ ☐

동사 표현 웨이브 진 머리를 가지고 있다

Mi sobrina tiene el pelo ondulado.
나의 조카는 웨이브 진 머리를 가지고 있다.

💡 **Tip**
ondulado 자리에 teñido를 넣어서 '염색된 머리를 가지고 있다'를 표현할 수 있다.

tener canas

☐ ☐ ☐

동사 표현 흰머리를 가지고 있다

Mi padre ya tiene canas.
나의 아버지는 벌써 흰머리를 가지고 있다.

📖 ya 이미, 벌써

💡 **Tip**
cana는 보통 복수로 쓰인다.

ser + moreno de piel

☐ ☐ ☐

동사 표현 피부가 원래 가무잡잡 하다

José es moreno de piel, pero tiene los ojos claros.
호세는 피부는 가무잡잡한데, 밝은 색의 눈을 가지고 있다.

📖 pero 그러나 | claro/a adj. 밝은

💡 **Tip**
moreno 자리에 blanco를 넣어서 '피부가 원래 하얗다'를 표현할 수 있다.

tener los ojos + rasgados

☐ ☐ ☐

동사 표현 가는 눈을 가지고 있다

El actor tiene los ojos rasgados.
그 배우는 가는 눈을 가지고 있다

📖 actor n.m. 배우(남자)

tener la piel + suave

☐
☐
☐

`동사 표현` **부드러운 피부를 가지고 있다**

Tengo la piel suave.
나는 부드러운 피부를 가지고 있다.

> 💡 **Tip**
>
> suave 자리에 sensible/clara/oscura를 넣어서 '민감한/밝은색의/어두운 피부를 가지고 있다' 등을 표현할 수 있다.

tener la piel + seca

☐
☐
☐

`동사 표현` **건성의 피부를 가지고 있다**

Tengo la piel seca.
나는 건성의 피부를 가지고 있어.

> 💡 **Tip**
>
> seca 자리에 mixta/grasa를 넣어서 '복합성의/지성의 피부를 가지고 있다' 등을 표현할 수 있다.

tener buen tipo

☐
☐
☐

`동사 표현` **좋은 몸매를 가지고 있다**

Ana hace mucho ejercicio y por eso tiene buen tipo.
아나는 운동을 많이 한다 그래서 몸매가 좋다.

> 💡 **Tip**
>
> 'tener buen estilo 좋은 스타일을 가지고 있다'라는 표현도 알아 두자.

tener buena presencia

☐
☐
☐

`동사 표현` **단정한 용모를 가지고 있다**

Es importante tener buena presencia en una entrevista de trabajo.
일자리 면접에서 좋은 용모를 갖추는 것이 중요하다.

📑 ser importante+동사원형: ~하는 것은 중요하다 | entrevista de trabajo n.f. 일자리 면접

parecerse a alguien

☐
☐
☐

`동사 표현` **~을(를) 닮다**

No me parezco nada a mi madre.
나는 나의 어머니를 하나도 닮지 않았다.

📑 no parecerse nada 하나도 닮지 않다

Unidad 03 · 신체 활동

Le gusta caminar sin rumbo.
그는 정처 없이 걷기를 좋아한다.

A1

☐ **vivir**
☐
☐

v. 살다

Me gustaría vivir en el extranjero en un futuro cercano.
나는 가까운 미래에 외국에서 살아 보고 싶다.

📖 me gustaría+동사원형: ~하고 싶다 | extranjero n.m. 외국 | en un futuro cercano 가까운 미래에

☐ **ver**
☐
☐

v. 보다

¿Has visto a Gema últimamente?
너 최근에 헤마 본 적 있어?

📖 últimamente adv. 최근에

💡 **Tip**
últimamente는 보통 현재 완료 시제와 함께 쓰인다.

☐ **oír**
☐
☐

v. 듣다

¿Me oyes?
내 말 들려?

☐ **escuchar**
☐
☐

v. 듣다

Dime, yo te escucho.
말해, 나는 네가 하는 말 들을게.

📖 decir v. 말하다

A2

☐ **mirar**
☐
☐

v. 쳐다보다, 바라보다

Mírame a los ojos.
내 눈을 쳐다봐.

📖 mirar a alguien a los ojos ~의 눈을 쳐다보다

tocar

☐
☐
☐

v. **만지다**

No me toques.
나 건드리지 마.

dormir

☐
☐
☐

v. **자다**

¿Dormiste algo anoche?
너 어젯밤에 좀 잤어?

> **Tip**
> 'algo 조금'의 동의어로 un poco를 알아 두자(¿Dormiste algo anoche? = ¿Dormiste un poco anoche?)

acostarse

☐
☐
☐

v. **잠자리에 들다**

Me acuesto sobre las 11.
나는 11시경에 잠자리에 든다.

📝 sobre la(s)+시간: ~ 경에

despertarse

☐
☐
☐

v. **잠에서 깨다**

Gema se despierta fácilmente con cualquier ruido.
헤마는 어떤 소음에도 쉽게 잠이 깬다.

📝 fácilmente adv. 쉽게 | ruido n.m. 소음

> **Tip**
> 'cualquier 어떤 ~도'는 뒤에 남성 단수 또는 여성 단수명사와 쓰인다. 여성 단수명사가 오는 경우에도 cualquiera라고 쓰지 않는다는 점에 유의하자.

levantarse

☐
☐
☐

v. **일어나다**

Ana siempre se levanta a las 5 de la madrugada.
아나는 항상 새벽 5시에 일어난다.

📝 madrugada n.f. 새벽

afeitarse

v. 면도하다

No me gusta afeitarme todos los días. Es muy pesado.
나는 매일 면도하는 것을 좋아하지 않는다. 그것은 참 귀찮다.

📑 todos los días 매일 | pesado/a adj. 귀찮은, 짜증 나는

peinarse

v. 머리를 빗다, 헤어 스타일링을 하다

Yo no sé peinarme.
나는 헤어 스타일링을 할 줄 몰라.

sentarse

v. 앉다

¿Nos sentamos aquí?
우리 여기 앉을까?

📑 aquí adv. 여기

caminar

v. 걷다

Le gusta caminar sin rumbo.
그는 정처 없이 걷기를 좋아한다.

📑 sin rumbo 정처 없이

andar

v. 걷다, ~한 상태로 지내다

Estos últimos días ando mal de dinero.
요 근래 나는 자금 상태가 좋지 않다.

📑 estos últimos días 요 근래 | andar mal de dinero 자금 상태가 좋지 않다

pasear

v. 산책하다

Quiero pasear un rato. ¿Te vienes conmigo?
나 잠시 산책하고 싶어. 너 나랑 같이 갈래?

📑 un rato 잠시

Tip 1
같이 뭔가를 하자고 상대에게 제안할 땐 venir가 아닌, venirse를 쓴다.

Tip 2
con과 mí가 만날 경우, con mí가 아니라 conmigo로 쓰인다.

correr

v. 뛰다

Me gusta correr por el paseo marítimo.

나는 해변 산책로를 따라서 뛰는 것을 좋아한다.

📝 correr por+장소: ~의 이곳저곳을 달리다 | paseo marítimo n.m. 해변 산책로

hacer deporte

sin. hacer ejercicio
운동을 하다

동사 표현 운동을 하다

¿Cuántas veces a la semana haces deporte?

너는 일주일에 몇 번이나 운동을 하니?

📝 a la semana 일주일에

ducharse

v. 샤워하다

Me ducho con agua fría en verano.

나는 여름에 찬물로 샤워한다.

📝 agua n.f. 물 | frío/a adj. 차가운 | en verano 여름에

💡 Tip

여성명사인 agua가 단수로 쓰일 때, 발음을 위해 여성 관사 la가 아닌 el로 쓰인다. 하지만 뒤에 따라오는 형용사는 여성형으로 쓰인다.
ej) El agua está fría. 물이 차갑다.

subir

v. 올라가다, ~을(를) 올리다

Voy a subir las maletas.

나 캐리어들을 올려다 놓을게.

📝 ir a+동사원형: ~할 것이다 | maleta n.f. 캐리어

bajar

v. ~을(를) 내리다, 내려다 놓다

Voy a bajar la basura.

나 쓰레기 내려다 놓을게.

📝 basura n.f. 쓰레기

Capítulo 01

nacer

☐
☐
☐

v. 태어나다

Mi sobrino nació el 3 de enero.
나의 조카는 1월 3일에 태어났다.

💡 **Tip**

'1월 3일에'라는 표현은 'el 3 de enero'로 전치사 en을 붙이거나, 달을 나타
내는 단어의 첫 글자를 대문자로 쓰지 않음에 유의한다. 스페인어는 영어와는
다르게 달을 나타내는 단어의 첫 글자를 대문자로 쓰지 않는다.

B1

crecer

☐
☐
☐

v. 자라다, 성장하다

¡Cómo ha crecido mi pequeño!
우리 작은 아들이 얼마나 많이 자랐는지!

📑 ¡Cómo+동사+주어!: 얼마나 많이 ~한지! | pequeño n.m. 꼬마,
어린이(남자)

oler

☐
☐
☐

v. 냄새가 나다, 냄새를 맡다

Hueles muy bien. ¿Te has echado
perfume o algo?
너 좋은 향기가 난다. 향수나 뭐 그런 거 뿌렸어?

📑 echarse perfume 향수를 뿌리다

sonarse

☐
☐
☐

v. 코를 풀다

¿Es de mala educación sonarse en
público?
다른 사람들 앞에서 코를 푸는 게 예의에 어긋나나요?

📑 ser de mala educación+동사원형: ~하는 것은 예의에 어긋난다
| en público 다른 사람들 앞에서

respirar

☐
☐
☐

v. 숨을 쉬다

Mi jefe no me deja ni respirar.
내 상사는 내가 숨조차 쉬게 두지 않는다.

📑 dejar a alguien+동사원형: ~을(를) ~하게 놔두다 | no~ ni~: ~도
아니다, ~조차 아니다

□ **besar**
□
□

v. 키스하다

Juan me besó la mano.
후안은 나의 손에 키스를 했다.

📖 besar a alguien la mano ~의 손에 키스를 하다

□ **abrazar**
□
□

v. ~을(를) 안다

Quiero abrazarte.
나는 너를 안고 싶다.

📖 querer+동사원형: ~하는 것을 원하다, ~하고 싶다

□ **estar**
□ **sentado/a**
□

동사 표현 앉아 있다

Yo estoy sentada cerca de la puerta.
나는 문 근처에 앉아 있어.

📖 cerca de ~: ~의 근처에 | puerta n.f. 문

□ **estar de pie**
□
□

동사 표현 서 있다

No me gusta estar de pie en el metro.
나는 지하철에서 서 있는 것을 좋아하지 않는다.

💡 **Tip**
en el metro는 '지하철 안에서'라는 뜻이고, en metro는 '지하철을 타고'라는 뜻이다.

□ **estar**
□ **embarazada**
□

동사 표현 임신 중이다

Ana está embarazada de cinco meses.
아나는 임신 5개월째다.

📖 estar embarazada de ~ meses: 임신 ~개월째다

□ **esperar un**
□ **niño**
□

동사 표현 남아를 출산할 예정이다

Ana está esperando un niño.
아나는 남자아이를 출산할 예정이다.

💡 **Tip**
'여자아이를 출산할 예정이다'라는 표현은 esperar una niña이다.

☐ **dar un paseo**
☐
☐

`동사 표현` **산책하다**

Vamos a dar un paseo después de cenar.

저녁 먹은 뒤에 산책하자.

📝 vamos a+동사원형: ~하자 | después de ~ : ~후에, 다음에 |
cenar v. 저녁을 먹다

☐ **levantar la**
☐ **mano**
☐

`동사 표현` **손을 들어 올리다**

Levanté la mano para hacer una pregunta
al profesor.

나는 선생님께 질문을 하나 하기 위해서 손을 들어 올렸다.

📝 pregunta n.f. 질문 | profesor n.m. 선생님(남자)

☐ **hacer**
☐ **gimnasia**
☐

`동사 표현` **맨손 체조를 하다**

Haz un poco de gimnasia cada mañana y
te sentirás mucho mejor.

매일 아침 맨손 체조를 조금씩 해 봐, 그러면 너는 훨씬 더 상태가
나아질 거야.

📝 un poco de ~: 조금의 ~ | cada mañana 매일 아침 | sentirse
mejor 상태가 나아지다

💡 **Tip**

비교급 앞의 mucho는 '훨씬'이라는 뉘앙스를 더한다.

☐ **madrugar**
☐
☐

`v.` **새벽 기상하다**

No me gusta madrugar.

나는 아침 일찍 일어나는 것을 좋아하지 않아.

💡 **Tip**

madrugar는 재귀동사로 쓰이지 않는다. 따라서 madrugarse라고 하지 않도
록 유의한다.

☐ **morir**
☐
☐

`v.` **죽다**

Mi perro murió hace cinco años.

나의 개는 5년 전에 죽었다.

📝 hace 숫자 años: ~년 전에

fallecer

v. 돌아가시다

Mi abuelo falleció por un cáncer.
나의 할아버지는 암으로 돌아가셨다.

📝 cáncer n.m. 암

moverse

v. 움직이다, (있는 자리에서 움직여서)
비켜 주다

¿Me muevo un poco?
(상대를 위해 조금 옆으로 가면서) 내가 조금 비켜 줄까?

mover

v. ~을(를) 이동시키다, 옮겨 놓다

¿Puedo mover tu mochila?
내가 네 책가방 다른 데 놓아도 될까?

📝 mochila n.f. 책가방

saltar

v. 점프하다

Cuando era pequeña me gustaba saltar a
la comba.
나는 어렸을 때, 줄넘기하는 것을 좋아했었어.

📝 saltar a la comba 줄넘기하다

> **💡 Tip**
>
> 'cuando era pequeño/a 나는 어렸을 때'처럼 과거 성장 시기 혹은 나이를 말
> 할 때에는 불완료 과거형을 사용한다. cuando fui pequeño/a라고 하지 않도
> 록 유의한다.

soltar

v. 놓다, 놓아주다

¡Suéltame!
나를 놔 줘!

tener la regla

동사 표현 월경을 가지다

Tengo la regla y por eso me siento regular.
나 지금 월경 중이야, 그래서 몸 상태가 별로 좋지 않아.

📝 sentirse regular (신체적, 정신적) 상태가 별로 좋지 않다

¡Muéstrame lo que sabes!

실력을 보여 줘!

Capítulo 1의 필수 단어를 Ana와 Luis의 대화로 술술 말해 보세요.

Ana   ¿Sabes que Gema tiene novio?

Luis   ¿Gema tiene novio? ¿Desde cuándo? No lo sabía.
¿Cómo es su novio?

Ana   Me ha dicho que es guapo y alto. Tiene los ojos azules y hasta
tiene buen estilo.

Luis   ¡Tiene de todo! Gema también es muy guapa y tiene buena
presencia. Así que van a hacer muy buena pareja.

Ana   Yo creo que sí. *1 ¡Qué envidia! ¡Jo!

- -

아나   너 헤마가 애인 있는 거 알아?

루이스   헤마가 애인이 있다고? 언제부터? 그거 몰랐어. 헤마 애인이 어떤데?

아나   헤마가 나한테 애인이 잘생기고 키가 크다고 말했어. 파란 눈을 가지고 있고,
스타일까지 좋대.

루이스   골고루 다 갖췄네! 헤마도 매우 예쁘고, 용모도 단정하잖아. 그래서 둘이 잘 어울리겠다.

아나   내 생각도 그래. 아우, 부러워라!

VOCA

¿desde cuándo? 언제부터? | de todo 이것저것 다, 골고루 다, 모든 것

Tip   *1 '¡Qué+명사/형용사/부사!'는 '진짜, 정말 ~해!'라는 감탄문을 의미한다.

Ejercicios del capítulo 1

연습문제

1 [보기]에서 빈칸에 알맞은 단어를 찾아 문장을 완성하세요.

> **보기**
> cintura   talón   pies   ando   piel   ombligo
> brazos   lengua   muela   despierta   cabeza

1 Yuna Kim tiene la _____ de porcelana.
김연아는 도자기 피부를 가지고 있다.

2 Tengo que sacarme la _____ del juicio.
나 사랑니 빼야 해.

3 Gema se _____ fácilmente con cualquier ruido.
헤마는 어떤 소음에도 쉽게 잠이 깬다.

4 Esa historia no tiene ni _____ ni _____.
그 이야기는 앞뒤가 맞지 않다.

2 [보기]에서 알맞은 단어를 골라 문장을 완성하세요.

> **보기**
> sabe   bailar   peinarme   sabes
> leer   subir   sé

1 Yo no _____.
나는 헤어 스타일링을 할 줄 몰라.

2 ¿_____ la danza del vientre?
너는 벨리 댄스를 출 줄 아니?

3 Ana _____ la palma de la mano.
아나는 손금을 읽을 줄 안다.

4 Voy a _____ las maletas.
나 캐리어들을 올려다 놓을게.

★ 오늘의 한 마디!

나를 놔 줘! _____.

보너스 단어

신체와 관련된 어휘들을 익혀 봅시다.

👁 그 밖의 신체 관련 어휘

A2 (dedo) pulgar	n.m. 무지, 엄지손가락	
A2 (dedo) índice	n.m. 검지, 집게손가락	
A2 (dedo) corazón	n.m. 중지, 가운뎃손가락	
A2 (dedo) anular	n.m. 약지, 약손가락	
A2 (dedo) meñique	n.m. 소지, 새끼손가락	
B1 arruga*	n.f. 주름	
B1 punto	n.m. 점	
B1 peca*	n.f. 주근깨	
B1 barbilla	n.f. 턱	
B1 esqueleto	n.m. 뼈대, 골격, 해골	
B1 columna	n.f. 척추	
B1 costilla	n.f. 갈비뼈	
B1 nervio	n.m. 신경	
B2 tendón	n.m. 힘줄	
B2 paladar	n.m. 입천장	
B2 encía*	n.f. 잇몸	
B2 pómulo	n.m. 광대뼈	
B2 nuca	n.f. 목덜미, 뒤통수	
B2 pupila	n.f. 눈동자	
B2 párpado*	n.m. 눈꺼풀	
B2 párpado doble*	n.m. 쌍꺼풀	
B2 hoyuelo	n.m. 보조개	

B2 lunar	n.m. 모반, 반점
B2 articulación	n.f. 관절
B2 arteria	n.f. 동맥

*표시 단어들은 보통 복수로 쓰인다.

 ## 그 외 신체 관련 활동

A2 sudar	v. 땀을 흘리다
A2 señalar	v. (손가락으로) 가리키다
B1 agacharse	v. 머리를 숙이다
B1 cruzar los brazos	v. 팔짱을 끼다
B1 cruzar las piernas	v. 다리를 꼬다
B1 ponerse de pie	v. 일어서다
B1 tumbarse	v. 눕다
B1 rascarse	v. (자신의 몸을) 긁다
B1 acariciar	v. 어루만지다, 쓰다듬다
B1 arañar	v. 할퀴다
B1 estornudar	v. 재채기하다
B1 toser	v. 기침하다
B1 incorporarse	v. 몸을 일으키다
B1 escupir	v. 침을 뱉다
B1 aplaudir	v. 박수를 치다

Capítulo
02

Individuo
개인

MP3 바로 듣기

◀ Parque Güell, Barcelona
구엘 공원, 바르셀로나

Unidad 01 성격

Ana es amable con todo el mundo.
아나는 모든 사람들에게 친절해.

A1

amable

sin. simpático/a
adj. 친절한

adj. 친절한

Ana es amable con todo el mundo.
아나는 모든 사람들에게 친절하다.

📝 ser amable con alguien ~에게 친절하다

> 💡 **Tip**
> 'todo el mundo 모든 사람들, 전 세계'는 의미상 복수를 뜻하지만 문법적
> 으로는 단수로 취급한다는 점에 유의한다.

inteligente

adj. 똑똑한, 총명한

José es un niño muy inteligente.
호세는 매우 똑똑한 아이이다.

📝 niño n.m. 남자아이

sociable

ant. insociable
adj. 사교성이 없는

adj. 사교적인

Necesitas ser más sociable.
너는 더 사교적으로 될 필요가 있다.

📝 necesitar+동사원형: ~할 필요가 있다

trabajador(a)

adj. 성실한

Buscamos una persona trabajadora.
우리는 성실한 사람을 찾습니다.

> 💡 **Tip**
> 구인 광고에서 자주 등장하는 표현이다.

A2

serio/a

`adj.` 진지한

Mi padre es una persona seria. No le gusta gastar bromas.
나의 아버지는 진지한 분이다. 그는 농담하는 걸 좋아하지 않는다.

📋 gastar bromas 농담하다

tímido/a

`adj.` 소심한

Luis no es tímido.
루이스는 소심하지 않다.

tonto/a

`adj.` 멍청한, 천치 같은

¡Qué tonto eres!
넌 참 멍청하구나!

> 💡 **Tip**
> tonto/a를 친하지 않은 사람에게 사용할 때에는 주의가 필요하다.

cariñoso/a

`adj.` 사랑스러운

Mi novia es muy cariñosa.
내 여자 친구는 매우 사랑스럽다.

📋 novia n.f. 여자 친구, 애인

egoísta

`adj.` 이기적인

No seas tan egoísta.
너 그렇게 이기적으로 굴지 마.

📋 tan+형용사: 그렇게 ~한

> 💡 **Tip**
> ~ista로 끝나는 단어는 남성형과 여성형의 형태가 같다.

optimista

ant. pesimista
adj. 비관적인

`adj.` 낙관적인

Hay que ser optimista.
낙관적인 사람이 되어야 한다.

📋 hay que+동사원형: ~해야 한다

estricto/a

adj. 엄한

Soy bastante estricto con mis alumnos.

나는 내 학생들에게 상당히 엄격하다.

📖 ser estricto/a con alguien ~에게 엄격하다 | bastante adv. 상당히, 꽤 | alumno n.m. 학생(남자) | alumna n.f. 학생(여자)

abierto/a

adj. (사람의 성격이나 마음이) 열려 있는

ant. cerrado/a adj. (사람의 성격이나 마음이) 닫혀 있는

Mis padres son abiertos.

나의 부모님은 열린 분들이다.

> 💡 **Tip**
>
> 사람의 성격에 쓰이는 abierto/a는 ser 동사와 함께 쓰인다. '(창문 책 등의 사물이) 열려 있다/닫혀 있다'를 나타내는 'estar abierto/cerrado'까지 함께 알아 두자.

tranquilo/a

adj. 침착한, 차분한

ant. intranquilo/a
adj. 수선스러운, 가만히 못 있는

¡Tranquilo!¡No pasa nada!

침착해! 괜찮아!

arrogante

adj. 건방진

No seas arrogante.

너 건방지게 굴지 마.

📖 no seas+형용사: 너 ~하게 굴지 마라

reservado/a

adj. 내성적인

Es un hombre reservado y no le gusta compartir sus ideas.

그는 내성적인 남자고, 그의 생각을 공유하는 걸 좋아하지 않는다.

📖 compartir v. 공유하다 | idea n.f. 생각

cabezota

adj. 고집불통의

Mi hermano mayor es cabezota.
나의 형은 고집불통이다.

 hermano mayor n.m. 형, 오빠

> **Tip**
> ~a로 끝나지만 남성형과 여성형 모두 cabezota로 쓰인다.

conservador(a)

adj. 보수적인

Mi abuelo es bastante conservador.
나의 할아버지는 꽤 보수적이시다.

despistado/a

adj. 덤벙거리는

¿Por qué eres tan despistado?
너는 왜 그렇게 덤벙거리는 거야?

 por qué 왜

educado/a

ant. maleducado/a
adj. 예의 없는

adj. 예의 바른

Me gustan las personas educadas.
나는 예의 바른 사람들이 좋다.

gracioso/a

adj. 웃긴

José es muy gracioso.
호세는 매우 웃기다.

hablador(a)

adj. 말이 많은

Mi novio es muy hablador.
나의 남자 친구는 매우 수다스럽다.

 novio n.m. 남자 친구, 애인

introvertido/a

□
□
□

ant. extrovertido/a
adj. 외향적인

adj. 내향적인

Susana es un poco introvertida.
수사나는 조금 내향적이다.

🔖 un poco adv. 조금

> **Tip**
> reservado/a는 누구에게도 자신의 의견이나 속마음을 잘 공유하지 않는다
> 는 의미의 '내성적인'을 뜻하고, introvertido/a는 잘 모르는 사람들과 어울
> 리는 것을 어려워하거나, 불편해 한다는 의미의 '내성적인'을 의미한다.

listo/a

□
□
□

adj. 똑똑한

Ese niño es más listo que el hambre.
그 아이는 매우 똑똑하다

🔖 ser más listo/a que el hambre 매우 똑똑하다, 영리하다

> **Tip**
> listo/a는 '지적인 깊이보다는 재치와 눈치가 있어서 상황 파악이나 이해가 빠
> 른'이라는 뜻을 갖고, inteligente는 '배움이나 학습을 통해 지적으로 총명한'
> 이라는 의미를 갖는다. 스페인의 피카레스크 소설 장르에서 나온 표현이다.

majo/a

□
□
□

adj. 다정다감한

Ese chico es muy majo.
그 남자는 매우 다정다감하다.

🔖 chico n.m. 소년, 남자

mentiroso/a

□
□
□

ant. honesto/a
adj. 정직한

adj. 거짓말쟁이의, 거짓말을 하는

No me gustan las personas mentirosas.
나는 거짓말을 하는 사람들을 좋아하지 않는다.

nervioso/a

□
□
□

adj. 가만히 있지 못하는, 긴장하고 있는

Mi hija es muy nerviosa.
내 딸은 가만히 있지를 못한다.

> **Tip**
> '가만히 있지 못하는 사람의 타고난 성격'에는 ser nervioso/a가 쓰이고, '긴
> 장하고 있는 상태'에는 estar nervioso/a가 쓰인다.

orgulloso/a

adj. 자존심이 센, 잘난 척하는, 자랑스러워하는

No seas tan orgulloso conmigo.
너 그렇게 나에게 자존심을 세우지 마.

> **Tip**
> '자존심이 센, 잘난 척하는 사람의 타고난 성격'에는 ser orgulloso/a가 쓰이고,
> '무언가를 자랑스러워하고 있는 상태'에는 estar orgulloso/a de ~가 쓰인다.

paciente

ant. impaciente
adj. 참을성 없는

adj. 인내심 있는

Tienes que ser más paciente.
너는 더 인내심을 가져야 한다.

📝 tener que+동사원형: ~해야 한다

> **Tip**
> 'paciencia 인내심'이라는 어휘를 이용하여 tienes que tener más
> paciencia라는 동일 의미의 문장을 만들 수 있다.

perezoso/a

sin. vago/a
adj. 나태한, 게으른

adj. 게으른

Mi hermano menor es perezoso.
나의 남동생은 게으르다.

> **Tip**
> vago/a는 perezoso/a보다 게으름의 정도가 심하다는 뉘앙스를 갖는다. '게
> 으른, 아무것도 하지 않으려는'을 의미한다.

pesado/a

adj. 집요한, 끈질긴

¡Qué pesada eres!
너는 어쩜 그렇게 집요하니!

> **Tip**
> 예문에서 집요한 사람은 pesada 즉, 여성임을 알 수 있다. pesado/a는 '다른
> 사람을 짜증 나게 만들 정도로 끈질긴, 집요한'이라는 뜻을 갖는다.

presumido/a

adj. 멋 내기를 좋아하는

Algunas amigas mías son muy
presumidas.
내 몇몇 친구들은 멋 내기를 매우 좋아한다.

📝 algunos/as 몇몇의 | amiga n.f. 친구(여자) | mío/a 나의

raro/a

adj. 이상한, 기이한

Ese hombre es muy raro.
그 남자는 굉장히 이상해.

respetuoso/a

adj. 공손한, 정중한

Hay que ser respetuoso con los mayores.
나이 드신 분들에게는 공손해야 한다.

📑 ser respetuoso/a con alguien ~에게 공손하다 | mayor n.m.f.
어른, 노인, 연장자

salado/a

ant. soso/a
adj. (사람이) 따분한, 지루한

adj. 재미있는

Mi abuelo es muy salado.
나의 할아버지는 매우 재미있다.

> 💡 **Tip**
> 사람의 성격에 쓰이는 salado/a는 ser 동사와 함께 쓰인다. estar 동사와
> 함께 쓰이면 맛과 관련된 뜻이 된다.
> ej) estar salado/a 짜다, estar soso/a 싱겁다

seguro/a

adj. 자신감 있는

Juan se siente muy seguro de sí mismo.
후안은 스스로에게 매우 자신감이 있다.

📑 seguro/a de sí mismo 스스로에게 자신감이 있는

> 💡 **Tip**
> 'estar seguro/a de ~: ~을(를) 확신하고 있다'라는 문형도 알아 두자.

sincero/a

adj. 솔직한

Sé sincero conmigo.
너 나에게 솔직해져.

📑 ser sincero/a con alguien ~에게 솔직하다

> 💡 **Tip**
> con과 mí가 만날 경우, con mí가 아니라 conmigo로 쓰인다.

tacaño/a

adj. 인색한

Él es muy tacaño. Nunca invita a nadie a nada.

그는 매우 인색하다. 그 어느 누구에게도 아무것도 대접하지 않는다.

📝 invitar a alguien a ~: ~에게 ~를 대접하다

travieso/a

adj. 장난꾸러기의, 장난을 잘 치는

Los niños de esa edad son traviesos.

그 나이대의 아이들은 장난을 잘 친다.

📝 de esa edad 그 나이의

tener sentido del humor

동사 표현 유머 감각이 있다

Me gustan las personas que tienen sentido del humor.

나는 유머 감각이 있는 사람들을 좋아한다.

tener + mucho + carácter

동사 표현 성깔이 있다

Mi hermana mayor tiene mucho carácter.

나의 언니는 성깔이 있다.

💡 **Tip**

mucho 자리에 mal을 넣어 '성격이 고약하다'를 표현할 수 있다.

tener un carácter + fuerte

동사 표현 센 성격을 가지고 있다

El casero tiene un carácter fuerte.

집주인은 센 성격을 가지고 있다.

📝 casero n.m. 집주인

💡 **Tip**

fuerte 자리에 débil/fácil/difícil 등을 넣어서 '성격이 약하다/다루기 쉬운 성격이다/까다로운 성격이다' 등을 표현할 수 있다.

Unidad 02 기분

Me deprimo mucho cuando hace mal tiempo.
나는 날씨가 좋지 않을 때 많이 우울해진다.

*사람의 감정과 기분을 나타내는 형용사들은 일반적으로 estar 동사와 함께 쓰입니다.
 ser 동사와 쓰일 때 의미가 달라지는 형용사들은 Tip을 참고하세요.

A1 ☐ **alegre**

adj. 기뻐하는, 기분이 날아갈 듯한, 기분 좋게 취한

Ana está alegre porque mañana se va de vacaciones.
아나는 기분이 날아갈 듯하다 왜냐하면 내일 휴가를 떠나기 때문이다.

📖 porque 왜냐하면 | irse de vacaciones 휴가에 떠나다

💡 **Tip**
ser alegre로 쓰이면 '(성격이) 활발하다'라는 의미이다.

A2 ☐ **feliz**

adj. 행복해하는, 기쁜

Me siento feliz porque estás aquí.
나는 네가 여기에 있기 때문에 행복하다.

📖 sentirse v. ~하게 느끼다

☐ **cansado/a**

adj. 피곤한

Estoy muy cansado porque he trabajado todo el día.
나는 매우 피곤해 왜냐하면 하루 종일 일했기 때문이다.

📖 trabajar v. 일하다 | todo el día 하루 종일

☐ **contento/a**

adj. 만족하는, 행복해하는

He aprobado todas las asignaturas. ¡Estoy muy contenta!
나는 모든 과목을 합격했어. 나는 진짜 행복해!

📖 aprobar v. 합격하다 | asignatura n.f. 과목

💡 **Tip**
예문에서 contenta를 통해 주어가 여성임을 알 수 있다.

---

gustar

v. 좋아하다

Me gusta el cine español.
나는 스페인 영화들을 좋아한다.
📖 cine n.m. 영화관, (집합명사) 영화들 | español(a) adj. 스페인의

encantar

v. 매우 좋아하다

Me encanta tomar el sol.
나는 일광욕하는 것을 매우 좋아한다.
📖 tomar el sol 일광욕을 하다

💡 **Tip**
encantar는 gustar처럼 쓰이는 역구조 동사이며, 그 자체로 '매우 좋아하다'
라는 최상급의 의미를 가진다. 따라서 me encanta mucho라고는 쓰지 않음
에 유의한다.

odiar

v. 미워하다

Creo que el profesor de inglés me odia.
나는 영어 선생님이 나를 싫어한다고 생각해.
📖 creo que 주어+동사: 나는 ~라고 생각한다 | profesor n.m. 선생
님(남자) | inglés n.m. 영어, 영국인 남자

triste

adj. 슬픈

Estoy triste porque mi mejor amiga se fue
a su país.
나는 슬프다 왜냐하면 나의 가장 친한 친구가 그녀의 나라로 떠
났기 때문이다.
📖 mi mejor amigo/a 나의 가장 친한 친구 | irse a ~: ~(으)로 떠나다 |
país n.m. 나라

llorar

v. 울다

A veces lloro de alegría.
가끔 나는 기뻐서 운다.
📖 a veces adv. 가끔 | de alegría 기뻐서, 기쁨에

gritar

v. 소리치다

Ana me gritó en plena calle.
아나는 나에게 길 한복판에서 소리를 질렀다.
📖 en plena calle 길 한복판에서

nervioso/a

adj. 긴장하는

Estoy nervioso porque mañana tengo una entrevista.

나는 내일 인터뷰가 있어서 긴장이 된다.

📑 entrevista n.f. 인터뷰, 면접

aburrido/a

adj. 지루한

No hay nadie en casa y estoy aburrido.

집에 아무도 없고 나는 지루하다.

> **Tip**
> ser aburrido/a로 쓰이면 '사람이 재미없다, 흥미롭지 못하다'라는 의미이다.

preocupado/a

adj. 걱정하는

Mis padres están preocupados por mi hermano mayor.

나의 부모님은 내 형을 걱정하고 있다.

📑 estar preocupado/a por ~: ~을(를) 걱정하고 있다

enfadado/a

adj. 화난

No estoy enfadado sino molesto.

나는 화가 난 게 아니라 짜증이 난 상태이다.

📑 molesto/a adj. 짜증이 난

> **Tip**
> 'no A sino B, A가 아니라 B이다' 구조도 같이 알아 두자.

B1

sentimiento

n.m. 감정

No se puede jugar con los sentimientos de las personas.

그 누구도 사람들의 감정을 가지고 장난을 칠 수 없다.

📑 se puede+동사원형: (어떤 사람이든 일반적으로) ~할 수 있다 |
　 jugar con ~: ~을(를) 가지고 장난하다, 놀다

> **Tip**
> 'no se puede+동사원형'은 'nadie puede+동사원형, 그 누구도 / 아무도 ~
> 할 수 없다'와 같은 의미로 해석된다.

□ **amistad**
□
□

n.f. 우정

Nuestra amistad empezó cuando teníamos diez años.
우리의 우정은 10살 때 시작되었다.

📑 empezar v. 시작하다, 시작되다

□ **amor**
□
□

n.m. 사랑

¿Qué película te apetece, mi amor?
어떤 영화가 좋아, 자기야?

📑 apetecer v. ~이(가) 당긴다, ~을(를) 원하다(역구조 동사)

💡 **Tip**
mi amor는 남녀 사이 외에 가족 간 애칭으로도 쓰인다.

□ **divertirse**
□
□

v. 즐기다

¡Que te diviertas mucho esta noche!
네가 오늘 밤을 많이 즐기기를!

📑 esta noche 오늘 밤 | ¡Que+주어+동사(접속법 현재)!: ~하기를!

□ **estar de**
□ **buen humor**
□

ant. estar de mal humor
기분이 좋지 않다

동사 표현 기분이 좋다

Hoy el jefe está de buen humor.
오늘 상사가 기분이 좋다.

📑 jefe n.m. 상사(남자)

□ **ponerse de**
□ **buen humor**
□

ant. ponerse de mal humor
기분이 나빠지다

동사 표현 기분이 좋아지다

Me pongo de buen humor cuando pienso en las vacaciones.
나는 휴가를 생각할 때, 기분이 좋아진다.

📑 pensar en ~: ~를 생각하다

□ **ponerse**
□ **contento/a**
□

동사 표현 만족스러워하다

Se ha puesto contento porque ha aprobado el examen de inglés.
그는 영어 시험에 합격했기 때문에 만족스러워했다.

📑 examen n.m. 시험

enamorado/a

adj. 사랑에 빠진

Miguel está enamorado de una chica de su clase.

미겔은 자기 반의 어떤 여자 아이에게 사랑에 빠져 있다.

📑 estar enamorado/a de alguien ~에게 사랑에 빠져 있다

enamorarse

v. 사랑에 빠지다

Nos enamoramos a primera vista.

우리는 첫눈에 사랑에 빠졌다.

📑 a primera vista 첫눈에, 보자마자

💡 **Tip**

여기서 nos enamoramos는 단순과거시제로 쓰였다.

motivado/a

ant. desmotivado/a
adj. 의욕이 없는, 동기 부여가 되지 않은

adj. 의욕적인, 동기 부여가 된

Está bastante motivado después de aprobar el examen.

그 시험을 합격한 후에 그는 꽤 의욕적이다.

📑 después de ~: ~후에

asustado/a

adj. 겁먹은, 놀란

Está asustado por la noticia.

그는 그 소식에 겁먹어 있다.

📑 estar asustado/a por ~: ~(으)로 인해 겁먹어 있다 | noticia n.f. 소식, 뉴스

enfadarse

sin. enojarse v. 화내다

v. 화내다

No te enfades conmigo.

너 나에게 화내지 마.

📑 enfadarse con alguien ~에게 화를 내다

dar lástima

sin. dar pena
안타까움을 주다

동사 표현 안타까움을 주다

Me da lástima no poder quedar contigo.

나는 너와 만날 수 없다는 게 안타까워.

📑 quedar con alguien ~와(과) 만나다

💡 **Tip**

역구조로 쓰이는 표현으로서 문법적인 주어는 no poder quedar contigo가 된다.

dar miedo

동사 표현 **두려움을 주다**

Me da miedo la oscuridad.
나는 어둠이 무섭다.
📝 oscuridad n.f. 어둠

tener miedo

동사 표현 **두려워하다**

No tengo miedo a morir.
나는 죽는 것에 두려움이 없다.
📝 miedo a ~: ~에 대한 두려움

deprimido/a

adj. **우울한, 의기소침한**

Estoy deprimido desde que rompí con mi novia.
나는 여자 친구와 깨진 이후로 우울한 상태다.
📝 desde que 주어+동사: ~한 이래로 | romper con alguien ~와(과) 헤어지다

deprimirse

v. **우울해지다**

Me deprimo mucho cuando hace mal tiempo.
나는 날씨가 좋지 않을 때 많이 우울해진다.
📝 hacer mal tiempo 날씨가 좋지 않다

harto/a

adj. **지긋지긋한, 질린**

Estoy harto de trabajar aquí.
나는 여기서 일하는 게 지긋지긋하다.
📝 estar harto/a de ~: ~에 질려 있다, ~이(가) 지긋지긋하다 | trabajar v. 일하다

ponerse triste

동사 표현 **슬퍼지다**

No te pongas triste. Voy a volver pronto.
너 슬퍼하지 마. 난 곧 돌아올 거야.
📝 volver v. 돌아오다 | pronto adv. 곧

💡 **Tip**

ponerse는 감정, 상태를 나타내는 형용사와 함께 쓰여 '~ 상태가 되다'라는 뜻을 나타낸다.
ej) ponerse nervioso/a 긴장하게 되다

Unidad 03 감각·상태

¿No tienes calor?
너 안 덥니?

A2

☐
☐
☐

tener calor

동사 표현 **덥다**

¿No tienes calor?
너 안 덥니?

☐
☐
☐

tener frío

동사 표현 **춥다**

Por favor, cierra la ventana, que tengo frío.
문 닫아 줘, 나 추우니까.

📑 cerrar v. 닫다 | ventana n.f. 창문

> 💡 **Tip**
> 회화체에서 이유를 나타내는 표현 '콤마+que+주어+동사: ~하니까, 하거든'
> 도 알아 두자.

☐
☐
☐

tener hambre

동사 표현 **배고프다**

Si tienes hambre, podemos picar algo.
만약 네가 배가 고프면, 우리는 뭔가 간단히 먹을 수 있어.

📑 si 주어+동사: 만약 ~한다면 | picar algo 간단히 간식거리를 먹다

☐
☐
☐

tener sed

동사 표현 **목마르다**

Voy a comprar una botella de agua, que tengo sed.
나는 물 한 병을 살 거야, 나 목마르거든.

📑 botella de agua n.f. 물 한 병

tener sueño 동사 표현 **졸리다**

Tengo muchísimo sueño porque no he pegado ojo en toda la noche.
나 너무 많이 졸려 왜냐하면 밤새 한숨도 못 잤거든.

muchísimo/a adj. 아주 많은 | no pegar ojo en toda la noche 밤새 한숨도 못 자다

tener dolor de cabeza 동사 표현 **머리가 아프다**

Ana tiene dolor de cabeza desde ayer.
아나는 어제부터 머리가 아프다.

dolor de cabeza n.m. 두통 | desde ~: ~부터 | ayer adv. 어제

B1

soportar v. **참다**

No soporto a los niños mimados.
나는 응석받이로 자란 아이들을 못 참는다.

mimado/a adj. 응석받이로 자란

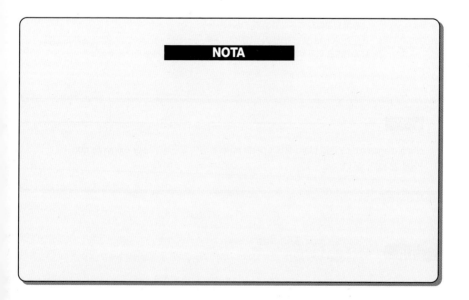

NOTA

실력을 보여 줘!

Capítulo 2의 필수 단어를 Gema와 Alba의 대화로 술술 말해 보세요.

Gema	Alba, ¿cómo te gustan los chicos?
Alba	¡Qué pregunta es esa! ¿Por qué lo dices?
Gema	Porque te *1 <u>podría</u> organizar una cita a ciegas. Si quieres, claro.
Alba	A ver... Yo no pido mucho, solo algunas cosas.
	Me gustan los chicos seguros de sí mismos, sociables, optimistas, alegres, educados y respetuosos.
Gema	Has dicho que tú no pides mucho, ¿no?
Alba	*2 <u>Es que mi ex</u> era todo lo contrario. Era tímido, pesimista, demasiado tranquilo, arrogante y egoísta.
	Así que quiero ser exigente con mi futura pareja.

헤마	알바야, 넌 어떤 남자들이 좋아?
알바	그게 무슨 질문이래! 왜 그런 말을 하는데?
헤마	왜냐하면 네가 너에게 소개팅 하나 주선할 수도 있을 것 같아서. 물론, 네가 원한다면.
알바	음... 나는 많이 요구하지 않아, 단지 몇 가지만. 나는 스스로에게 자신감이 있고, 사교적이고, 낙관적이고, 활발하고, 예의 바르고, 공손한 남자들이 좋아.
헤마	너 많이 요구하지 않는다고 했지, 그렇지?
알바	그게 말이야, 내 전 남자 친구는 정반대였거든. 소심하고, 비관적이고, 너무 조용하고, 건방지고 그리고 이기적이었어. 그래서 나는 나의 미래의 짝에게는 까다롭게 굴고 싶어.

VOCA

cita a ciegas n.f. 소개팅 | claro 물론 | pedir mucho 많이 요구하다 | ser exigente con ~: ~에게 까다롭게 굴다

Tip *1 podría는 poder 동사의 가능법 표현이다.
*2 'Es que+주어+동사'는 '그게 말이야 ~거든'이라는 의미로, 부연 설명을 위해 쓰인다.

Ejercicios del capítulo 2

연습문제

1 [보기]에서 빈칸에 알맞은 단어를 찾아 문장을 완성하세요.

> **보기**
>
> estricto mentirosas paciencia seguro carácter
> listo respetuosos traviesos tacaño picar

1 Ese niño es más _____ que el hambre.

그 아이는 매우 똑똑하다

2 No me gustan las personas _____ .

나는 거짓말을 하는 사람들을 좋아하지 않는다.

3 Es muy _____ . Nunca invita a nadie a nada.

그는 매우 인색하다. 그 어느 누구에게도 아무것도 대접하지 않는다.

4 Mi hermana mayor tiene mucho _____ .

나의 언니는 성깔이 있다.

2 [보기]에서 알맞은 단어를 골라 문장을 완성하세요.

> **보기**　　　　pegado　　miedo　　mimados　　amable

1 Ana es _____ con todo el mundo.

아나는 모든 사람들에게 친절하다.

2 No soporto a los niños _____ .

나는 응석받이로 자란 아이들을 못 참는다.

3 No tengo _____ a morir.

나는 죽는 것에 두려움이 없다.

4 Tengo muchísimo sueño porque no he _____ ojo en toda la noche.

나 너무 많이 졸려 왜냐하면 밤새 한숨도 못 잤거든.

★ 오늘의 한 마디!

너는 어쩜 그렇게 집요하니! _____ .

정답
1 ① listo ② mentirosas ③ tacaño ④ carácter
2 ① amable ② mimados ③ miedo ④ pegado
☆ 오늘의 한 마디 - ¡Qué pesado/a eres!

Vocabulario extra

보너스 단어

감정, 기분, 신체 상태, 감각과 관련된 어휘들을 익혀 봅시다.

 ## 감정, 기분 관련 명사

A2	odio	n.m. 미움, 증오
A2	tristeza	n.f. 슬픔
A2	alegría	n.f. 기쁨
A2	felicidad	n.f. 행복
A2	orgullo	n.m. 자긍심, 자존심, 자만
A2	enfado	n.m. 화
A2	estrés	n.m. 스트레스
A2	envidia	n.f. 부러움, 시기
A2	vergüenza	n.f. 부끄러움, 창피
A2	pena	n.f. 연민, 동정, 안타까움
A2	sorpresa	n.f. (뜻밖의) 놀라움
A2	preocupación	n.f. 걱정
B1	alivio	n.m. 안도
B1	admiración	n.f. 감탄, 존경
B1	angustia	n.f. 초조, 불안
B1	ilusión	n.f. 기대, 환상
B1	susto	n.m. (섬뜩하게) 놀람, 두려움
B1	asco	n.m. 불쾌함, 역겨움
B1	satisfacción	n.f. 만족감
B1	temor	n.m. 공포

신체 상태, 감각 관련 표현

A2	tener dolor de estómago	배가 아프다
A2	tener dolor de espalda	허리가 아프다
A2	tener dolor de garganta	목이 아프다
A2	tener fiebre	열이 있다
B1	vista	n.f. 시력, 시각
B1	oído	n.m. 청력, 청각
B1	estar agotado/a	기진맥진한 상태이다
B1	tener una salud de hierro	매우 건강하다
B1	estar sano/a	건강하다
B2	gusto	n.m. 미각
B2	tacto	n.m. 촉각
B2	olfato	n.m. 후각
B2	estar afónico/a	목이 쉰 상태이다
B2	estar quemado/a	번 아웃 상태이다
B2	estar molido/a	녹초 상태이다
B2	estar hambriento/a	배고픈/허기진 상태이다
B2	estar helado/a	추워서 얼어붙은 상태이다
B2	ser friolero/a	추위를 잘 타는 사람이다
B2	ser caluroso/a	더위를 잘 타는 사람이다
B2	estar como una rosa	쌩쌩하다

Tip

1. tener una salud de hierro를 직역하면 '강철 건강을 갖고 있다'이며, 이는 '매우 건강하다'라는 뜻이다.
2. estar como una rosa는 '장미처럼 있다'라고 직역할 수 있지만, 컨디션이 안 좋거나 몸이 아팠 다가 회복되어 '날아갈 것 같은 상태이다, 쌩쌩하다'의 뉘앙스를 가진 표현이다.

Capítulo
03

Datos
personales
개인 신상

MP3 바로 듣기

◀ Alhambra, Granada
알람브라 궁전, 그라나다

Unidad 01 개인 정보

¿Cuál es tu nombre completo? / Ana Pérez Ramos.
네 풀 네임은 무엇이니? / 아나 페레즈 라모스입니다.

A1 ☐☐☐ **apellido**

n.m. 성(姓)

¿Cuál es tu primer apellido?
너의 첫 번째 성(=아버지의 성)은 무엇이니?

> **Tip 1**
> 개인 정보는 qué가 아닌 cuál로 묻는다.

> **Tip 2**
> 스페인어권에서 이름은 '이름+아버지 성+어머니 성'으로 이루어진다.
> ej) Ana Pérez Muñoz

☐☐☐ **nombre**

n.m. 이름

nombre

¿Cuál es tu nombre completo? /
Ana Pérez Ramos.
네 풀 네임은 무엇이니? / 아나 페레즈 라모스입니다.

📝 completo/a adj. 완전한, 전체의

☐☐☐ **llamarse**

v. 이름이 ~이다

Me llamo Ana Pérez Muñoz.
나는 아나 페레즈 무뇨스입니다.

☐☐☐ **señor**

n.m. (남성에게) ~ 씨

Señor Serrano, puede pasar.
세라노 씨, 들어오셔도 됩니다.

📝 poder+동사원형: ~할 수 있다, ~해도 된다 | pasar v. 들어가다,
지나가다

> **Tip**
> señor 다음에는 성을 쓴다. 직접 호칭할 땐 señor에 관사를 붙이지 않는다.

señora

n.f. (여성에게) ~ 씨

Esta tarde nos va a visitar la señora Pérez.

오늘 오후에 페레즈 씨가 우리를 방문할 것이다.

📝 esta tarde 오늘 오후에

correo electrónico

n.m. 이메일

Mi correo electrónico es estrella@siwon.com.

내 이메일은 estrella@siwon.com입니다.

dirección

n.f. 주소

Aquí está la dirección de mi casa.

여기 제 집 주소를 드립니다.

📝 aquí está ~: 여기 ~ 드려요, 여기 ~ 있습니다

número de teléfono

n.m. 전화번호

¿Cuál es su número de teléfono?

당신의 전화번호는 무엇입니까?

nacionalidad

n.f. 국적

Tengo nacionalidad española.
나는 스페인 국적을 가지고 있다.

📖 español(a) adj. 스페인(어)의, 스페인 태생의

extranjero

n.m. 외국인　**adj.** 외국의

Hay muchos extranjeros en España.
스페인에는 많은 외국인들이 있다.

> 💡 **Tip**
> '외국인(여성)'은 extranjera라고 한다.

edad

n.f. 나이

¿Qué edad tienes?
너는 몇 살이니?

> 💡 **Tip**
> ¿qué edad tienes?는 ¿cuántos años tienes?와 같은 의미이다. ¿cuánta edad tienes?라고는 쓰지 않는다.

tener ~ años

동사 표현 (나이가) ~살이다

Tengo veinte años.
나는 20살이다.

bebé

n.m.f. 아기

El bebé está llorando.
그 아기가 울고 있다.

📖 llorar v. 울다

niño

n.m. 어린이

¿Dónde están los niños?
애들은 어디 있지?

> 💡 **Tip**
> '(여자)어린이'는 niña라고 한다.

chico

n.m. 소년, 젊은 남자

Ese chico es muy guapo.
저 남자애 진짜 잘생겼다.

📖 guapo/a adj. 잘생긴, 예쁜

> 💡 **Tip**
> '소녀, 젊은 여자'는 chica라고 한다.

joven

n.m.f. 젊은이　**adj.** 젊은

Los jóvenes viajan mucho al extranjero.
젊은이들은 외국으로 여행을 많이 간다.

📖 viajar al extranjero 외국으로 여행 가다

hombre

n.m. 남자

Juan es un hombre responsable.
후안은 책임감 있는 남자다.

📖 responsable adj. 책임감 있는

mujer

n.f. 여자, 부인

Gema es una mujer valiente.
헤마는 매우 용감한 여성이다.

📖 valiente adj. 용감한

viejo/a

adj. 늙은, 연로한, 오래된

Mis padres son muy viejos.
나의 부모님은 매우 연로하시다.

> 💡 **Tip**
> viejo/a가 명사 앞에 쓰이면 '늙은'이 아닌, '오래된'이라는 뜻을 갖는다.
> ej) Juan es un viejo amigo mío. 후안은 나의 오래된 친구이다.

A2

☐ **adolescente**

n.m.f. 청소년 **adj.** 청소년의

Los adolescentes suelen ser sensibles.
청소년들은 보통 예민하다.

📋 soler+동사원형: 보통 ~하다 | sensible adj. 예민한, 민감한

☐ **lugar de nacimiento**

n.m. 출생 장소(출생 도시를 지칭)

Málaga fue el lugar de nacimiento de Picasso.
말라가는 피카소가 태어난 도시이다.

☐ **fecha de nacimiento**

n.f. 생년월일

¿Cuál es su fecha de nacimiento?
당신의 생년월일은 어떻게 되나요?

📋 fecha n.f. 날짜 | nacimiento n.m. 탄생, 출생

☐ **presentarse**

v. 자기소개를 하다

Voy a presentarme.
내 소개를 하겠습니다.

☐ **firmar**

v. 서명하다

Hoy voy a firmar el contrato.
나는 오늘 그 계약서에 서명할 것이다.

📋 ir a+동사원형: ~할 것이다 | contrato n.m. 계약서

B1

☐ **prefijo**

n.m. (전화의) 지역 번호, 국가 번호

El prefijo de Corea es el (número) 82.
한국의 국가 번호는 82번이다.

recién nacido

n.m. 신생아

Los recién nacidos necesitan una atención especial.

신생아들은 특별한 보살핌이 필요합니다.

📋 necesitar v. ~을(를) 필요로 하다 | atención n.f. 주의, 보살핌, 접대 | especial adj. 특별한

> **Tip**
> recién은 부사로, 성수 변화를 하지 않는다.

varón

n.m. 남자, 남성

Luisa tiene dos hijos y ambos son varones.

루이사는 두 명의 자식을 가지고 있고 둘 다 아들이다.

> **Tip**
> varón는 특히, 남성과 여성의 성별이 구분이 필요한 상황에서도 많이 쓰이기 때문에 공문서나 서류에 성별을 기입할 때 자주 볼 수 있다.

anciano

n.m. 노인

El anciano recoge a su nieta cada día.

그 노인은 자신의 손녀를 매일 데리러 간다.

📋 recoger a alguien v. ~을(를) 데리러 가다 | nieta n.f. 손녀 | cada día 매일

> **Tip 1**
> 'anciano/a 연로한'이라는 형용사로도 쓰인다. viejo/a가 anciano/a보다 다소 거칠게 들릴 수 있으니 주의하도록 하자.

> **Tip 2**
> '노인(여성)'은 anciana라고 한다.

persona mayor

n.f. 나이가 드신 분, 어르신

Organizamos actividades dirigidas a personas mayores.

우리는 어르신들을 대상으로 하는 활동들을 조직합니다.

📋 organizar v. 조직하다 | actividad n.f. 활동 | dirigido/a a ~: ~을(를) 대상으로 하는

☐ **hembra**
☐
☐

n.f. **암컷**

La hembra del toro es la vaca.
수소의 암컷은 la vaca이다.

☐ **macho**
☐
☐

n.m. **수컷**

Mi mascota es macho.
나의 애완동물은 수컷이다.

📖 mascota n.f. 애완동물

NOTA

Unidad **02** 결혼 유무

Juan se quedó viudo hace cinco años.
후안은 5년 전에 배우자를 여의었다.

A1 **marido**

sin. esposo n.m. 남편

n.m. **남편**

Mi marido trabaja en una empresa alemana.
내 남편은 어느 한 독일 회사에서 일한다.

📖 empresa n.f. 회사 | alemán, alemana adj. 독일의

> **💡 Tip**
> 중남미에서는 '남편'을 지칭할 때 esposo를 선호하는 경향이 있다.

esposa

sin. mujer n.f. 부인

n.f. **부인**

Mi esposa trabaja en una compañía de publicidad.
내 아내는 어느 한 광고 회사에서 일한다.

📖 compañía de publicidad n.f. 광고 회사

A2 **estado civil**

n.m. **결혼 유무**

Usted tiene que indicar el estado civil correspondiente.
(어떤 문서에서) 당신은 해당되는 결혼 유무를 표시해야 합니다.

📖 indicar v. 표시하다, 가리키다 | correspondiente adj. 해당되는

soltero/a

adj. **미혼의**

Ana está soltera.
아나는 미혼 상태이다.

Capítulo 03

casado/a

adj. 결혼한, 기혼의

Está casado con una colombiana.
그는 콜롬비아 여자와 결혼한 상태이다.

📖 estar casado/a con alguien ~와(과) 결혼한 상태이다 |
colombiana n.f. 콜롬비아 여자

casarse

v. 결혼하다

Nos casamos el año pasado.
우리는 작년에 결혼했다.

📖 el año pasado 작년에

> 💡 **Tip**
>
> 여기서 nos casamos는 단순과거시제로 쓰였다.

separado/a

adj. 별거 중인, 헤어진

Los padres de Paula están separados.
파울라의 부모님은 별거 중이다.

divorciado/a

adj. 이혼한

Los padres de mi mejor amiga están
divorciados.
내 가장 친한 친구 부모님이 이혼하신 상태다.

separarse

v. 헤어지다, 별거하다

Rocío y Juan decidieron separarse.
로시오와 후안은 헤어지기로 결정했다.

📖 decidir+동사원형: ~하기로 결정하다

divorciarse

v. 이혼하다

Se divorcian cada vez más parejas.
매번 더 많은 커플들이 이혼을 한다.

📝 cada vez más 매번 더 많은 | pareja n.f. 커플

casarse por lo civil

동사 표현 등기소를 통해서 결혼식을 올리다

Se casaron por lo civil.
그들은 등기소를 통해서 결혼했다.

> 💡 **Tip**
>
> 스페인의 결혼 방식은 관할 등기소(보통은 관할 시청)에서 올리는 비종교적인 결혼식과 가톨릭 교회에서 식을 올리는 종교적인 결혼식의 두 가지 방식이 있다. 관할 등기소 혹은 가톨릭 교회에서 결혼식을 올린 후, 장소를 옮겨 피로연을 하는 식으로 진행된다.

casarse por la iglesia

동사 표현 가톨릭 교회에서 결혼하다

Me gustaría casarme por la iglesia.
나는 교회에서 결혼하고 싶어.

📝 me gustaría+동사원형: 나는 ~하고 싶다

matrimonio

n.m. 결혼 (생활), 부부

Para un matrimonio feliz, hay que intentar entenderse.
행복한 결혼 생활을 위해서, 서로 이해하려고 노력해야 한다.

📝 feliz adj. 행복한 | intentar+동사원형: ~하려고 노력하다, 시도하다 | entender v. 이해하다

> 💡 **Tip**
>
> entenderse에서 se는 '서로'라는 의미를 첨가한다.

Capítulo 03

☐ **pareja de**
☐ **hecho**
☐

n.f. 사실혼 관계

Nos inscribimos como pareja de hecho.
우리는 사실혼 관계로 등록했다.

📝 inscribirse v. 등록하다 | como+명사: ~로서

💡 **Tip**
'사실혼 관계'란 단순한 동거보다 더 진지한 관계를 지칭하며, 스페인 및 유럽권 나라에서 통용되는 개념이다.

☐ **viudo/a**
☐
☐

adj. 배우자를 여읜

Juan se quedó viudo hace cinco años.
후안은 5년 전에 배우자를 여의었다.

📝 quedarse viudo/a 배우자를 여의다 | hace+기간: ~ 전에

NOTA

Unidad 03 소지품

Mi cartera es de cuero.
내 지갑은 가죽으로 만들어졌다.

A1

llave

n.f. 열쇠

No sé dónde está mi llave.
나는 내 열쇠가 어디에 있는지 모른다.

📝 dónde 어디에

---

cartera

n.f. 지갑

Mi cartera es de cuero.
내 지갑은 가죽으로 만들어졌다.

📝 de cuero 가죽으로 된, 가죽으로 만들어진

> 💡 **Tip**
> 전치사 de 뒤에 무언가의 재료나 내용물을 나타낼 경우, 'de+무관사 명사'의
> 구조로 쓰인다.

---

bolso

n.m. (보통 여성의) 가방

¿Cuántos bolsos tienes?
너는 몇 개의 가방을 가지고 있니?

---

reloj

n.m. 시계

No me gusta llevar reloj.
나는 시계 차는 것을 좋아하지 않아.

📝 llevar reloj 시계를 착용하고 있다

□ **gafa** **n.f.** 안경

□
□

Voy a ponerme gafas de sol.

나는 선글라스를 쓸 것이다.

📖 ponerse v. 착용하다, 입다 | gafa de sol n.f. 선글라스

💡 **Tip**

gafa는 보통 복수로 쓰인다.

□ **paraguas** **n.m.** 우산

□
□

No tengo paraguas en casa.

나는 집에 우산이 없어.

💡 **Tip**

paraguas는 단수와 복수의 형태가 같다. '나는 두 개의 우산을 가지고 있다'라
는 문장을 tengo dos paraguases로 쓰지 않도록 유의하자.

A2 □ **agenda** **n.f.** 스케줄 수첩

□
□

Me gusta apuntar todo en mi agenda.

나는 모든 것을 나의 스케줄 수첩에 적는 것을 좋아한다.

📖 apuntar v. 적다, 메모하다

□ **tarjeta de** **n.f.** 방문 카드
□ **visita**
□

Para entrar allí, se necesita una tarjeta de
visita.

거기에 들어가기 위해서는, (일반적으로) 방문 카드가 필요합니다.

📖 para+동사원형: ~하기 위해서(는) | entrar v. 들어가다

💡 **Tip**

se necesita~는 무인칭의 se가 사용되어 '누구나 일반적으로 ~이 필요하다'
라는 뜻이다.

maletín

n.m. 서류 가방

Mi padre me regaló un maletín.

아버지가 나에게 서류 가방 하나를 선물해 주셨다.

📑 regalar a alguien algo ~에게 ~을(를) 선물하다

diario

n.m. 일기장

He dejado tu diario en la mesa.

나는 네 일기장을 테이블 위에 놓아 두었다.

📑 dejar v. ~을(를) 놓아 두다 | en ~: ~위에, 안에 | mesa n.f. 테이블

B1

joya

n.f. 보석

Mi hermana mayor colecciona joyas de lujo.

나의 언니는 호화스러운 보석들을 수집한다.

📑 coleccionar v. ~을(를) 수집하다 | de lujo 호화스러운

anillo

n.m. 반지

Tengo dos anillos de plata y uno de oro.

나는 두 개의 은반지와 한 개의 금반지를 가지고 있다.

📑 de plata 은으로 된 | de oro 금으로 된

collar

n.m. 목걸이

Me encantan los collares brillantes.

나는 반짝거리는 목걸이들을 매우 좋아한다.

📑 encantar v. 매우 좋아하다(역구조 동사) | brillante adj. 반짝거리는, 빛나는

💡 **Tip**

참고로 colgante는 '펜던트'만을 가리킨다.

□ **pendiente**
□
□

n.m. **귀고리**

Los pendientes de Zara son muy bonitos.
자라의 귀고리들이 매우 예쁘다.

🗐 bonito/a adj. 예쁜

> 💡 **Tip**
>
> 귀고리는 양쪽이 있어서 보통 복수로 사용하며, 중남미에서는 '귀고리'를 지칭
> 할 때 arete를 선호하는 경향이 있다.

□ **pulsera**
□
□

n.f. **팔찌**

En verano me gusta llevar pulseras de cuero.
여름에 나는 가죽 팔찌를 차고 다니는 것을 좋아한다.

🗐 en verano 여름에

NOTA

실력을 보여 줘!

Capítulo 3의 필수 단어를 Teresa와 Luis의 대화로 술술 말해 보세요.

Teresa	Esta tarde voy de compras. ¿Quieres venir conmigo?
Luis	*1 ¿Por qué no? ¿Qué quieres comprar?
Teresa	Voy a comprarme un anillo, una pulsera de cuero, pendientes, etc.
Luis	¿Por qué necesitas tantas cosas?
Teresa	*2 Porque sí. ¡Me encantan!
Luis	No te gustaba llevar pulseras, ¿no? *3 ¿Por qué quieres una?
Teresa	Porque ahora me gusta llevar pulseras de cuero en verano.

테레사	나 오늘 오후에 쇼핑 가는데, 너 나랑 같이 갈래?
루이스	좋지! 너 뭐 사고 싶은데?
테레사	나는 반지 하나, 가죽 팔찌 하나, 귀걸이, 기타 등등을 살 거야.
루이스	왜 그렇게 많은 것들이 필요해?
테레사	그냥. 내가 그런 걸 너무 좋아하니까!
루이스	너 팔찌 차고 다니는 거 안 좋아하지 않았어? 왜 팔찌 하나를 원하는 거야?
테레사	왜냐하면 이제는 여름엔 가죽 팔찌 착용하고 다니는 것을 좋아하거든.

VOCA

, etc. 기타 등등 | necesitar v. ~가 필요하다 | llevar v. ~를 착용하고 다니다

Tip

*1 ¿Por qué no?의 직역은 '왜 아니겠어?'이지만, 상대의 제안에 대해 '좋지!'라고 자연스럽게 해석한다.

*2 Porque sí.의 직역은 '왜냐하면, 응'이지만, '그냥'이 실제 말하고자 하는 의미이다.

*3 ¿Por qué quieres una?에서 una는 여성 명사인 pulsera를 받는다.

연습문제

1 [보기]에서 빈칸에 알맞은 단어를 찾아 문장을 완성하세요.

> **보기**
>
> anillos   mayores   anciano   adolescentes
> nacionalidad   varones   apellido   cartera   paraguas

1 No tengo _____ en casa.
나는 집에 우산이 없어.

2 Tengo _____ española.
나는 스페인 국적을 가지고 있다

3 Los _____ suelen ser sensibles.
청소년들은 보통 예민하다.

4 Mi _____ es de cuero.
내 지갑은 가죽으로 만들어졌다.

2 [보기]에서 알맞은 단어를 골라 문장을 완성하세요.

> **보기**   joyas   casarme   maletín   separarse

1 Rocío y Juan decidieron _____.
로시오와 후안은 헤어지기로 결정했다.

2 Me gustaría _____ por la iglesia.
나는 교회에서 결혼하고 싶어.

3 Mi padre me regaló un _____.
아버지가 나에게 서류 가방 하나를 선물해 주셨다.

4 Mi hermana mayor colecciona _____ de lujo.
나의 언니는 호화스러운 보석들을 수집한다.

★ 오늘의 한 마디!
여름에 나는 가죽 팔찌를 차고 다니는 것을 좋아한다. _____.

정답

1 ① paraguas ② nacionalidad ③ adolescentes ④ cartera
2 ① separarse ② casarme ③ maletín ④ joyas
☆ 오늘의 한 마디 - **En verano me gusta llevar pulseras de cuero.**

보너스 단어

개인 정보, 소지품과 관련된 어휘들을 익혀 봅시다.

개인 정보 관련 표현

B1 mudanza	n.f. 이사
B1 carné de conducir	n.m. 운전 면허증
B1 cambiar de apellido	성을 바꾸다
B1 cambiar de nombre	이름을 바꾸다
B1 vivir en el casco antiguo	옛 시가지에 살다
B1 mudarse de barrio	사는 동네를 바꾸다
B1 solicitar un visado	비자를 신청하다
B2 vivir en la periferia	근교에 살다
B2 tener caducado el pasaporte	만료된 여권을 가지고 있다
B2 tener caducado el permiso de residencia	만료된 체류 허가증을 가지고 있다
B2 empadronamiento	n.m. 거주 등록
B2 fecha de expiración	n.f. 만료일
B2 NIE (Número de Identidad de Extranjero)	n.m. (스페인에서) 외국인 등록증
B2 DNI (Documento Nacional de Identidad)	n.m. (스페인 사람들의) 주민 등록증

개인 소지품

A2 espejo	n.m. 거울	B1 gafa de (para ver) cerca*	n.f. 독서용 안경, 돋보기 안경, 근시경
A2 perfume	n.m. 향수	B1 gafa de (para ver) lejos*	n.f. 원시경
A2 cepillo	n.m. 칫솔	B1 funda de móvil	n.f. 휴대폰 케이스
B1 pasta dental	n.f. 치약	B1 funda de gafas	n.f. 안경 케이스
B1 estuche	n.m. 파우치, 필통	B1 tableta	n.f. 태블릿
B1 pañuelo	n.m. (뽑아서 쓰는) 휴지, 휴대용 휴지	B2 cargador	n.m. 충전기
B1 lentilla*	n.f. 콘택트렌즈	B2 bateriá externa	n.f. 보조 배터리
B1 lentilla blanda*	n.f. 소프트 콘택트렌즈	B2 lápiz de memoria	n.m. USB
B1 lentilla rígida	n.f. 하드 콘택트렌즈	B2 termo	n.m. 보온병
B1 gafa graduada*	n.f. 도수가 들어간 안경	B2 hilo dental	n.m. 치실

*표시 단어들은 보통 복수로 쓰인다.

 Tip   pañuelo는 휴대용 휴지, 스카프, 손수건의 뜻을 갖는다.

사실혼 관계

스페인 및 유럽권의 나라에서 결혼한 부부는 아니지만, 단순한 동거보다는 더 진지한 관계인 사실혼 관계라는 것이 있다. 사실혼 관계의 부부 사이에서 태어난 자녀는, 정식으로 결혼한 부부 사이에서 태어난 자녀와 똑같이 정부에서 제공하는 혜택을 모두 받을 수 있다. 결혼을 한 것이 아니기 때문에 사실혼 관계를 파기해도 호적상에 이혼으로 표시되지 않는다. 둘 중 한 명이 외국인이거나 동성 커플일 때 사실혼 관계로 등록하는 경우가 많은 편이지만, 자국민들도 사실혼 관계로 등록하는 경우가 있다.

Capítulo
04

Relaciones
인간관계

MP3 바로 듣기

◀ La Fiesta de los Patios, Córdoba
　파티오 축제, 코르도바

Unidad 01 — 가족 관계

En mi familia somos tres personas.
우리 가족은 3명이다.

A1

☐ familia

n.f. 가족

En mi familia somos tres personas.
우리 가족은 3명이다.

> **Tip**
> '우리 가족은 3명이다'를 다른 표현으로 mi familia está formada por tres personas라고 할 수 있다.

☐ padres

n.m. 부모님

Mis padres viven en Madrid.
나의 부모님은 마드리드에 사신다.

> **Tip**
> padres는 항상 복수로 쓰이며, 아버지와 어머니를 모두 지칭하기 때문에 남자 복수 명사처럼 취급한다.

☐ padre

n.m. 아버지

Mi padre trabaja en una empresa de automóviles.
나의 아버지는 자동차 회사에서 일하신다.

📑 empresa de automóviles n.f. 자동차 회사

> **Tip**
> '어머니'는 madre라고 한다.

☐ hijo

n.m. 아들

Soy hijo único.
나는 외동아들입니다.

📑 único/a adj. 유일한

> **Tip**
> '딸'은 hija라고 한다.

hermano

n.m. 형제

Juan y Luis son hermanos gemelos.

후안과 루이스는 일란성 쌍둥이 형제이다.

> **Tip**
>
> '자매'는 hermana라고 하며, '이란성 쌍둥이'는 hermanos mellizos,
> '삼둥이'는 hermanos trillizos 라고 한다.

tío

n.m. 삼촌, 외삼촌

Mi tío está casado con una coreana.

나의 삼촌은 한국 여자와 결혼한 상태이다.

📖 coreana n.f. 한국 여자

> **Tip 1**
>
> '고모', '이모' 등은 tía라고 한다.

> **Tip 2**
>
> 스페인어로 큰아버지, 이모부 등 3촌뻘의 친척은 tío/a로 표현할 수 있다는 것
> 을 알아 두자.

sobrino

n.m. 조카

Tengo dos sobrinos.

나는 두 명의 조카가 있다.

> **Tip**
>
> '조카(여자)'는 sobrina라고 한다.

primo

n.m. 사촌

Todos mis primos viven en el extranjero.

나의 모든 사촌들은 외국에 산다.

📖 vivir en el extranjero 외국에 살다

> **Tip 1**
>
> '사촌(여자)'은 prima라고 한다

> **Tip 2**
>
> '외국에 살다'라는 표현을 vivir en extranjero라고 쓰지 않도록 유의한다.

☐
☐
☐
abuelo

n.m. 할아버지

Mi abuelo me apoya en todo lo que hago.
나의 할아버지는 내가 하는 모든 것을 지지해 주신다.

📑 apoyar v. 지지하다, 후원하다 | todo lo que 주어+동사: ~한
모든 것

💡 **Tip**
할머니는 'abuela'라고 한다.

☐
☐
☐
nieto

n.m. 손자

Juan tiene dos nietos y una nieta.
후안은 두 명의 손자와 한 명의 손녀가 있다.

💡 **Tip**
'손녀'는 nieta라고 한다.

☐
☐
☐
pareja

n.f. 짝, 커플

Ana y Luis hacen una pareja preciosa.
아나와 루이스는 매우 멋진 커플이다.

📑 precioso/a adj. 매우 멋진, 아주 소중한

☐
☐
☐
novio

n.m. 애인, 남자 친구, 신랑

Mi novio es alto y guapo.
나의 남자 친구는 키가 크고 잘생겼다.

📑 alto/a adj. 키가 큰 | guapo/a adj. 잘생긴

💡 **Tip**
'애인, 여자 친구, 신부'는 novia라고 한다.

☐ **papá**
☐
☐

n.m. 아빠

Papá, ¿dónde está mamá?
아빠, 엄마 어디 있어?

Tip 1
'엄마'는 mamá라고 한다.

Tip 2
가족 간에 papá, mamá를 사용할 때에는 mi papá, mi mamá라고 쓰지 않
도록 유의한다.

☐ **exmarido**
☐
☐

n.m. 전남편

El exmarido de Ana está saliendo con una actriz.
아나의 전남편은 어떤 배우와 사귀고 있다.

🔍 salir con alguien: ~와 사귀다 | actriz n.f. 배우(여자)

Tip 1
'전부인'은 exmujer라고 한다.

Tip 2
'배우(여자)'를 actora라고 쓰지 않도록 유의한다.

Capítulo 04

☐ **vivir juntos**
☐
☐

동사 표현 함께 살다

Vivimos juntos desde hace dos años.
우리는 2년 전부터 함께 산다.

🔍 desde hace ~: ~ 전부터

Tip
단순 과거와 함께 쓰이는 'hace ~: ~전에'라는 표현도 알아 두자.
ej) Vine a Corea hace dos años. 나는 2년 전에 한국으로 왔다.

☐ **vivir con la**
☐ **pareja**
☐

동사 표현 이성 친구, 애인과 함께 살다

¿Te gustaría vivir con tu pareja en el futuro?
너는 미래에 너의 이성 친구와 함께 살고 싶니?

🔍 ¿te gustaría+동사원형?: 너는~하고 싶니? | en el futuro 미래에

☐
☐ **padre**
☐ **soltero**

n.m. 싱글 대디

Jorge es padre soltero.

호르헤는 싱글 대디이다.

> 💡 **Tip**
>
> '싱글 맘'은 madre soltera라고 한다.

☐ **adoptar un**
☐ **niño**
☐

동사 표현 **아이를 입양하다**

Queremos adoptar un niño en el futuro.

우리는 미래에 아이를 입양하기를 원한다.

☐ **llevar ~ años**
☐ **(viviendo)**
☐ **juntos**

동사 표현 **~ 년째 함께 살고 있다**

Llevamos dos años (viviendo) juntos.

우리는 2년째 함께 살고 있다.

📖 llevar+기간+현재분사: ~만큼 ~ 해 오고 있다

> 💡 **Tip**
>
> 현재분사에 붙는 부사를 통하여 의미를 알 수 있는 경우에는, 현재분사를 생략
> 하기도 한다.

☐ **obedecer a**
☐ **los padres**
☐

ant. desobedecer a los
padres 부모님에게 불복종
하다

동사 표현 **부모님 말을 따르다, 말에 복종하다**

Juan obedece mucho a sus padres.

후안은 자신의 부모님의 말을 잘 따른다.

> 💡 **Tip**
>
> 주어로 특정 명사가 오면, los 대신 주어에 맞는 소유 형용사를 써 준다.

☐ **discutir con**
☐ **los padres**
☐

동사 표현 **부모님과 말다툼하다**

No me gusta discutir con mis padres.

나는 나의 부모님과 말다툼하는 것을 좋아하지 않는다.

crecer feliz [동사 표현] **행복하게 자라다**

Los niños deberían crecer felices.

아이들은 행복하게 자라야 한다.

💡 **Tip**

예문에서 deber 동사는 가능법으로 쓰였다. deben이 의무적 뉘앙스가 강하다면, deberían은 도덕적으로 또는 윤리적으로 '그래야 한다'의 뉘앙스를 가진다.

crecer sano/a [동사 표현] **건강하게 자라다**

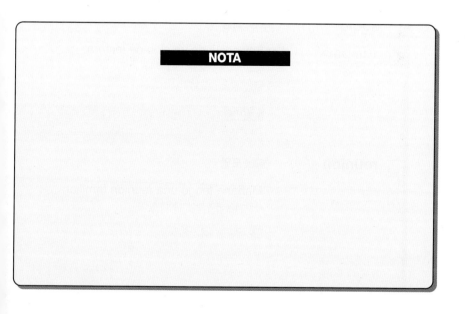

Mis hijos crecieron muy sanos.

나의 자식들은 매우 건강하게 자랐다.

💡 **Tip**

sano/a는 '건강한'이라는 의미이며, 동사 뒤에 쓰이면 부사처럼 '건강하게'로 해석된다.

Capítulo 04

NOTA

Unidad **02** 사회적 관계

Juan es mi vecino.
후안은 나의 이웃이다

A1 ☐ **amigo**
☐
☐

n.m. 친구

Juan y yo somos amigos de toda la vida.
후안과 나는 평생지기 친구이다.

📖 de toda la vida 평생지기의

💡 **Tip**
'친구(여자)'는 amiga라고 한다.

A2 ☐ **vecino**
☐
☐

n.m. 이웃

Juan es mi vecino.
후안은 나의 이웃이다.

💡 **Tip**
'이웃(여자)'은 vecina라고 한다.

☐ **socio**
☐
☐

n.m. 회원

Soy socio de un club de lectura.
나는 어느 독서 클럽의 회원이다.

📖 club de lectura n.m. 독서 클럽

💡 **Tip**
'회원(여자)'은 socia라고 한다.

☐ **reunión**
☐
☐

n.f. 모임

Mañana tengo una reunión familiar.
내일 나는 가족 모임이 하나 있다.

📖 familiar adj. 가족의

□ **cita**
□
□

n.f. 예약, 데이트 약속

Mañana tengo una cita.
나는 내일 데이트 약속이 하나 있다.

Tip
관사가 없는 tener cita는 병원이나 미용실 등의 '예약을 갖다'라는 뜻이다.

□ **visitar**
□
□

v. 방문하다

Me gusta visitar exposiciones de fotografía.
나는 사진 전시회를 방문하는 것을 좋아한다.

📖 exposición de fotografía n.f. 사진 전시회

Tip
visitar 동사 뒤에 장소가 올 때, 'visitar a 장소'로 쓰지 않도록 유의한다.
사람 목적어와 쓰일 때는 'visitar a 사람 목적어'로 쓰인다.

B1 □ **amigo de la**
□ **infancia**
□

n.m. 어릴 적 친구

Luis es uno de mis amigos de la infancia.
루이스는 내 어릴 적 친구 중 한 명이다.

📖 uno/a de+복수 명사: ~ 중 한 명, 하나

Tip
'어릴 적 친구(여자)'는 amiga de la infancia라고 한다.

□ **amigo de la**
□ **universidad**
□

n.m. 대학 친구

Ana y yo somos amigos de la universidad.
아나와 나는 대학 친구이다.

Tip
'대학 친구(여자)'는 amiga de la universidad라고 한다.

□ **llevarse bien**
□
□ ant. llevarse mal 사이가
나쁘다

동사 표현 사이가 좋다

Gema y yo nos llevamos muy bien.
헤마와 나는 사이가 매우 좋다.

Capítulo 04

caer bien

ant. caer mal (사람으로서 누군가가) 싫다, 비호감이다

동사 표현 (사람으로서 누군가가) 좋다, 호감이다

Me cae bien Gema.

나는 헤마가 사람으로서 좋다./호감이다.

> **Tip**
>
> 이 표현은 역구조 표현으로, 뒤에 나오는 사람이 문법상의 주어다. '사이가 좋다'라는 의미가 아니라, '단순히 누군가가 사람으로서 마음에 든다, 안 든다'라는 의미임에 유의하자.

dar un abrazo

동사 표현 포옹하다

Te doy un abrazo antes de irme.

내가 떠나기 전에 너에게 포옹을 한번 할게.

🔖 antes de+동사원형: ~하기 전에 | irse v. 떠나다

abrazar

v. 포옹하다

Los dos se abrazaron para despedirse.

그 둘은 작별 인사를 하기 위해 서로 포옹했다.

🔖 despedirse v. 작별 인사를 하다

> **Tip 1**
>
> se abrazaron에서 상호의 se가 사용되어 '서로'라는 의미를 더한다.

> **Tip 2**
>
> despedir a alguien는 '~를 해고하다'라는 의미임을 유의하자.

salir con alguien

동사 표현 ~와 사귀다

Raúl está saliendo con Gema.

라울은 헤마와 사귀고 있다.

tener novio/a

동사 표현 애인이 있다

¿Tienes novio?

너는 남자 친구가 있니?

> **Tip**
>
> 당연하게 1명이 있을 것이라고 누구나 생각하는 경우이다. 이럴 경우, ¿Tienes un novio?라는 문장을 쓰지 않는다.

☐
☐ **empezar**
☐ **una relación**

`동사 표현` **관계를 시작하다**

Al empezar una relación es muy importante confiar en la otra persona.

어떤 관계를 시작할 때, 다른 사람을 믿는 것이 중요하다.

📝 al+동사원형: ~할 때 | confiar en alguien ~를 믿다 | otro/a 다른

☐
☐ **tener una**
☐ **aventura**

`동사 표현` **바람을 피우다**

Juan está teniendo una aventura.

후안은 바람을 피우고 있다.

☐
☐ **romper con**
☐ **alguien**

`동사 표현` **~와 깨지다, ~와 헤어지다**

Gema ha roto con Raúl.

헤마는 라울과 깨졌다.

☐
☐ **dar un beso**
☐

`동사 표현` **입맞춤을 하다**

¿Me das un besito?

(이모가 어린 조카에게) 나 뽀뽀 한번 해 줄래?

💡 **Tip**

스페인어에는 애교 섞인 말투를 표현하거나 단어의 의미를 낮추어 비하하는 뉘앙스를 풍길 때, 혹은 애정을 담아 아이들을 향해 말을 건넬 때 축소사를 사용한다. '~ito'는 대표적인 축소사 중 하나로, 여기에서는 애정, 귀여움의 뉘앙스를 더한다.

☐
☐ **besar**
☐

`v.` **키스하다**

Los dos se besaron apasionadamente.

그 둘은 서로 열정적으로 키스를 했다.

📝 apasionadamente adv. 열정적으로

💡 **Tip**

이 문장에서는 상호의 se가 사용되었다.

☐
☐ **ligar**
☐

`v.` **작업 걸다**

A Juan le gusta ligar con chicas rubias.

후안은 금발 머리 여자들에게 작업 거는 것을 좋아한다.

📝 ligar con alguien: ~에게 작업 걸다 | rubio/a adj. 금발의

Capítulo 04

☐ **tener una**
☐ **actitud**
☐ **positiva**

ant. tener una actitud
negativa 부정적인 태도를
가지다

동사 표현 **긍정적인 태도를 가지다**

Es importante tener una actitud positiva en una entrevista de trabajo.

일자리 면접에서 긍정적인 태도를 갖는 것은 중요하다.

📋 ser importante+동사원형: ~하는 것은 중요하다 | entrevista de trabajo n.f. 일자리 면접

☐ **tener una**
☐ **buena**
☐ **actitud**

ant. tener una mala actitud
나쁜 태도를 가지다

동사 표현 **좋은 태도를 가지다**

Enrique siempre tiene una buena actitud, haga lo que haga.

엔리께는 항상 좋은 태도를 가지고 있다, 무엇을 하든지 간에.

📋 haga lo que haga 무엇을 하든지 간에

☐ **portarse**
☐ **bien**
☐

ant. portarse mal 예의 없게
행동하다

동사 표현 **예의 있게 행동하다**

¡Pórtate bien con tus abuelos!

할머니 할아버지에게 예의 바르게 굴어!

📋 portarse bien con alguien: ~에게 예의 있게 행동하다

☐ **tratar bien a**
☐ **alguien**
☐

ant. tratar mal a alguien
~를 안 좋게 대하다

동사 표현 **~를 잘 대하다**

En el trabajo todo el mundo me trata bien.

직장에서 모두가 나를 잘 대해 준다.

📋 todo el mundo 모두, 모든 사람들

NOTA

Capítulo 04

Unidad 03 모임·행사

Estás invitado a mi fiesta de cumpleaños.
너는 내 생일 파티에 초대되었다.

A1 ☐ fiesta
☐
☐

n.f. 파티

Quiero hacer una fiesta este fin de semana.
나는 이번 주말에 파티를 하고 싶다.

📋 querer+동사원형: ~하기를 원하다 | hacer una fiesta 파티를 하다 | fin de semana n.m. 주말

A2 ☐ fiesta de cumpleaños
☐
☐

n.f. 생일 파티

Estás invitado a mi fiesta de cumpleaños.
너는 내 생일 파티에 초대되었다.

📋 estar invitado/a a ~: ~에 초대되다

☐ fiesta de fin de curso
☐
☐

n.f. 종강 파티

Mañana tenemos la fiesta de fin de curso.
내일 우리는 종강 파티가 있다.

📋 fin de curso n.m. 종강

💡 **Tip**

이 문장에서 curso는 1년의 학제, 학년을 의미한다.

☐ regalo
☐
☐

n.m. 선물

Tengo que comprar un regalo para Gema.
나는 헤마를 위한 선물을 사야 해.

📋 tener que+동사원형: ~해야 한다 | comprar v. 사다

□ **regalar**
□
□

v. 선물하다

¿Qué me vas a regalar por mi cumpleaños?

너 내 생일에 뭐 선물해 줄 거야?

📑 ir a +동사원형: ~할 것이다

□ **hacer un**
□ **regalo**
□

동사 표현 선물하다

Hacer un regalo original es difícil.

참신한 선물을 하는 것은 어렵다.

📑 original adj. 참신한, 기발한, 본래의 | difícil adj. 어려운

□ **boda**
□
□

n.f. 결혼식

Su boda será en un hotel de lujo.

그의 결혼식은 호화로운 호텔에서 열릴 것이다

📑 ser en 장소: ~에서 열리다 | de lujo 호화로운

> 💡 **Tip**
> '어떤 모임이나 행사가 ~에서 열리다'의 경우, estar en~으로 쓰지 않도록 유의한다.

□ **irse de luna**
□ **de miel**
□

동사 표현 신혼여행을 떠나다

Se van de luna de miel a España.

그들은 스페인으로 신혼여행을 떠난다.

□ **estar de**
□ **luna de miel**
□

sin. estar de viaje de novios
신혼여행 중이다

동사 표현 신혼여행 중이다

Están de luna de miel en España.

그들은 스페인에서 신혼여행 중이다.

📑 estar de+무관사+명사: ~하는 중이다

□ **felicitar**
□
□

v. 축하해 주다

Gracias por felicitarme.

나 축하해 줘서 고마워.

📑 gracias por +명사/동사원형: ~해서 고마워

☐☐☐ **envolver**

v. 포장하다

¿Me lo puede envolver para regalo?
나에게 그것을 선물용으로 포장해 주시겠어요?

📝 envolver algo para regalo 선물용으로 무언가를 포장하다

☐☐☐ **abrir un regalo**

동사 표현 선물을 열다

Me pongo nervioso al abrir un regalo.
나는 선물을 열 때 긴장하게 된다.

📝 ponerse nervioso/a 긴장하게 되다 | al+동사원형: ~할 때

☐☐☐ **fiesta tradicional**

n.f. 전통 축제

Deberíamos apreciar más nuestras fiestas tradicionales.
우리는 우리의 전통 축제들을 더 아껴야 한다.

📝 apreciar v. 아끼다, 소중히 생각하다

> **Tip**
> deberíamos는 deber 동사의 가능법 형태이다.

☐☐☐ **fiesta popular**

n.f. 민속 축제

'La Tomatina' de Buñol es una fiesta popular de España.
부뇰의 라토마티나는 스페인의 민속 축제이다.

☐☐☐ **fiesta de disfraces**

n.f. 가장/변장 파티

A mí me encantan las fiestas de disfraces.
나는 가장 파티들을 매우 좋아한다.

📝 encantar v. 매우 좋아하다(역구조 동사)

☐☐☐ **fiesta formal**

ant. fiesta informal
n.f. 격식에 얽매이지 않는 파티

n.f. 격식을 차리는 파티

Necesito comprarme un vestido de fiesta formal.
나는 격식을 차리는 파티용 원피스를 살 필요가 있어.

📝 necesitar+동사원형: ~할 필요가 있다 | vestido n.m. 원피스, 드레스

> **Tip**
> 자신이 쓸 목적으로, 한 번 쓰고 버리는 것이 아닌 상품을 구매하는 경우에는 'comprarse'를 주로 사용한다.

□ **reunión**
□
□

n.f. 모임

Me cansan mucho las reuniones formales.
격식을 차리는 모임들은 나를 피곤하게 한다.

📖 cansar v. 피곤하게 하다

💡 Tip
'격식을 차리는 모임'은 reunión formal라고 한다.

□ **comida de**
□ **Navidad**
□

n.f. 성탄절 기념 식사

Esta noche tengo una comida de Navidad
con mis compañeros de trabajo.
오늘 밤 나는 직장 동료들과 함께 성탄절 기념 식사 모임이 있다.

📖 compañero de trabajo n.m. 직장 동료(남) | compañera n.f.
직장 동료(여)

💡 Tip
대부분 가톨릭 국가들인 스페인어권 나라들의 경우, 12월 25일 전에 한 해를
마무리하는 의미로 직장 동료들이나 친한 친구들끼리 모여서 식사 모임을 갖
는 경우가 많다. 성탄절 당일은 보통 가족들과 보낸다.

□ **despedida de**
□ **soltero/a**
□

n.f. 독신 파티

¿Cuándo le organizamos la despedida de
soltero a Gabriel?
우리 언제 가브리엘에게 독신 파티 준비해 줄까?

💡 Tip
despedida de soltero/a는 '독신으로서 갖는 마지막 파티'를 의미한다. 일반
적으로 신랑과 신부 친구들이 당사자 모르게 준비한다.

□ **invitar a**
□ **alguien a una**
□ **fiesta**

동사 표현 파티로 ~를 초대하다

Pepe me ha invitado a su fiesta de
cumpleaños.
페페는 나를 자신의 생일 파티에 초대했다.

💡 Tip
invitar a alguien a algo는 '~에게 ~을(를) 대접하다, 사 주다'라는 의미도 갖
고 있다.
ej) Pepe me ha invitado a un café. 페페는 나에게 커피 한 잔을 사 주었다.

¡Muéstrame lo que sabes!

실력을 보여 줘!

Capítulo 4의 필수 단어를 Gema와 Pedro의 대화로 술술 말해 보세요.

Gema	¿Cuántos sois en tu familia?
Pedro	Somos tres. Yo soy hijo único. ¿Y tú?
Gema	Somos siete en mi familia.
Pedro	¿Siete? ¿Cuántos hermanos tienes?
Gema	Tengo cuatro hermanos mayores. Dos hermanos gemelos y otras dos hermanas mellizas.
Pedro	Entonces, *1 ¿tú eres la menor de la casa?
Gema	Sí, eso es.
Pedro	*2 Ya decía yo que se te notaba...

헤마	너희 가족은 몇 명이야?
페드로	우리는 세 명이야. 나는 외동아들이야. 너는?
헤마	우리 가족은 7명이야.
페드로	7명이라고? 너는 몇 명의 형제를 가지고 있는데?
헤마	나는 내 위로 4명의 형제를 가지고 있어. 2명의 일란성 쌍둥이와 또 다른 2명의 이란성 쌍둥이.
페드로	그럼, 네가 집에서 막내야?
헤마	응, 바로 그거야.
페드로	어쩐지 너에게서 그게 티가 나더라니...

VOCA

mayor adj. 나이가 더 많은 | entonces adv. 그러면, 그때, 그러고 나서 | notarse v. 티가 나다

Tip

*1 'el/la+menor+de ~'는 '~에서 나이가 가장 어린 사람'이라는 뜻을 지니며, 여기에서는 '집에서 막내야?'로 자연스럽게 해석한다.

*2 Ya decía yo...는 '어쩐지...'라는 표현이다. 따라서 'Ya decía yo que 주어+동사'는 '어쩐지 ~하더라니...' 정도로 해석하면 자연스럽다. se te notaba에서는 무의지의 se가 쓰였다.

연습문제

1 [보기]에서 빈칸에 알맞은 단어를 찾아 문장을 완성하세요.

> **보기**　 nos llevamos　 somos　 cae bien　 todo lo que hago　 visitar
> toda la vida　 desde hace　 cansan　 ha roto　 gustaría

1 En mi familia _____ cinco personas.
우리 가족은 5명이다.

2 Me _____ Gema.
나는 헤마가 사람으로서 좋다.

3 Gema y yo _____ muy bien.
헤마와 나는 사이가 매우 좋다.

4 Juan y yo somos amigos de _____.
후안과 나는 평생지기 친구이다.

2 [보기]에서 알맞은 단어를 골라 문장을 완성하세요.

> **보기**　　　　　　　　　 será　 están　 estás　 es

1 Su boda _____ en un hotel de lujo.
그의 결혼식은 호화로운 호텔에서 열릴 것이다.

2 _____ invitado a mi fiesta de cumpleaños.
너는 내 생일 파티에 초대되었다.

3 Juan _____ mi vecino.
후안은 나의 이웃이다.

4 _____ de luna de miel en España.
그들은 스페인에서 신혼여행 중이다.

★ 오늘의 한 마디!

　　　　　　　　　나는 외동아들입니다. _____.

정답　　1 ① somos ② cae bien ③ nos llevamos ④ toda la vida
2 ① será ② Estás ③ es ④ Están
☆ **오늘의 한 마디 - Soy hijo único.**

보너스 단어

가족과 인간관계와 관련된 어휘들을 익혀 봅시다.

🏠 가족 관련 어휘

B1	prometido/a	n.m. / n.f. 약혼자
B1	cónyuge	n.m.f. 배우자(남편, 아내)
B1	suegro/a	n.m. / n.f. 장인, 시아버지 / 장모, 시어머니
B1	yerno	n.m. 사위
B1	nuera	n.f. 며느리
B1	cuñado/a	n.m. / n.f. 형부, 처남 / 처형, 처제, 형수
B1	bisabuelo/a	n.m. / n.f. 증조부, 증조모
B1	familiar cercano/a	n.m. / n.f. 가까운 친척
B1	familiar lejano/a	n.m. / n.f. 먼 친척
B1	familia numerosa	n.f. 대가족
B1	familia nuclear	n.f. 핵가족
B1	familia adoptiva	n.f. 입양 가족
B1	hijo/a adoptado/a	n.m. / n.f. 입양아
B1	padre biológico	n.m. 생부
B1	madre biológica	n.f. 생모
B1	huérfano/a	n.m./n.f. 고아
B1	madrastra	n.f. 새어머니
B1	padrastro	n.m. 새아버지
B2	heredar	v. 물려받다, 상속받다
B2	hacer testamento	유언장을 작성하다
B2	quedarse huérfano/a	고아가 되다
B2	madre de alquiler	n.f. 대리모

인간관계 관련 어휘

A2 miembro	n.m.f. 멤버, 회원, 구성원
A2 invitado/a	n.m. / n.f. 초대받은 사람
A2 enemigo/a	n.m. / n.f. 적
A2 reunión de vecinos	n.f. 반상회
A2 hacer amigos	친구를 사귀다
A2 viejo/a amigo/a	n.m. / n.f. 오래된 친구
A2 saludar	v. 인사하다
B1 amigo/a íntimo/a	n.m. / n.f. 친한 친구
B1 reunión de antiguos alumnos	n.f. 동창회
B1 romance	n.m. 로맨스
B1 conocer de vista a alguien	(누구를) 본 적이 있어서 안다
B1 conocer de oídas a alguien	(누구에 대해) 들어 본 적이 있어서 안다
B2 asociación de madres y padres de alumnos (= AMPA)	n.f. 학부모회

Capítulo

05

Alimentación
식생활

MP3 바로 듣기

¡Muéstrame lo que sabes!
실력을 보여 줘!
Ejercicios del capítulo 5
연습문제

◀ La Mezquita, Córdoba
메스키타, 코르도바

Unidad 01 식사와 영양

¿Qué desayunas?
너는 아침으로 무엇을 먹니?

A1

☐☐☐ **desayuno**

n.m. 아침 식사

El desayuno es muy importante para empezar bien el día.
하루를 잘 시작하기 위해 아침 식사는 매우 중요하다.

📖 importante adj. 중요한 | empezar bien el día 하루를 잘 시작하다

☐☐☐ **comida**
sin. almuerzo n.m. 점심 식사

n.f. 점심 식사, 식사

La comida será en el restaurante de José.
점심 식사 모임은 호세의 식당에서 열릴 것이다.

📖 restaurante n.m. 식당

☐☐☐ **cena**

n.f. 저녁 식사

Mi marido siempre prepara la cena para toda la familia.
나의 남편은 항상 모든 가족을 위해 저녁 식사를 준비한다.

📖 marido n.m. 남편 | siempre adv. 항상 | preparar v. 준비하다 | para ~를 위해 | toda la familia n.f. 모든 가족

☐☐☐ **merienda**

n.f. 간식

Los niños españoles toman la merienda sobre las 6 de la tarde.
스페인 아이들은 오후 6시 즈음에 간식을 먹는다.

📖 tomar la merienda 간식을 먹다 | sobre la(s) ~: ~시 즈음에

> **Tip**
> merienda는 점심과 저녁 식사 사이의 간식을 지칭한다.

☐ **desayunar**
☐
☐

v. 아침 식사를 하다

¿Qué desayunas?
너는 아침으로 무엇을 먹니?

☐ **comer**
☐
☐

v. 먹다, 점심 식사를 하다

Como una manzana cada día.
나는 매일 사과 하나를 먹는다.

📝 manzana n.f. 사과 | cada día 매일

💡 **Tip 1**
comer 동사가 별도의 목적어가 없는 경우, 보통 '점심 식사를 하다'로 해석한다.

💡 **Tip 2**
almorzar 동사도 '점심 식사를 하다'라는 뜻을 갖는다.

☐ **cenar**
☐
☐

v. 저녁 식사를 하다

Hoy vamos a cenar fuera.
오늘 우리 밖에서 저녁을 먹자.

📝 vamos a+동사원형: ~하자 | cenar fuera 밖에서 저녁을 먹다

☐ **merendar**
☐
☐

v. 간식을 먹다

Mis hijos no meriendan nunca.
내 아이들은 간식을 먹는 법이 없다.

💡 **Tip 1**
mis hijos nunca meriendan과 같이 nunca가 동사 앞에 올 경우, 전체 문장이 부정으로 해석된다.

💡 **Tip 2**
merendar는 '점심과 저녁 사이에 간식을 먹다'라는 의미임을 알아두자.

A2 ☐ **tomar**
☐
☐

v. 먹다, 마시다

¿Tomamos una sopa de entrante?
우리 전채요리로 수프 하나 먹을까?

📝 de entrante 전채요리로 | sopa n.f. 수프, 국물

💡 **Tip**
tomar 동사는 '먹다, 마시다'라는 뜻 외에도 '잡다, 타다, 받다' 등의 뜻도 갖는다.

tener hambre

배가 고프다

Tengo mucha hambre.
나 배가 많이 고파.

📖 hambre n.f. 배고픔

ser vegetariano/a

채식주의자이다

Mis padres son vegetarianos.
나의 부모님은 채식주의자이시다.

B1

alimentarse

v. **식품을 섭취하다**

Hay que alimentarse de manera equilibrada.
균형 잡힌 방식으로 식품을 섭취해야 한다.

📖 hay que+동사원형: ~해야 한다 | de manera equilibrada 균형 잡힌 방식으로

tener apetito

식욕이 있다

Hoy no tengo apetito.
나 오늘 식욕이 없어.

📖 hoy adv. 오늘

caloría

n.f. **칼로리**

¿Cuántas calorías tiene una rosquilla?
도넛 한 개는 몇 칼로리인가요?

📖 rosquilla n.f. 도넛

💡 **Tip**
caloría는 보통 복수로 쓰인다.

vitamina

n.f. **비타민**

Las frutas son ricas en vitaminas.
과일은 비타민이 풍부하다.

📖 fruta n.f. 과일 | ser rico/a en 영양소: ~가 풍부하다

💡 **Tip**
예문에서 비타민은 '다양한 비타민'을 지칭하기 때문에 vitaminas 형태의 복수로 쓰였다.

☐
☐
☐
proteína

n.f. 단백질

La pechuga de pollo es rica en proteínas.
닭가슴살은 단백질이 풍부하다.

📖 pechuga de pollo n.f. 닭가슴살

> 💡 **Tip**
>
> proteína는 보통 복수로 쓰인다. 'hidratos de carbono 탄수화물, grasa 지
> 방, minerales 무기질' 등의 어휘도 같이 알아 두자.

☐
☐
☐
fibra

n.f. 섬유질

La avena es una fuente de fibra.
오트밀은 섬유질의 공급원이다.

📖 avena n.f. 오트밀 | fuente de ~: ~의 공급원

☐
☐
☐
hierro

n.m. 철분

El marisco es una fuente importante de
hierro.
해산물은 철분의 중요한 공급원이다.

📖 marisco n.m. 해산물

☐
☐
☐
**alimentación
sana**

n.f. 건강한 식품 섭취

La clave de una buena salud es la
alimentación sana.
좋은 건강의 비결은 건강한 식품 섭취이다.

📖 la clave de ~: ~의 열쇠, 비결 | salud n.f. 건강 | sano/a adj. 건강한

☐
☐
☐
**alimentación
equilibrada**

n.f. 균형 있는 식품 섭취

La alimentación equilibrada es importante
para crecer.
균형 있는 식품 섭취는 성장하기 위해 중요하다.

📖 crecer v. 성장하다

Capítulo 05

☐ **producto**
☐ **natural**
☐

n.m. 자연 친화 제품

En este supermercado podemos comprar productos naturales.

이 슈퍼에서 우리는 자연 친화 제품들을 구매할 수 있다.

📖 supermercado n.m. 슈퍼(마켓)

☐ **comida**
☐ **pesada**
☐

n.f. 소화가 어려운 음식, 과한 식사

Después de una comida pesada es bueno tomar un té.

과한 식사 후에는 차를 한 잔 마시는 것이 좋다.

📖 después de ~: ~후에 | pesado/a adj. 번거로운, 하기 어려운 | tomar un té 차 한잔하다

☐ **comida ligera**
☐
☐

n.f. 소화가 쉬운 음식, 가벼운 식사

Cuando uno está malo, es mejor tomar una comida ligera.

누군가 아플 때, 가벼운 식사를 하는 것이 더 좋다.

📖 uno 아무나, 누군가 | estar malo/a 아프다 | ser mejor 더 좋다 | ligero/a adj. 가벼운

☐ **comer**
☐ **moderada-**
☐ **mente**

ant. comer excesivamente
과하게 먹다

동사 표현 적당히 먹다

Necesitas comer moderadamente.

너는 적당히 먹을 필요가 있어.

📖 necesitar+동사원형: ~할 필요가 있다

☐ **ayunar**
☐
☐

v. 금식하다

Como hoy he comido demasiado, mañana ayunaré.

오늘 너무 많이 먹었으니까, 내일 금식할 거야.

📖 como+주어+직설법 동사: ~이니까 | demasiado adv. 너무나, 지나치게

Unidad 02 식재료

¿Quieres un poco más de pan?
너 빵 조금 더 원하니?

A1

☐ **carne**
☐
☐

n.f. 고기

Me gusta todo tipo de carne.
나는 모든 종류의 고기를 좋아한다.

📝 todo tipo de ~: 모든 종류의~

☐ **pescado**
☐
☐

n.m. 생선

El pescado no engorda.
생선은 살이 찌지 않는다.

📝 engordar v. 살이 찌다, 살을 찌우다

☐ **fruta**
☐
☐

n.f. 과일

¿Cuál es tu fruta favorita?
네가 가장 좋아하는 과일은 무엇이니?

📝 favorito/a adj. 가장 좋아하는

> 💡 **Tip**
> '가장 좋아하는 것'은 cuál 로 묻는다.

☐ **verdura**
☐
☐

n.f. 채소

A mi hijo no le gustan nada las verduras.
나의 아들은 채소를 하나도 좋아하지 않는다.

> 💡 **Tip**
> gustar 동사는 역구조 형태이기 때문에 뒤에 따라오는 주어에 맞게 수를 일치시켜야 한다.

Capítulo 05

huevo

☐
☐
☐

n.m. 달걀

¿Quieres un huevo duro?

너는 삶은 달걀 하나 원하니?

📑 huevo duro n.m. 삶은 달걀

pan

☐
☐
☐

n.m. 빵

¿Quieres un poco más de pan?

너 빵 조금 더 원하니?

📑 un poco más de ~: 조금 더의 ~

A2

tomate

☐
☐
☐

n.m. 토마토

Los tomates son muy buenos para la piel.

토마토는 피부에 매우 좋다.

📑 ser bueno/a para ~: ~에 좋다 | piel n.f. 피부

zanahoria

☐
☐
☐

n.f. 당근

Esta tarta sabe a zanahoria.

이 케이크는 당근 맛이 난다.

📑 tarta n.f. 케이크 | saber+a+무관사+명사: ~한 맛이 나다

patata

☐
☐
☐

n.f. 감자

Me gusta la tortilla de patatas.

나는 감자가 들어간 스페인식 오믈렛을 좋아한다.

📑 tortilla de patatas n.f. 감자가 들어간 스페인식 오믈렛

ajo

☐
☐
☐

n.m. 마늘

Necesitamos un diente de ajo para este plato.

이 음식을 위해서 우리는 마늘 한 쪽이 필요하다.

📑 diente de ajo n.m. 마늘 한 쪽 | plato n.m. 음식, 그릇

lechuga

n.f. 상추

Vamos a comprar lechuga para hacer una ensalada.
샐러드를 만들기 위해서 상추를 사자.

📖 ensalada n.f. 샐러드

cebolla

n.f. 양파

Es difícil cortar cebollas sin llorar.
울지 않고 양파를 자르는 것은 어렵다.

📖 difícil adj. 어려운 | cortar v. 자르다 | sin+동사원형: ~하는 것 없이 | llorar v. 울다

plátano

n.m. 바나나

España tiene buenos plátanos.
스페인은 좋은 바나나들을 가지고 있다.

manzana

n.f. 사과

Dicen que tomar una manzana cada día es muy bueno para la salud.
매일 사과 한 개를 먹는 것이 건강에 매우 좋다고 한다.

📖 dicen que 주어+동사: ~라고 한다.

naranja

n.f. 오렌지

Las naranjas son ricas en vitamina C.
오렌지는 비타민 C가 풍부하다.

queso

n.m. 치즈

¿Te gusta el queso?
너는 치즈를 좋아하니?

yogur

n.m. 요거트

Me gusta tomar un yogur de postre.
나는 후식으로 요거트 먹는 것을 좋아한다.

📖 de postre 후식으로

mantequilla

n.f. 버터

No queda mantequilla.
버터가 남아 있지 않아.

📖 quedar v. 남아 있다

mayonesa

n.f. 마요네즈

¿Compramos un bote de mayonesa?
우리 마요네즈 한 병 살까?

📖 un bote de ~: ~한 병

salsa

n.f. 소스

¿Qué salsa lleva este plato?
이 요리는 어떤 소스가 들어 있나요?

📖 llevar v. (요리 등의 재료로) ~가 들어가 있다, ~를 가지고 있다

lata

n.f. 캔, 통조림

Vamos a comprar tres latas de atún.
참치 세 캔 사자.

📖 atún n.m. 참치

bacalao

n.m. 대구(생선)

El bacalao es bajo en calorías.
대구는 칼로리가 낮다

📖 ser bajo/a en calorías 칼로리가 낮다

> 💡 Tip
> 대구류(생선)의 한 종류로 merluza도 같이 알아 두자.

salmón

n.m. 연어

El salmón es mi pescado favorito.
연어는 내가 가장 좋아하는 생선이다.

📖 favorito/a adj. 가장 좋아하는

sardina

n.f. 정어리

¿Saco una lata de sardinas?

정어리 통조림 하나 꺼낼까?

📖 sacar v. 꺼내다

gamba

n.f. 새우

Las gambas al ajillo son un plato bastante famoso en Corea.

'감바스 알 아히요'는 한국에서 꽤 유명한 요리이다.

📖 bastante adv. 꽤 | famoso/a adj. 유명한

arroz

n.m. 쌀

La mayoría de los coreanos desayunan arroz.

한국인들의 대부분은 아침으로 밥을 먹는다.

📖 la mayoría de ~: ~의 대부분 | desayunar ~: ~를 아침으로 먹다

cereal

n.m. 시리얼, 곡물

Me gusta desayunar cereales cuando no tengo mucho tiempo.

나는 시간이 많이 없을 때, 시리얼을 아침으로 먹는 것을 좋아한다.

💡 **Tip**
cereal은 보통 복수로 쓰인다.

chocolate

n.m. 초콜릿

Dicen que el chocolate negro es bueno para adelgazar.

다크 초콜릿은 살을 빼는 데 좋다고 한다.

📖 adelgazar v. 살을 빼다

💡 **Tip**
chocolate negro는 '검정 초콜릿'으로 해석하지 않고, '다크 초콜릿'으로 해석한다.

galleta

n.f. 쿠키

Mi madre hace unas galletas riquísimas.
나의 어머니는 아주 맛있는 쿠키를 만드신다.

📑 rico/a adj. 맛있는

> **Tip**
> riquísimo/a는 rico/a의 최상급으로 '아주 맛있는'이라는 뜻이다.

azúcar

n.m. 설탕

Yo siempre tomo café sin azúcar.
나는 항상 설탕 없이 커피를 마신다.

📑 sin ~ 없이

sal

n.f. 소금

¿Me pasas la sal, por favor?
나에게 소금을 건네주겠니?

📑 pasar ~: ~를 건네주다, 넘겨주다

helado de vainilla

n.m. 바닐라 아이스크림

De postre, un helado de vainilla, por favor.
후식으로, 바닐라 아이스크림 주세요.

> **Tip 1**
> vainilla 자리에 chocolate/fresa 등을 넣어서 '초콜릿 아이스크림/딸기 아이스크림' 등을 표현할 수 있다.

> **Tip 2**
> 전치사 de 뒤에 무언가의 재료나 내용물을 나타낼 경우, 'de+무관사 명사'의 구조로 쓰인다.

tarta de chocolate

n.f. 초콜릿 케이크

Vamos a comprar una tarta de chocolate para el cumpleaños de mamá.
엄마 생신을 위해 초콜릿 케이크를 하나 사자.

📑 cumpleaños n.m. 생일

☐ **perejil**
☐
☐

n.m. 파슬리

Vamos a poner una ramita de perejil para decorar el plato.
요리를 장식하기 위해 파슬리 줄기 하나를 놓자.

📖 poner v.놓다 | ramita n.f. 작은 줄기, 작은 나뭇가지 | decorar v.장식하다

☐ **vinagre**
☐
☐

n.m. 식초

Me gusta aliñar la ensalada con vinagre balsámico.
나는 발사믹 식초를 가지고 샐러드 드레싱하는 것을 좋아한다.

📖 aliñar la ensalada 샐러드를 드레싱하다 / balsámico/a adj. 발사믹의

☐ **aceite de**
☐ **oliva**
☐

n.m. 올리브유

El aceite de oliva es muy saludable.
올리브유는 건강에 매우 좋다.

📖 saludable adj. 건강에 좋은

Tip
'aceite de girasol 해바라기유'도 알아 두자.

NOTA

Unidad 03 음료

Agua sin gas, por favor.
탄산 없는 물 주세요.

A1

☐☐☐ **agua sin gas**

ant. agua con gas
n.f. 탄산수

n.f. 탄산 없는 물

Agua sin gas, por favor.
탄산 없는 물 주세요.

☐☐☐ **té**

n.m. 차

¿Qué tipo de té te gusta?
너는 어떤 종류의 차를 좋아하니?

📑 tipo n.m. 종류

☐☐☐ **leche**

n.f. 우유

Me gusta tomar un vaso de leche antes de acostarme.
나는 자기 전에 우유 한 잔을 마시는 것을 좋아한다.

📑 un vaso de ~: 한 잔의 ~ | antes de ~: ~하기 전에 | acostarse v. 자다, 잠자리에 들다

☐☐☐ **café con leche**

n.m. 라테

Yo siempre tomo un café con leche por la mañana.
나는 항상 아침에 라테 한 잔을 마신다.

📑 por la mañana 아침에

☐☐☐ **cerveza**

n.f. 맥주

Me gusta tomar cerveza cuando salgo.
나는 놀러 나가면 맥주마시는 것을 좋아한다.

📑 salir v. 나가다, 놀러 나가다

vino blanco

n.m. 화이트와인

¿Te gusta el vino blanco?
너는 화이트와인을 좋아하니?

vino tinto

n.m. 레드와인

Yo prefiero el vino tinto.
나는 레드와인을 선호한다

📖 preferir v. 선호하다

beber

v. 마시다, 술을 마시다

Yo no bebo.
나는 술 안 마셔.

💡 Tip
beber 동사가 특정 목적어 없이 쓰이면 '술을 마시다'라는 뜻이다. 중남미의
경우, 동일한 의미로 tomar 동사를 사용한다.
ej) Yo no tomo. 나는 술 안 마셔(중남미 선호 표현).

A2 **zumo de naranja**

n.m. 오렌지주스

Quiero un zumo de naranja.
나는 오렌지주스를 원해요.

💡 Tip
'zumo de tomate 토마토주스, zumo de frutas 과일주스'도 알아 두자.

bebida sin alcohol

ant. bebida con alcohol
n.f. 알코올 음료

n.f. 무알코올 음료

¿Tenéis alguna bebida sin alcohol?
무알코올 음료 있나요?

cava

n.m. 샴페인

Vamos a comprar una botella de cava
para celebrar la Nochevieja.
12월 31일 밤을 기념하기 위해 샴페인 한 병을 사자.

💡 Tip
프랑스산 샴페인을 el champán, 스페인산 샴페인을 el cava라고 부르는 편
이다. cava의 경우, ~a로 끝나지만 남성 명사임을 유의하자.

infusión de manzanilla

n.f. 캐모마일 차

Tómate una (infusión de) manzanilla si te duele el estómago.

만약 배가 아프다면 너 캐모마일 차 마셔.

📖 tomarse v. 먹다, 마시다 | si+주어+동사: 만약 ~한다면

vino joven

n.m. 숙성 시간이 짧은, 갓 담근 와인

Mi madre siempre compra botellas de vino joven.

나의 어머니는 항상 갓 담근 와인 (병들)만 구매한다.

vino de la casa

n.m. 하우스 와인

A mí me gusta tomar el vino de la casa cuando como fuera.

나는 외식을 할 때 하우스 와인을 마시는 것을 좋아한다.

📖 comer fuera 외식하다

reserva

n.m. 3년 정도 숙성한 와인

Vamos a sacar un reserva para la fiesta de esta noche.

오늘 밤 파티를 위해 레세르바 와인을 하나 꺼내자.

📖 fiesta n.f. 파티 | esta noche 오늘 밤

💡 Tip

un (vino de) reserva 에서 'vino de'가 생략되었기 때문에 reserva는 남성 관사를 사용한다.

abrir una botella

동사 표현 병을 열다

¿Sabes abrir una botella de vino?

너는 와인 병을 열 줄 아니?

📖 saber+동사원형: ~할 줄 알다

probar

v. 먹어 보다

Me encanta probar nuevos platos.
나는 새로운 음식을 먹어 보는 것을 좋아한다.

📑 encantar v. 매우 좋아하다(역구조 동사) | nuevo/a adj. 새로운

servirse

v. 음식을 가져다 먹다

Sírvete lo que quieras.
원하는 것을 가져다 먹어라.

📑 lo que 주어+동사: ~하는 것

Tip
'먹고 싶은 만큼 마음껏 드세요'의 다른 표현인 sírvete cuanto quieras도 알
아 두자. 'cuanto 주어+동사'는 '~하는 모든 것'이라는 의미이다.

tomar una copa

동사 표현 한잔 마시다

Me gusta tomar una copa de vino en cada
comida.
나는 매 끼니마다 와인 한잔 마시는 것을 좋아한다.

📑 cada comida 매 끼니마다

estar borracho/a

동사 표현 취한 상태이다

Como Juan estaba borracho anoche, no
se acuerda de nada.
후안은 어젯밤에 술에 취한 상태였기 때문에, 아무것도 기억하지
못한다.

📑 como 주어+동사: ~이기 때문에 | anoche adv. 어젯밤 |
acordarse de ~: ~를 기억하다

Tip
no ~ nada는 '아무것도 ~하지 않다'라는 뜻으로, 스페인어는 이중부정형태를
사용한다.

tener resaca

동사 표현 숙취를 가지다

Tengo una resaca monumental.
나는 숙취가 심하다.

📑 monumental adj. 기념비적인, 엄청난, 심한

Unidad 04 요리

¿Qué quiere de postre?
후식으로 당신은 무엇을 원하나요?

A1

☐
☐
☐ **primer plato**

n.m. 전채요리

De primer plato, una ensalada mixta, y de segundo, una ración de paella mixta, por favor.
전채요리로는 기본 샐러드, 그리고 메인 요리로는 모둠 파에야 1인분 주세요.

📝 segundo plato n.m. 메인 요리 | una ración de ~: ~ 1인분 | paella mixta n.f. 모둠 파에야

> 💡 **Tip**
> de primer plato를 de primero로, de segundo plato를 de segundo로 줄여 쓸 수 있다.

☐
☐
☐ **postre**

n.m. 후식

¿Qué quiere de postre?
후식으로 당신은 무엇을 원하나요?

☐
☐
☐ **sopa**

n.f. 수프, 국

Suelo tomar una sopa cuando estoy malo.
나는 아플 때 보통 수프를 먹는다.

📝 soler+동사원형: 보통 ~하다

☐
☐
☐ **bocadillo**

n.m. 스페인식 샌드위치

Me gusta tomar un bocadillo como merienda.
나는 간식으로 샌드위치를 먹는 것을 좋아한다.

> 💡 **Tip**
> 스페인식 샌드위치는 바게트를 사용한다. el sándwich는 식빵을 사용하는 샌드위치이다.

hambur-guesa

n.f. 햄버거

Como una hamburguesa cuando no tengo tiempo.

나는 시간이 없을 때, 햄버거 하나를 먹는다.

📝 no tener tiempo 시간이 없다

pasta

n.f. 파스타

Hoy vamos a comer pasta a la carbonara.

오늘 우리 카르보나라 파스타를 먹자.

📝 pasta a la carbonara n.f. 카르보나라 파스타

tapa

n.f. 타파스

Los fines de semana voy de tapas con mis amigos.

주말마다 나는 친구들과 타파스를 먹으러 간다.

📝 fin de semana n.m. 주말 | ir de tapas 타파스를 먹으러 가다

Tip
타파스는 'tapa 덮개'라는 단어에서 유래된 음식이다.

aperitivo

n.m. 간식

Voy a preparar algunos aperitivos para los invitados.

나는 초대된 사람들을 위한 몇몇 간식을 준비할게.

📝 algunos/as 몇몇의 | invitado n.m. 초대받은 사람(남자) | invitada n.f. 초대받은 사람(여자)

Tip
앞서 등장한 merienda는 점심과 저녁 식사 사이의 간식을 지칭한다는 점에서 aperitivo와 차이가 있다.

bueno/a

sin. rico/a adj. 맛있는

adj. 맛있는

¡Qué bueno está (este plato)!

이 요리 참 맛있다!

📝 estar bueno/a 맛있다

sopa de verduras

n.f. 채소수프

La sopa de verduras de su madre estaba para chuparse los dedos.

그의 어머니의 채소수프는 매우 맛있었다.

> **Tip 1**
> estar para chuparse los dedos는 직역하면 '손가락을 빨 정도이다'지만, '(음식 등이) 매우 맛있다'라는 의미로 해석하면 자연스럽다.

> **Tip 2**
> verduras의 자리에 pescado/pollo 등을 넣어서 '생선수프/닭고기수프' 등을 표현할 수 있다.

gazpacho

n.m. 가스파초

De niño, no me gustaba el gazpacho, pero ahora sí me gusta.

어릴 적에, 나는 가스파초를 좋아하지 않았다, 그러나 지금은 좋아한다.

🔖 de niño/a 어릴 적에 | ahora adv. 지금

cocido

n.m. 삶은 요리, 스튜

En el norte de España se toman muchos cocidos, sobre todo en invierno.

스페인의 북쪽에서는 특히 겨울에, 많은 스튜들을 먹는다.

🔖 norte n.m. 북쪽 | sobre todo 특히 | en invierno 겨울에

> **Tip**
> 수동의 se가 쓰였으나, 문장에 따라 무인칭의 se처럼 해석하면 자연스럽다.

croqueta

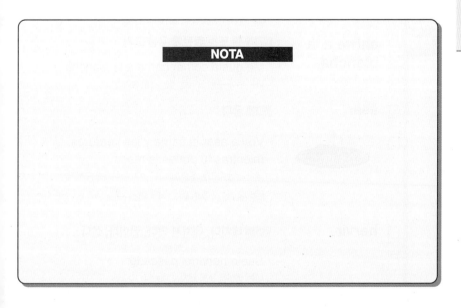

n.f. 크로켓

Las croquetas de espinacas están muy buenas. ¡Pruébalas!

시금치 크로켓이 정말 맛있어. 너 그것들 한번 먹어 봐!

📖 espinaca n.f. 시금치 | probar v. 먹어 보다

> 💡 **Tip**
> ¡Pruébalas!에서 las는 las croquetas de espinacas를 가리킨다.

sentar bien

ant. sentar mal (음식이)
몸에 잘 받지 않는다

동사 표현 (음식이) 몸에 잘 받다

Siempre me sienta bien el arroz.

쌀 요리는 항상 내 몸에 잘 받는다.

> 💡 **Tip**
> sentar bien/mal 은 보통 역구조로 쓰인다.

Capítulo 05

NOTA

Unidad 05 조리법과 맛

¿Te gusta el pescado crudo?
너는 회를 좋아하니?

A2

☐☐☐ **receta**

n.f. 조리법

Voy a seguir la receta de mi madre para hacer arroz con leche.
아로스 콘 레체를 만들기 위해 나의 어머니의 조리법을 따를 것이다.

📋 seguir v. 따르다 | arroz con leche n.m. 아로스 콘 레체, 우유로 조리한 쌀 푸딩

> 💡 **Tip**
> arroz con leche는 스페인에서 즐겨 먹는 후식 중 하나이다.

☐☐☐ **ingrediente**

n.m. 재료

Mi madre siempre cocina con ingredientes frescos.
나의 어머니는 항상 신선한 재료를 가지고 요리하신다.

📋 cocinar v. 요리하다 | fresco/a adj. 신선한

B1

☐☐☐ **carne a la plancha**

n.f. 펜 또는 철판에 구운 고기

Me gusta comer carne a la plancha.
나는 펜에 구운 고기를 먹는 것을 좋아한다.

☐☐☐ **asar**

v. 굽다

Voy a asar la carne y las verduras, mientras tú pones la mesa.
네가 상을 차리는 동안에, 나는 고기와 야채를 구울게.

📋 mientras 주어+동사: ~하는 동안 | poner la mesa 상을 차리다

☐☐☐ **hervir**

v. 데치다, 데쳐서 먹다, 끓이다, 삶다

Suelo hervir el pescado.
나는 생선을 보통 데쳐서 먹는다.

cocer

v. 삶다, 찌다

Mi hermana mayor no sabe cocer huevos.

나의 언니는 계란을 삶을 줄 모른다.

📖 hermana mayor n.f. 언니, 누나 | no saber+동사원형: ~할 줄 모르다

> 💡 **Tip**
>
> cocer huevos는 hervir huevos라고도 할 수 있다.

freír

v. 튀기다

Voy a freír las patatas.

나는 감자를 튀길게.

quemarse

v. (음식 등이) 타다

Se ha quemado un poco la comida.

음식이 조금 탔다.

crudo/a

adj. 날것의

¿Te gusta el pescado crudo?

너는 회를 좋아하니?

📖 pescado crudo n.m. 날 생선, 회

poco hecho/a

ant. muy hecho/a
adj. 완전히 익힌

adj. 아주 조금 익힌

¿Cómo quieres la carne? / Poco hecha, por favor.

너는 고기를 어떻게 원하니? / 아주 조금 익혀 주세요.

blando/a

adj. 연한, 부드러운

La carne no está blanda.

고기가 부드럽지 못하다.

☐☐☐ **salado/a** **adj.** 짠

La comida española es bastante salada.
스페인 요리는 꽤 짜다.

📖 español(a) adj. 스페인(어)의

☐☐☐ **soso/a** **adj.** 싱거운

El arroz está soso. ¿Le echamos un poco de sal?
밥이 싱겁다. 우리 밥에 소금을 조금 칠까?

📖 echar v. (소금 등을) 치다, (무언가를) 넣다, 던지다

☐☐☐ **dulce** **adj.** 단

Esta tarta es demasiado dulce para mí.
이 케이크는 나에게 너무 많이 달다.

📖 demasiado adv. 너무 많이, 지나치게

> 💡 **Tip**
> 전치사 뒤에서 yo는 mí로 변한다. 따라서 para yo는 비문이고, para mí가 옳은 표현임을 알아 두자.

☐☐☐ **picante** **adj.** 매운

Dicen que la comida picante es buena para adelgazar.
매운 음식은 살을 빼는 데 좋다고 한다.

☐☐☐ **amargo/a** **adj.** 쓴

No me gusta el sabor amargo.
나는 쓴 맛을 좋아하지 않는다.

📖 sabor n.m. 맛

Unidad 06 · 부엌 집기

Ten cuidado con el cuchillo.
나이프 조심해.

A1 ☐☐☐ **plato**

n.m. 접시, 요리

Dame un plato para la carne.
나에게 고기를 위한 접시 한 개만 줘.

> 💡 **Tip**
> da는 dar 동사에 대한 tú의 명령형이다. 스페인어에서 tú에 대한 명령형은 직설법 현재 3인칭 단수 변화와 같다.

A2 ☐☐☐ **cuchillo**

n.m. 칼, 나이프

Ten cuidado con el cuchillo.
나이프 조심해.

📝 tener cuidado con~: ~를 조심하다

☐☐☐ **cuchara**

n.f. 수저

Las cucharas están a la derecha.
수저들은 오른쪽에 있다.

📝 a la derecha 오른쪽에

☐☐☐ **tenedor**

n.m. 포크

¿Puedes sacar dos tenedores, por favor?
너 포크 두 개 꺼내 줄 수 있겠니?

> 💡 **Tip**
> 정중히 부탁할 때 문장 뒤에 por favor를 덧붙인다.

Capítulo 05

botella

n.f. 병

¿Dónde está la botella de agua?
물병 어디에 있어?

servilleta

n.f. 냅킨

¿Me das una servilleta?
나에게 냅킨 하나 줄래?

📖 dar v. 주다

B1

sartén

n.f. 프라이팬

¿Tienes una sartén más grande?
너 더 큰 프라이팬 있니?

📖 grande adj. 큰

Tip
대부분의 중남미 국가에서 sartén은 남성 명사로 쓰인다.

olla

n.f. (양쪽에 손잡이가 달린) 냄비, 솥

Me gusta cocinar con esta olla exprés.
나는 이 압력솥으로 요리하는 것을 좋아한다.

Tip
압력솥은 olla exprés 또는 olla a presión이라고 한다.

cazo

n.m. 큰 국자, (한 쪽만 긴 손잡이가 달린 작은) 냄비

Este cazo es muy bueno para hervir huevos.
이 냄비는 달걀을 삶는 데 매우 좋다.

mantel

n.m. 식탁보

Pon un mantel, por favor.
식탁보 하나 깔아 줘.

📖 poner v. 놓다, 깔다

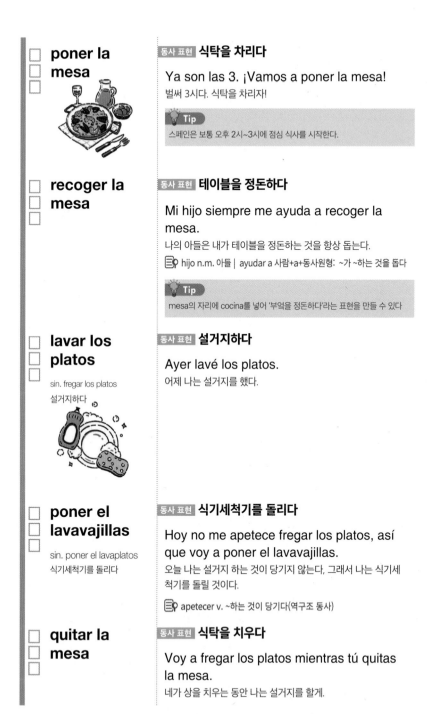

poner la mesa

동사 표현 식탁을 차리다

Ya son las 3. ¡Vamos a poner la mesa!
벌써 3시다. 식탁을 차리자!

> **Tip**
> 스페인은 보통 오후 2시~3시에 점심 식사를 시작한다.

recoger la mesa

동사 표현 테이블을 정돈하다

Mi hijo siempre me ayuda a recoger la mesa.
나의 아들은 내가 테이블을 정돈하는 것을 항상 돕는다.

hijo n.m. 아들 | ayudar a 사람+a+동사원형: ~가 ~하는 것을 돕다

> **Tip**
> mesa의 자리에 cocina를 넣어 '부엌을 정돈하다'라는 표현을 만들 수 있다

lavar los platos

sin. fregar los platos
설거지하다

동사 표현 설거지하다

Ayer lavé los platos.
어제 나는 설거지를 했다.

poner el lavavajillas

sin. poner el lavaplatos
식기세척기를 돌리다

동사 표현 식기세척기를 돌리다

Hoy no me apetece fregar los platos, así que voy a poner el lavavajillas.
오늘 나는 설거지 하는 것이 당기지 않는다, 그래서 나는 식기세척기를 돌릴 것이다.

apetecer v. ~하는 것이 당기다(역구조 동사)

quitar la mesa

동사 표현 식탁을 치우다

Voy a fregar los platos mientras tú quitas la mesa.
네가 상을 치우는 동안 나는 설거지를 할게.

Unidad 07 식당

¿Hay mesas libres para este sábado?
이번 주 토요일에 빈 자리들이 있나요?

A1

bar
n.m. 바

Paco tiene un bar en el centro.
파코는 중심지에 바를 하나 가지고 있다.

📖 centro n.m. 중심지, 시내

💡 **Tip**
bar는 한국의 호프와 카페를 합쳐 놓은 듯한 개념이다.

restaurante
n.m. 식당

En mi ciudad hay un restaurante coreano.
나의 도시에는 한국 식당이 한 군데 있다.

📖 ciudad n.f. 도시 | coreano/a adj. 한국의

💡 **Tip**
부정관사를 동반한 사물의 위치는 hay와 함께 쓴다.

camarero
n.m. 종업원, 웨이터

Carlos trabaja de camarero.
카를로스는 웨이터로 일한다.

📖 trabajar de+무관사+명사: ~로서 일하다

💡 **Tip**
'종업원(여성), 웨이트리스'는 camarera라고 한다.

mesa
n.f. 테이블

¿Hay mesas libres para este sábado?
이번 주 토요일에 빈 자리들이 있나요?

📖 libre adj. 자유로운, 빈 | sábado n.m. 토요일

panadería

n.f. 빵집

¿Dónde está la panadería más cercana?

가장 가까운 빵집은 어디에 있나요?

cercano/a adj. 가까운

Tip

정관사를 동반한 사물의 위치는 estar와 함께 쓴다.

A2

cafetería

n.f. 카페

En ese rincón, hay una cafetería muy bonita.

저 귀퉁이에는 매우 예쁜 카페 하나가 있다.

rincón n.m. 귀퉁이, 구석진 곳 | bonito/a adj. 예쁜

pizzería

n.f. 피자 가게

Las pizzas de esa pizzería están malas.

그 피자 가게의 피자들은 맛이 없다.

estar malo/a 맛이 없다

restaurante vegetariano

n.m. 채식주의자 식당

¿Conoces algún restaurante vegetariano en tu ciudad?

너의 도시에 채식주의자 식당 아는 곳 있니?

conocer+장소: ~를 (경험으로) 알다, 가 본 적이 있다

comida japonesa

n.f. 일본 음식

A mi madre le encanta la comida japonesa.

나의 어머니는 일본 음식을 매우 좋아하신다.

comida rápida

n.f. 패스트푸드

A los niños les encanta la comida rápida.

아이들은 패스트푸드를 매우 좋아한다.

Capítulo 05

cocinero

☐
☐
☐

n.m. 요리사

Rafa está de cocinero en el restaurante de su tío.

라파는 그의 삼촌 식당에서 요리사로 일하고 있다.

📖 tío n.m. 삼촌

> **Tip 1**
> '요리사(여자)'는 cocinera라고 한다.
>
> **Tip 2**
> 'estar de 무관사+명사'는 '~로 일하고 있다'라는 의미와 동시에, 어떤 곳에서 '잠시 일하고 있다'라는 의미도 갖는다.

chef

☐
☐
☐

n.m. 주방장

El chef de ese restaurante sabe cocinar platos de muchos países.

그 식당의 주방장은 많은 나라들의 요리를 할 줄 안다.

📖 muchos países 많은 나라들

reservar una mesa

☐
☐
☐

동사 표현 **예약하다**

Llamo para reservar una mesa para este domingo.

이번 주 일요일에 예약하려고 전화 드려요.

📖 llamar v. 전화하다 | domingo n.m. 일요일

> **Tip**
> reservar una mesa는 직역하면 '테이블을 예약하다'라는 뜻이다.

pedir la carta

☐
☐
☐

동사 표현 **메뉴판을 요구하다**

Voy a pedir la carta.

내가 메뉴판 달라고 할게.

☐
☐ **pedir el**
☐ **menú (del día)**

동사 표현 **(오늘의) 세트 메뉴를 주문하다**

Voy a pedir el menú del día, ¿y tú?
나는 오늘의 세트 메뉴 주문할래. 너는?

💡 **Tip**
스페인에서 menú는 대체로 메뉴판이 아닌 세트 메뉴를 의미한다.

☐
☐ **pedir la**
☐ **cuenta**

동사 표현 **계산서를 요구하다**

¿Pedimos la cuenta? La cuenta, por favor.
우리 계산서 달라고 할까? 계산서 주세요.

B1
☐
☐ **comida**
☐ **casera**

n.f. **가정식, 집밥**

La comida casera es mejor que la comida rápida.
가정식은 패스트푸드보다 더 낫다.

📝 mejor que ~: ~보다 더 나은

💡 **Tip**
mejor는 bueno, bien의 비교급이다.

☐
☐ **cocina india**
☐

n.f. **인도 요리**

Hay un curso de cocina india. ¿Quieres apuntarte conmigo?
인도 요리 강좌가 하나 있어. 너 나와 함께 (그 강좌에) 참여할래?

📝 curso n.m. 강좌 | apuntarse a ~: ~에 등록하다, 참여하다

☐
☐ **restaurante**
☐ **de lujo**

n.m. **고급 식당**

Mi tío tiene un restaurante de lujo.
나의 삼촌은 고급 식당을 운영하신다.

☐
☐ **para tomar**
☐ **aquí o para**
☐ **llevar**

동사 표현 **여기서 먹을 것 아니면 가져갈 것**

¿Para tomar aquí o para llevar?
여기서 드실 건가요 아니면 가져가실 건가요?

실력을 보여 줘!

Capítulo 5의 필수 단어를 Teresa와 Luis의 대화로 술술 말해 보세요.

Teresa	¿Qué vas a tomar de primero?
Luis	*1 A ver, de primero, unas croquetas. ¿Y tú?
Teresa	No sé qué pedir. Estoy dudando entre la sopa y la ensalada.
Luis	Pues, como hace frío, ¿por qué no te tomas una sopa *2 calentita?
Teresa	No sé...*3 no me decido...
Luis	La ensalada también tiene buena pinta.
Teresa	Sí, es verdad. Bueno, yo voy a pedir el menú del día.
Luis	¡Ah! Muy bien. *4 Problema solucionado.
Teresa	¿Llamamos al camarero?

테레사	너 전채요리로 뭐 먹을 거야?
루이스	음... 나는 전채요리로, 크로켓. 너는?
테레사	난 뭘 주문할지 모르겠어. 수프랑 샐러드 중에 고민하고 있어.
루이스	음, 날씨가 추우니까, 따뜻한 수프 하나 먹는 게 어때?
테레사	모르겠어... 결정을 못 하겠네...
루이스	샐러드도 맛있어 보인다.
테레사	응, 맞아. 좋아, 나는 오늘의 세트 메뉴로 주문할래.
루이스	아! 그래, 문제가 해결되었네.
테레사	종업원 부를까?

VOCA

pedir v. 주문하다 | dudar entre A y B: A와 B사이에서 고민하다, 망설이다 | como 주어+동사: ~하니까 | tener buena pinta (음식 등이) 맛있어 보이다

Tip

*1 A ver는 '한번 보자'라고 해석할 수도 있고, 단순히 '음...'으로 해석할 수도 있다.

*2 caliente보다 축소사 -ito를 사용한 calentito/a가 더 애교 있고 다정하게 들린다.

*3 decidirse는 정해진 몇 개의 옵션 중에서 결정을 내릴 때 쓰인다.

*4 Problema solucionado는 직역하면 '해결된 문제'이지만, '문제가 해결되었네'로 자연스럽게 해석한다.

연습문제

1 [보기]에서 빈칸에 알맞은 단어를 찾아 문장을 완성하세요.

보기	ricas en	fuera	mientras	fuente	suelo
	sabe a	sírvete	manera equilibrada	bajo en	mejor que

1   Las frutas son _____ vitaminas.
과일은 비타민이 풍부하다.

2   El marisco es una _____ importante de hierro.
해산물은 철분의 중요한 공급원이다.

3   _____ lo que quieras.
원하는 것을 가져다 먹어라.

4   Esta tarta _____ zanahoria.
이 케이크는 당근 맛이 난다.

2 [보기]에서 알맞은 단어를 골라 문장을 완성하세요.

보기	hervir	lata	chuparse	sienta

1   ¿Saco una _____ de sardinas?
정어리 통조림 하나 꺼낼까?

2   La sopa de verduras de su madre estaba para _____ los dedos.
그의 어머니의 채소수프는 매우 맛있었다.

3   Suelo _____ el pescado.
나는 생선을 보통 데쳐서 먹는다.

4   Siempre me _____ bien el arroz.
쌀 요리는 항상 내 몸에 잘 받는다.

★ 오늘의 한 마디!

나는 숙취가 심하다. _____.

정답
1 ① ricas en ② fuente ③ Sírvete ④ sabe a
2 ① lata ② chuparse ③ hervir ④ sienta
☆ 오늘의 한 마디 - **Tengo una resaca monumental.**

보너스 단어

요리, 음식, 부엌과 관련된 어휘들을 익혀 봅시다.

요리 재료·음식명

A2	pimienta	n.f. 후추
A2	aceite	n.m. 기름
A2	carne de ternera / cerdo / cordero / pollo	n.f. 소고기 / 돼지고기 / 양고기 / 닭고기
A2	filete	n.m. 스테이크
B1	especia*	n.f. 향신료
B1	mostaza	n.f. 머스터드
B1	berenjena	n.f. 가지
B1	calabacín	n.m. 애호박
B1	espinaca*	n.f. 시금치
B1	guisante*	n.m. 완두콩
B1	lenteja*	n.f. 렌틸콩
B1	judía (blanca)*	n.f. 강낭콩
B1	garbanzo*	n.m. 이집트 콩
B1	kiwi	n.m. 키위
B1	cereza	n.f. 체리
B1	piña	n.f. 파인애플
B1	leche	n.f. 우유
B1	leche desnatada	n.f. 무지방 우유
B1	nata	n.f. 생크림
B1	margarina	n.f. 마가린
B1	yogur natural / yogur desnatado / yogur con frutas	n.m. 무설탕 요거트 / 무지방 요거트 / 과일 요거트

B1 bizcocho	n.m. 카스텔라	
B1 magdalena	n.f. 머핀	
B1 lomo	n.m. 등심살	
B1 costilla de cordero	n.f. 양갈비	
B1 chuleta de cerdo	n.f. 돼지갈비	
B1 pechuga de pollo	n.f. 닭가슴살	
B1 solomillo de ternera	n.m. 소고기 안심살	
B1 clara de / yema de / cáscara de huevo	n.f. 달걀 흰자 / 달걀 노른자 / 달걀 껍질	
B1 embutido	n.m. 순대 혹은 소시지 부류의 소금에 절인 고기를 일컫는 말	

*표시 단어들은 보통 복수로 쓰인다.

 Tip

embutido는 'jamón serrano 하몽 세라노, jamón york 훈제 하몽, salchichón 살치촌, chorizo 초리조'의 4가지가 대표적이다.

부엌 및 식탁 관련 용품

A2 vaso	n.m. 컵	**B1** copa de champán	n.f. 샴페인 잔
A2 taza	n.f. (손잡이가 있는) 잔, 컵	**B1** taza de café	n.f. 커피잔
B1 tazón	n.m. 스프나 시리얼 그릇	**B1** taza de té	n.f. 찻잔
B1 cucharita	n.f. 티스푼	**B1** vaso de agua	n.m. 물컵
B1 cucharón	n.m. 주걱, 작은 국자	**B1** jarra de agua	n.f. 물병
B1 copa de vino	n.f. 와인 잔	**B1** jarra de cerveza	n.f. 큰 맥주잔

Capítulo 05

Capítulo

06

Educación
교육

MP3 바로 듣기

◀ Universidad de Salamanca,
Salamanca
살라망카 대학교, 살라망카

Unidad **01** 교육 기관

Voy a clase de lunes a jueves.
나는 월요일부터 목요일까지 수업에 가.

A1 ☐ **instituto**

sin. bachillerato
n.m. 고등 학교 과정

n.m. 고등학교, 협회, 학원

Mi instituto está en otro barrio.
나의 고등학교는 다른 동네에 있다.

📑 otro/a adj. 다른 | barrio n.m. 동네

☐ **universidad**

n.f. 대학교

Mis hijos estudian en la universidad.
나의 아이들은 대학교에서 공부한다.

📑 estudiar v. 공부하다

> **💡 Tip**
> 대학교에서 공부한다는 것은 곧 대학생임을 의미하기도 하므로 예문은 'mis hijos son universitarios 나의 아이들은 대학생이다'와 같은 뜻이다. 참고로 ser universitario/a는 '대학생이다'라는 의미이다.

☐ **biblioteca**

n.f. 도서관

En mi ciudad hay dos bibliotecas.
나의 도시에는 두 개의 도서관이 있다.
📑 ciudad n.f. 도시

A2 ☐ **aula**

n.f. 교실

¿Dónde está el aula 12?
12번 교실이 어디에 있나요?

> **💡 Tip**
> 여성 명사 중 aula와 같이 철자가 a 또는 ha로 시작하고 강세가 첫 음절에 있는 단어들은, 발음을 위해 단수의 경우에만 정관사 el 또는 부정관사 un과 함께 쓰인다.

colegio

n.m. 초등학교 또는 중학교, 학교

Mi hijo todavía no va al colegio.
나의 아들은 아직 학교를 가지 않는다.

📖 todavía adv. 아직

💡 **Tip**
colegio는 초등학교나 중학교 모두를 지칭할 수 있다.

escuela de idiomas

n.f. 외국어 학원

Nuestra escuela de idiomas cuenta con profesores nativos.
우리 외국어 학원은 원어민 선생님들을 갖고 있습니다.

📖 nuestro/a 우리의 | contar con ~: ~를 가지고 있다 | profesor nativo n.m. 원어민 선생님

biblioteca municipal

n.f. 시립 도서관

¿Dónde está la biblioteca municipal?
시립 도서관이 어디에 있나요?

biblioteca pública

n.f. 공립 도서관

Es una biblioteca pública, así que se puede entrar.
(여기는) 공립 도서관이야, 그래서 (누구나) 들어갈 수 있어.

📖 entrar v. 들어가다

💡 **Tip**
예문에는 '누구나'를 지칭할 수 있는 무인칭의 se가 쓰였다.

B1

guardería

sin. jardín de infancia
n.m. 유치원

n.f. 유치원

Mis sobrinos van a la guardería cada día.
나의 조카들은 매일 유치원에 간다.

📖 cada día 매일

campus

n.m. 캠퍼스

El campus de mi universidad es bastante grande.

나의 대학교 캠퍼스는 제법 크다.

📝 bastante adv. 제법, 꽤 | grande adj. 큰

facultad

n.f. 학부 건물

Voy a la facultad esta tarde.

나는 오늘 오후 학교에 간다.

📝 esta tarde 오늘 오후

> 💡 **Tip**
>
> ir a la facultad는 주로 본인이 공부하는 학부 건물에 수업을 들으러 갈 때 쓴다. 따라서 '학교에 간다' 정도로 해석하면 자연스럽다.

secretaría

n.f. 교무처, 사무국

Tengo que ir a la secretaría a solicitar el carné de estudiante.

나는 학생증을 신청하기 위해서 학부처에 가야 해.

📝 tener que+동사원형: ~해야 한다 | solicitar v. 신청하다 | carné de estudiante n.m. 학생증

> 💡 **Tip**
>
> secretaria가 '비서'라는 뜻일 때에는 강세가 없음에 유의하자.

Unidad **02** 학교 생활 및 학습

Mañana tenemos clase de Matemáticas.
내일 우리는 수학 수업이 있어.

A1 ☐ **estudiante**
☐
☐

n.m.f. 학생

Hay diez estudiantes en cada clase.
각 수업에는 10명의 학생들이 있다.

📗 cada+단수 명사: 각각의 ~

💡 **Tip**
'제자, 학생'이라는 의미를 갖는 alumno/a도 알아 두자.

☐ **profesor**
☐
☐

n.m. 선생님

Mi profesor preferido es el de Inglés.
내가 가장 좋아하는 선생님은 영어 과목 선생님이다.

📗 preferido/a adj. 선호하는

💡 **Tip 1**
'선생님(여자)'은 profesora라고 하며, profesor(a)는 대학 교수만 지칭하는 것이 아님을 유의하자.

💡 **Tip 2**
과목명, 전공명은 첫 글자를 대문자로 쓴다.

☐ **director**
☐
☐

n.m. (학원 등의) 원장, 교장 선생님

El director se llama Juan.
교장 선생님의 성함은 후안이다.

📗 llamarse v. (이름이) ~이다

💡 **Tip**
'(학원 등의) 원장, 교장 선생님(여자)'은 directora라고 한다.

aprender

☐
☐
☐

v. 배우다

Luis aprende coreano desde hace 3 años.
루이스는 3년 전부터 한국어를 배운다.

📖 desde hace ~: ~ 전부터

> 💡 **Tip**
> 스페인어는 언어명의 첫 글자를 대문자로 쓰지 않는다. ej) Coreano (X)

estudiar

☐
☐
☐

v. 공부하다

¿Qué estudias?
너는 무엇을 공부하니?

> 💡 **Tip**
> 대학생에게 이 질문이 쓰였을 때에는 '너는 무엇을 전공하니?'라는 의미가 될 수 있다.

horario

☐
☐
☐

n.m. 시간표

¿Ya tienes el horario?
너는 벌써 시간표를 가지고 있어?

📖 ya adv. 이미, 벌써

> 💡 **Tip**
> 예문은 '벌써 시간표를 알고 있어?'라는 의미로 쓰였다.

clase

☐
☐
☐

n.f. 수업, 교실

Voy a clase de lunes a jueves.
나는 월요일부터 목요일까지 수업에 간다.

📖 ir a clase 수업에 가다 | de A a B: A부터 B까지

curso

☐
☐
☐

n.m. 강좌, 코스

Quiero hacer un curso de inglés.
나는 영어 강좌를 하나 듣고 싶다.

📖 inglés n.m. 영어, 영국인(남자)

> 💡 **Tip**
> hacer un curso는 직역하면 '강좌를 하다'이지만, '강좌를 듣다'로 자연스럽게 해석한다.

☐ **clase de**
☐ **Matemáticas**
☐

`n.f.` **수학 수업**

Mañana tenemos clase de Matemáticas.
내일 우리는 수학 수업이 있다.

> 💡 **Tip 1**
> '수학'은 matemática의 복수로 쓰인다.
>
> ⋯⋯⋯⋯⋯⋯⋯⋯⋯⋯⋯⋯⋯⋯⋯⋯⋯⋯⋯⋯⋯⋯⋯⋯⋯
>
> 💡 **Tip 2**
> Matemáticas 자리에 Español, Historia 등을 넣어서 '스페인어 수업, 역사 수업' 등의 표현을 할 수 있다.

☐ **compañero**
☐ **de clase**
☐

`n.m.` **반 친구**

Enrique es mi compañero de clase.
엔리께는 나의 반 친구이다.

> 💡 **Tip 1**
> '반 친구(여자)'는 compañera de clase라고 한다.
>
> ⋯⋯⋯⋯⋯⋯⋯⋯⋯⋯⋯⋯⋯⋯⋯⋯⋯⋯⋯⋯⋯⋯⋯⋯⋯
>
> 💡 **Tip 2**
> clase 자리에 trabajo, piso 등을 넣어서 '직장 동료, 아파트를 공유하는 친구' 등을 표현할 수 있다.

A2

☐ **dar clases**
☐
☐ *Español*

`동사 표현` **수업을 하다**

Doy clases de español en una academia.
나는 어느 학원에서 스페인어 수업을 한다.

📖 academia n.f. 학원

☐ **pagar la**
☐ **matrícula**
☐

`동사 표현` **등록비를 내다**

¿Se puede pagar la matrícula en dos plazos?
등록금을 두 번으로 나눠서 지불할 수 있나요?

📖 en dos plazos 두 번으로 나눠서

☐ **asignatura**
☐
☐

`n.f.` **과목**

María tiene que recuperar una asignatura para graduarse.
마리아는 졸업을 하기 위해 한 과목을 재수강해야 한다.

📖 recuperar v. 회복하다 | graduarse v. 졸업하다

Capítulo 06

B1

☐☐☐ **matricularse** | v. | **등록하다**

Me voy a matricular en un curso de alemán.

나는 어느 한 독일어 강좌에 등록할 것이다.

📖 ir a+동사원형: ~할 것이다 | matricularse en ~: ~에 등록하다 | alemán n.m. 독일어, 독일인(남자)

☐☐☐ **pedir una beca** | 동사 표현 | **장학금을 신청하다**

¿Por qué no pides una beca?

너 장학금을 신청하는 게 어때?

📖 beca n.f. 장학금

Tip
¿Por qué no~?는 '~하는 게 어때?'라는 제안의 표현이다.

☐☐☐ **enseñar** | v. | **가르치다**

Mi tío enseña inglés en una academia.

나의 삼촌은 어느 한 학원에서 영어를 가르친다.

📖 tío n.m. 삼촌

☐☐☐ **pensar** | v. | **생각하다**

Estoy pensando en hacer un intercambio de idiomas.

나는 언어 교환을 할 생각을 하고 있다.

📖 pensar (en)+동사원형: ~할 생각이다 | hacer un intercambio de idiomas 언어 교환을 하다

☐☐☐ **olvidar** | v. | **잊다**

He olvidado su nombre. ¿Cómo se llamaba?

나 그의 이름을 잊었어. 그 사람 이름이 뭐였지?

📖 su 당신(들)의, 그(들)의, 그녀(들)의 | nombre n.m. 이름

recordar

v. 기억하다, ~를 상기시키다

No recuerdo lo que aprendí ayer.

나는 어제 배운 것이 기억이 안 난다.

📝 lo que 주어+동사: ~한 것 | ayer adv. 어제

saber de memoria

동사 표현 외워서 알다, 암기하다

Tienes que saber de memoria estas fórmulas.

너는 이 공식들을 암기해야 한다.

📝 fórmula n.f. 공식

💡 **Tip**

참고 표현으로 'aprender de memoria 암기로 배우다', 'estudiar de memoria 암기로 공부하다'도 같이 알아 두자.

clase teórica

n.f. 이론 수업

La clase teórica es de 300 euros.

이론 수업은 300유로입니다.

📝 ser de+숫자: ~는 ~만큼이다

clase práctica

n.f. 실기 수업

La clase práctica es de diez horas semanales.

실기 수업은 주당 10시간입니다.

📝 semanal adj. 주의, 주당

hacer unas prácticas

동사 표현 인턴십을 하다

Este verano voy a hacer unas prácticas en una compañía de publicidad.

나는 이번 여름에 어느 한 광고 회사에서 인턴십을 할 것이다.

📝 verano n.m. 여름 | compañía de publicidad n.f. 광고 회사

💡 **Tip**

중남미에서는 '인턴십을 하다'를 hacer una pasantía로 쓴다.

Unidad 03 · 수업 용어

¿Alguna pregunta?
질문 있나요?

A1

☐ **página** · **n.f.** 페이지

Vamos a leer la página 20.
20페이지를 읽읍시다.
📖 vamos a 동사원형: ~하자 | leer v. 읽다

☐ **actividad** · **n.f.** 활동

Yo participo en muchas actividades en la escuela.
나는 학교에서 많은 활동들에 참여한다.
📖 participar en ~: ~에 참여하다

☐ **unidad** · **n.f.** 단원

Este libro tiene veinte unidades.
이 책은 20단원을 가지고 있다.

☐ **ejercicio** · **n.m.** 연습 문제

Estos ejercicios son para el martes.
이 연습 문제들은 화요일까지이다.
📖 para+요일, 날짜: ~까지

☐ **pregunta** · **n.f.** 질문

¿Alguna pregunta?
질문 있나요?
📖 alguno/a adj. 어떤

☐ **lección** · **n.f.** 과, 교훈, 가르침

La lección de hoy es 'no mentir a nadie'.
오늘의 가르침은 '누구에게도 거짓말하지 않기'이다.
📖 hoy adv. 오늘 | mentir v. 거짓말하다 | nadie 아무도

☐☐☐ **hablar**

v. 말하다

Quiero hablar español con fluidez.
나는 스페인어를 유창하게 말하고 싶어.

📖 con fluidez 유창하게

☐☐☐ **leer**

v. 읽다, 독서하다

¿Cuántos libros lees al año?
1년에 너는 몇 권의 책을 읽니?

📖 cuánto/a/os/as+명사: 몇 개의, 얼마나 많은 ~ | libro n.m. 책 | al año 1년에

☐☐☐ **escribir**

v. 쓰다

Rafa escribe novelas policíacas.
라파는 탐정 소설을 쓴다.

📖 novela policíaca n.f. 탐정 소설

☐☐☐ **comprender**

sin. entender v. 이해하다

v. 이해하다

¿Comprendéis el vídeo?
너희들은 영상이 이해가 가니?

📖 vídeo n.m. 비디오, 영상

Tip

vídeo는 스페인식 표기이고, video는 중남미식 표기이다.

☐☐☐ **saber**

v. 알다

¿Sabes hablar español?
너 스페인어를 말할 줄 아니?

📖 saber+동사원형: ~할 줄 알다

☐☐☐ **hacer los deberes**

sin. hacer la tarea
숙제를 하다

동사 표현 숙제를 하다

Tengo que hacer los deberes antes del fin de semana.
나는 주말 전에 숙제를 해야 한다.

📖 antes de ~: ~ 전에 | fin de semana n.m. 주말

☐☐☐ **trabajar en parejas**

동사 표현 짝을 지어 학습하다, 공부하다, 작업하다

Hoy vamos a trabajar en parejas.
오늘 우리는 짝을 지어 학습할 것입니다.

☐
☐ **trabajar en**
☐ **grupos**

동사 표현 **그룹으로 학습하다, 공부하다, 작업하다**

Podéis trabajar en grupos para preparar la presentación.

너희들은 발표 준비를 위하여 그룹으로 작업할 수 있다.

📑 preparar la presentación 발표를 준비하다

A2

☐ **preguntar**
☐
☐

v. **질문하다**

¿Te puedo preguntar algo?

너에게 내가 무언가를 물어도 되니?

📑 algo 무언가

☐ **contestar**
☐
☐

v. **답하다**

No necesitas contestar a todas las preguntas.

너는 모든 질문에 답할 필요가 없다.

📑 necesitar+동사원형: ~할 필요가 있다 | contestar a ~: ~에 답하다
   | pregunta n.f. 질문

☐ **completar**
☐
☐

v. **채우다, 완성시키다**

Vamos a completar la conversación.

대화를 채웁시다.

💡 Tip

예문은 '대화의 빈칸을 채웁시다'라는 의미로 쓰였다.

☐ **jugar**
☐
☐

v. **놀다**

Los niños juegan a la pelota en el descanso.

아이들은 쉬는 시간에 공놀이를 한다.

📑 jugar a la pelota 공놀이를 하다 | descanso n.m. 쉬는 시간

☐ **adivinar**
☐
☐

v. **맞추다**

¡Adivina quién soy!

내가 누군지 맞춰 봐!

hacer una redacción

☐☐☐

동사 표현 작문을 하다

Tenéis que hacer una redacción sobre este tema.

너희들은 이 주제에 관해 작문을 해야 한다.

📖 sobre ~: ~에 관해서 | tema n.m. 주제

memorizar

☐☐☐

v. 외우다, 암기하다

Tenéis que memorizar las siguientes palabras para mañana.

너희들은 내일까지 다음의 단어들을 외워야 한다.

📖 siguiente adj. 다음의 | para mañana 내일까지

💡 **Tip**

siguiente는 명사 앞에서 주로 쓰이며, 꾸며 주는 명사의 성수에 맞는 정관사를 동반한다.

repasar

☐☐☐

ant. adelantar v. 예습하다

v. 복습하다

Es importante repasar cada día lo que aprendemos.

우리가 배우는 것을 매일 복습하는 것이 중요하다.

📖 ser importante+동사원형: ~하는 것은 중요하다 | lo que 주어+동사: ~한 것

cometer un error

☐☐☐

동사 표현 실수를 하다

Has cometido un error en tu redacción.

너는 너의 작문에 한 가지 실수를 했다.

tener buena letra

☐☐☐

ant. tener mala letra
글씨가 밉다

동사 표현 글씨가 예쁘다

Tienes muy buena letra.

너는 글씨가 매우 예쁘다.

💡 **Tip**

letra는 글씨를 지칭할 때 단수로 쓰이는 경우가 많다.

B1

tener una duda

동사 표현 의문을 가지다

Tengo una duda. ¿Le puedo hacer una pregunta?

나는 의문이 하나 있어요. 당신에게 질문을 하나 해도 되나요?

equivocarse

v. 실수하다, 틀리다

¡Te has equivocado otra vez! Tienes que repasar más veces.

너 또 틀렸구나! 너는 더 많은 횟수를 복습해야 해.

📑 más veces 더 많은 횟수

subrayar

v. 밑줄 긋다

Leer subrayando te ayuda a memorizar con más facilidad.

밑줄을 그으면서 읽는 것은 네가 더 쉽게 암기하는 것을 돕는다.

📑 con más facilidad 더 쉽게

tomar notas

sin. tomar apuntes
메모하다, 필기하다

동사 표현 메모하다, 필기하다

Me gusta tomar notas cuando estoy en una conferencia.

나는 컨퍼런스에 있을 때 메모하는 것을 좋아한다.

📑 conferencia n.f. 컨퍼런스

💡 **Tip**

tomar nota는 '주문 받다'라는 뜻으로도 쓰인다.

hacer un resumen

동사 표현 요약하다, 요약본을 만들다

Primero, voy a hacer un resumen.

먼저, 내가 요약을 할게.

📑 primero adv. 먼저

☐☐☐ **buscar algo en un diccionario** `동사 표현` 무언가를 사전에서 찾아보다

¿Puedo buscar el vocabulario en el diccionario?

내가 어휘를 사전에서 찾아볼 수 있나요?

📖 vocabulario n.m. 어휘

Tip

vocabulario는 집합명사로, 복수로 쓰이지 않는다.

☐☐☐ **elegir un tema** `동사 표현` 주제를 하나 고르다

Tengo que elegir un tema para la presentación.

나는 발표를 위한 주제를 하나 골라야 한다.

📖 presentación n.f. 발표

☐☐☐ **cambiar de tema** `동사 표현` 주제를 바꾸다

¿Podría cambiar de tema?

제가 주제를 바꿔도 될까요?

Tip

podría는 poder 동사의 가능법 형태로, 공손한 느낌을 준다.

☐☐☐ **levantar la mano** `동사 표현` 손을 들다

Si tenéis alguna duda, podéis levantar la mano en cualquier momento.

만약 의문이 있으면, 너희들은 언제든지 손을 들어도 돼.

📖 en cualquier momento 언제든지, 어떤 순간에도

☐☐☐ **cambiar de sitio** `동사 표현` 자리를 바꾸다

Quiero cambiar de sitio porque no veo bien la pizarra.

나는 칠판이 잘 안 보이기 때문에 자리를 바꾸고 싶다.

📖 ver v. 보다 | pizarra n.f. 칠판

cambiar de compañero

☐ cambiar de
☐ compañero
☐

동사 표현 **파트너를 바꾸다**

No me llevo bien con Carlos. Me gustaría cambiar de compañero.

나는 카를로스와 사이가 좋지 않다. 파트너를 바꾸고 싶다.

📖 me gustaría+동사원형: ~하고 싶다 | llevarse bien 사이가 좋다

☐ hacer un
☐ descanso
☐

sin. hacer una pausa
휴식 시간을 갖다

동사 표현 **휴식 시간을 갖다**

Vamos a hacer un descanso de unos diez minutos.

약 10분 정도의 휴식 시간을 가집시다.

💡 **Tip**

숫자 앞에서 unos, unas는 '약, 대략'이라는 의미를 더한다.

NOTA

Unidad **04** 시험과 성적

Tengo un examen oral este sábado.
나는 이번 주 토요일에 회화 시험이 하나 있어.

A2 ☐ **examen**
☐
☐

n.m. 시험

Tengo cuatro exámenes el mes que viene.
나는 다음 달에 4개의 시험이 있다.

📋 el mes que viene 다음 달에

☐ **diploma**
☐
☐

n.m. 수료증, 자격증

Después del curso, vas a recibir un diploma.
그 강좌 후에, 너는 수료증 하나를 받을 거야.

📋 después de ~: ~ 후에 | recibir v. 받다

☐ **certificado**
☐
☐

n.m. 수료증, 증명서, 자격증

Necesito un certificado de inglés para solicitar el puesto.
나는 그 일자리를 신청하기 위해 영어 자격증이 하나 필요하다.

📋 necesitar v. 필요하다 | puesto n.m. 일자리, 직

B1 ☐ **examen**
☐ **parcial**
☐

n.m. 중간시험

Ya han salido los resultados del examen parcial.
벌써 중간시험의 결과들이 나왔다.

📋 salir v. 나오다 | resultado n.m. 결과

💡 **Tip**
'examen final 기말시험'이라는 표현도 알아 두자.

☐ **examen oral**
☐
☐

n.m. 회화 시험

Tengo un examen oral este sábado.
나는 이번 주 토요일에 회화 시험이 하나 있다.

☐ **examen**
☐ **escrito**
☐

n.m. 필기 시험

El examen escrito tiene una duración de cincuenta minutos.

필기 시험은 50분의 시간을 갖습니다.

📖 duración n.f. 지속 시간

☐ **matrícula de**
☐ **honor**
☐

n.f. 10점 만점

He conseguido matrícula de honor en dos asignaturas.

나는 두 과목에서 10점 만점을 획득했다.

📖 conseguir v. 획득하다, 달성하다

☐ **hacer una**
☐ **prueba de**
☐ **nivel**

동사 표현 레벨 테스트를 하다

Todos los alumnos necesitan hacer una prueba de nivel antes de empezar el curso.

모든 학생들은 그 코스를 시작하기 전에 레벨 테스트를 해야 한다.

📖 alumno 제자, 학생(남자) | alumna 제자, 학생(여자) | antes de ~: ~ 전에 | empezar v. 시작하다

☐ **estar de**
☐ **exámenes**
☐

동사 표현 시험 기간 중이다

Estoy de exámenes, así que no puedo salir.

나 시험 기간 중이야, 그래서 놀러 나갈 수 없어.

📖 así que 그래서 | salir v. 놀러 나가다

💡 **Tip**

salir는 문맥에 따라 'salir de fiesta 놀러 나가다'와 같은 뜻을 갖는다.

☐ **corregir un**
☐ **examen**
☐

동사 표현 채점하다

El profesor ya ha corregido todos los exámenes.

선생님은 모든 시험지를 채점하셨다.

□□□ **tener un 0~10** 동사 표현 **~점을 받다**

Tengo un cinco en Matemáticas.
나는 수학에서 5점을 받았다.

> 💡 **Tip**
> 스페인의 초·중·고·대학교에서는 0점부터 10점까지의 점수가 존재하고, 학교 점수를 의미할 때는 0부터 10까지의 숫자 앞에 un을 꼭 붙인다.

□□□ **aprobar** v. **합격하다**

He aprobado todas las asignaturas.
나는 모든 과목을 합격했다.

□□□ **aprobar el curso** 동사 표현 **학년 과정을 합격하다**

Mi hijo ha aprobado el curso sin dificultad.
나의 아들은 어려움 없이 학년 과정을 합격했다.

📑 sin dificultad 어려움 없이

> 💡 **Tip**
> 여기서 curso는 1년의 학제 과정을 말한다.

□□□ **sacar buenas notas** 동사 표현 **좋은 점수를 받다**

Mi hermano menor siempre saca buenas notas.
나의 남동생은 항상 좋은 점수를 받는다.

📑 siempre adv. 항상

□□□ **suspender** v. **낙제하다**

He suspendido Historia Medieval.
나는 중세 역사(라는 과목)를 낙제했다.

📑 historia medieval n.f. 중세 역사

□□□ **repetir el curso** 동사 표현 **학년 과정을 재수강하다**

Tengo que repetir el curso porque tengo tres suspensos.
나는 3개의 낙제 과목들이 있어서 (한) 학년 과정을 재수강해야 한다.

📑 suspenso n.m. 낙제 과목

Unidad **05** 학업과 학위

Estoy en segundo curso de Derecho.
나는 법학 2학년 과정에 있어.

A2 ☐ **Medicina**
☐
☐

n.f. 의학

Estudio Medicina.
나는 의학을 공부한다.

> **Tip**
> 대학교 전공명은 대문자로 시작한다.

☐ **Derecho**
☐
☐

n.m. 법학

Estoy en segundo curso de Derecho.
나는 법학 2학년 과정에 있다.

📋 segundo/a adj. 두 번째의

> **Tip**
> 서수는 명사 앞에서 명사를 꾸며 준다.

B1 ☐ **bachillerato**
☐
☐

n.m. 고등학교 과정

Estoy en primer curso de bachillerato.
나는 고등학교 1학년 과정에 있다.

📋 primero/a adj. 첫 번째의

> **Tip**
> primero는 남성 단수 명사 앞에서 o가 탈락한다.

☐ **carrera**
☐
☐

n.f. 대학 전공

Derecho es una carrera difícil de terminar.
법학은 끝내기 어려운 전공이다.

📋 difícil de+동사원형: ~하기 어려운 | terminar v. 끝내다

máster

sin. maestría
n.f. 석사 과정

n.m. 석사 과정

Me gustaría hacer un máster en el extranjero.
나는 외국에서 석사 과정을 하고 싶다.

📝 en el extranjero 외국에서

doctorado

n.m. 박사 과정

Me gustaría hacer un doctorado en un país hispanohablante.
나는 스페인어권 나라에서 박사 과정을 하고 싶다.

📝 país n.m. 나라 | hispanohablante adj. 스페인어를 쓰는

💡 **Tip**
'박사 학위를 가진 사람'은 doctor, doctora라고 한다.

graduarse

v. 졸업하다

Me gradué en Medicina.
나는 의학과를 졸업했다.

📝 graduarse en ~: ~를 졸업하다

💡 **Tip**
graduarse는 보통 '대학교를 졸업하다'에 쓰이고, 스페인에서는 graduarse en ~, 중남미에서는 graduarse de ~를 쓴다.

terminar el bachillerato

동사 표현 고등학교 과정을 마치다, 고등학교를 졸업하다

Terminé el bachillerato en 1998.
나는 고등학교를 1998년에 졸업했다.

terminar los estudios universitarios

동사 표현 대학교 학업을 마치다

Mi padre consiguió un trabajo justo después de terminar los estudios universitarios.
나의 아버지는 대학교 학업을 마치자마자 직장을 구하셨다.

📝 conseguir v. ~를 얻다, 구하다, 해내다 | trabajo n.m. 일, 직장 | justo después de ~: ~ 바로 후에

☐
☐ **licenciado**
☐

n.m. 학사 학위를 가진 사람 **adj.** 학사 학위를 가진

Soy licenciado en Filología Inglesa.
나는 영문학에 학사 학위를 가진 사람이다.

🗣 ser licenciado/a en ~: ~에 학사 학위를 가지고 있는 사람이다 |
Filología Inglesa n.f. 영문학

> **💡 Tip**
> licenciado의 여성형은 licenciada이다.

☐
☐ **empezar un**
☐ **máster**

동사 표현 석사 과정을 시작하다

Juan empezó un máster en Holanda.
후안은 네덜란드에서 석사 과정을 시작했다.

🗣 Holanda 네덜란드

> **💡 Tip**
> '박사 과정을 시작하다'는 empezar un doctorado라고 한다.

☐
☐ **no tener**
☐ **estudios**

동사 표현 정식 교육을 받지 못하다,
　　　　　학교를 다니지 못하다

En la época de mis abuelos era normal no
tener estudios.
나의 할머니 할아버지가 젊었던 시절에는 학교를 다니지 못하는
것이 일반적이었다.

🗣 época de mis abuelos n.f. 나의 할머니 할아버지가 젊었던 시절
| Es normal + 동사원형: ~하는 것은 일반적이다

NOTA

¡Muéstrame lo que sabes!

실력을 보여 줘!

Capítulo 6의 필수 단어를 Rafa와 Ana의 대화로 술술 말해 보세요.

Rafa	*1 ¡Cuánto tiempo! ¿Qué tal, Ana?
Ana	Muy bien, *2 no me quejo. ¿Y tú, Rafa? *3 ¿Qué me cuentas?
Rafa	Bien, un poco liado, pero todo bien. Ana, ¿estudias o trabajas?
Ana	Yo trabajo en una tienda de ropa. No quería estudiar en la universidad. ¿Y tú?
Rafa	Yo estudio Economía. *4 No sé cómo me irá, pero por ahora me va bien.
Ana	¡Economía! ¡Suena difícil! ¿Te gustan las clases?
Rafa	*5 Algunas sí, otras no. ¡Oye! Si tienes tiempo, ¿tomamos un café o algo?
Ana	¡Ah! Muy buena idea. Pues, yo conozco una cafetería tranquila. Yo te invito. ¡Vamos!

라파	이게 얼마 만이야! 어떻게 지내니, 아나야?
아나	아주 잘 지내, 딱히 불평할 게 없어. 라파, 너는? 어떻게 지내?
라파	잘 지내, 조금 바빠, 그렇지만, 전반적으로 잘 지내고 있어. 아나야, 넌 공부하고 있어? 아니면 일하고 있니?
아나	난 옷 가게에서 일해. 대학교에서 공부하는 걸 원치 않았거든. 너는?
라파	나는 경제학을 전공해. 어떻게 될지 모르겠지만, 지금으로선 잘 되고 있어.
아나	경제라니! 어렵게 들린다! 수업은 좋아?
라파	어떤 수업들은 좋고, 또 어떤 수업들은 안 좋고. 야! 너 시간 있으면 우리 커피나 뭐 한잔 마실까?
아나	아! 좋은 생각이네. 음, 내가 조용한 카페 하나 알아. 내가 쏠게. 가자!

VOCA

liado/a adj. 바쁜 | por ahora 지금으로선 | sonar+형용사: ~하게 들린다, ~하게 보인다

Tip

*1 ¡Cuánto tiempo!는 오랜만에 만난 상대에게 하는 표현으로, '이게 얼마 만이야!, 오랜만이다!' 정도로 해석한다.

*2 No me quejo는 직역하면 '나는 불평하지 않는다'지만, '딱히 불평할 게 없어'로 해석하면 자연스럽다.

*3 ¿Qué me cuentas?는 직역하면 '너는 나에게 무엇을 말하니?'지만, 안부를 묻는 표현으로 '너는 어떻게 지내?'로 자연스럽게 해석할 수 있다.

*4 No sé cómo me irá에서 ir 동사는 '무언가가 진행되다'라는 의미로 쓰였다.

*5 Algunas sí, otras no는 algunas clases, otras clases에서 clases가 생략된 형태이다.

Ejercicios del capítulo 6

연습문제

1 [보기]에서 빈칸에 알맞은 단어를 찾아 문장을 완성하세요.

| 보기 | estudios | cuenta con | ejercicios | parejas | facultad |
| | descanso | fluidez | deberes | repasar | letra |

1 Quiero hablar español con _____ .

나는 스페인어를 유창하게 말하고 싶어.

2 Los niños juegan a la pelota en el _____ .

아이들은 쉬는 시간에 공놀이를 한다.

3 Tienes muy buena _____ .

너는 글씨가 매우 예쁘다.

4 Nuestra escuela de idiomas _____ profesores nativos.

우리 외국어 학원은 원어민 선생님들을 갖고 있습니다.

2 [보기]에서 알맞은 단어를 골라 문장을 완성하세요.

| 보기 | estoy | es | estudian | Matemáticas |

1 Mañana tenemos clase de _____ .

내일 우리는 수학 수업이 있다.

2 Mis hijos _____ en la universidad.

나의 아이들은 대학교에서 공부한다.

3 La clase teórica _____ de 300 euros.

이론 수업은 300유로입니다.

4 _____ en segundo curso de Derecho.

나는 법학 2학년 과정에 있다.

★ 오늘의 한 마디!

나는 영문학에 학사 학위를 가진 사람이다. _____ .

정답

1 ① fluidez ② descanso ③ letra ④ cuenta con
2 ① Matemáticas ② estudian ③ es ④ Estoy
☆ 오늘의 한 마디 - Soy licenciado en Filología Inglesa.

Capítulo 06

보너스 단어

학습 도구 및 교실 용품, 수업과 관련된 어휘들을 익혀 봅시다.

📝 학습 도구 및 교실 용품

A1 libro	n.m. 책		**A1** mapa	n.m. 지도
A1 diccionario	n.m. 사전		**A2** cuaderno	n.m. 공책
A1 papel	n.m. 종이		**A2** hoja	n.f. 종이
A1 bolígrafo	n.m. 볼펜		**A2** regla	n.f. 자
A1 lápiz	n.m. 연필		**A2** impresora	n.f. 프린트
A1 goma	n.f. 지우개		**A2** fotocopiadora	n.f. 복사기
A1 fotocopia	n.f. 복사(본)		**B1** enciclopedia	n.f. 백과사전
A1 mesa	n.f. 책상		**B1** apunte*	n.m. 필기
A1 silla	n.f. 의자		**B1** carpeta	n.f. 파일철
A1 armario	n.m. 옷장		**B1** folio	n.m. 빈 종이
A1 estantería	n.f. 책장		**B1** papel reciclado	n.m. 재활용 용지
A1 pizarra	n.f. 칠판		**B1** papel de impresora	n.m. 프린트 용지
A1 ordenador	n.m. 컴퓨터		**B1** tinta de impresora	n.f. 프린트 잉크
A1 Internet	n.m. 인터넷			

*표시 단어들은 보통 복수로 쓰인다.

📈 수업 관련 용어

B1 convocatoria	n.f. 응시 기회		**B1** pasar lista	출석을 부르다
B1 relacionar	v. 연관 짓다, 연결하다		**B1** aplicar una fórmula	공식을 적용하다
B1 comparar	v. 비교하다		**B1** seguir una regla	규칙을 따르다

B1 adivinar	v. 추측하다	**B1** hacer una tabla	표를 만들다
B1 buscar diferencias	차이점을 찾다	**B1** hacer un experimento	실험을 하다
B1 plantear una duda	의문을 제기하다	**B1** estar castigado/a	벌을 받은 상태이다
B1 resolver una duda	의문을 해결하다	**B1** salir voluntario/a	(문제를 풀기 위해) 자발적으로 나가다
B1 hacer un comentario	코멘트를 하다		

스페인의 점수 체계

스페인의 초·중·고·대학교 점수 체계는 0~10점으로 구성되며, 각 점수대마다 별칭이 있다. 5점부터 합격선이고, 모든 과목에서 5점 이상을 받아야 재수강을 면할 수 있다.

- suspenso 낙제(0점~4.9점)
- aprobado 합격점, 수우미양가 중 '미'에 해당(5점~6.9점)
- notable 합격, 수우미양가 중 '우'에 해당(7점~8.9점)
- sobresaliente 합격, 수우미양가 중 '수'에 해당(9점~9.9점)
- matrícula de honor 10점 만점(10점만 따로 갖는 별칭)

Capítulo

07

Trabajo
일

MP3 바로 듣기

¡Muéstrame lo que sabes!
실력을 보여 줘!
Ejercicios del capítulo 7
연습문제

◀ Museo Nacional del Prado, Madrid
프라도 미술관, 마드리드

Unidad **01** · 직업

¿Cuál es su profesión?
당신의 직업은 무엇입니까?

A1 ☐ **trabajo**
☐
☐

n.m. 일, 업무

Esta semana tengo mucho trabajo.
이번 주에 나는 업무가 많다.

> 💡 **Tip**
> '업무가 많다'라고 할 때 muchos trabajos라고 쓰지 않음에 유의하자.

☐ **trabajar**
☐
☐

v. 일하다

Mi padre trabaja en un banco.
나의 아버지는 어느 한 은행에서 근무하신다.

📒 banco n.m. 은행

> 💡 **Tip**
> trabajar 뒤에 en을 붙여서 '(~에서) 일하다'라고 표현할 수 있다.

☐ **profesión**
☐
☐

n.f. 직업

¿Cuál es su profesión?
당신의 직업은 무엇입니까?

> 💡 **Tip**
> 남미에서는 상대방의 직업을 물을 때 ¿Cuál es su ocupación?이라고 한다.

abogado

n.m. 변호사

El marido de Ana es abogado.
아나의 남편은 변호사다.

📑 marido n.m. 남편

> **Tip 1**
> '변호사(여자)'는 abogada라고 한다.

> **Tip 2**
> 스페인어에서는 직업명 앞에 부정관사를 쓰지 않는다. 따라서 el marido de Ana es un abogado라고 쓰지 않음에 유의한다.

médico

sin. doctor n.m. 의사

n.m. 의사

José quiere ser médico.
호세는 의사가 되기를 원한다.

📑 querer+동사원형: ~하기를 원하다

> **Tip**
> '의사(여자)'는 médica, doctora라고 한다.

taxista

n.m.f. 택시 기사

Mi padre trabaja de taxista.
나의 아버지는 택시 기사로 일하신다.

📑 trabajar de 무관사+직업명: ~로 일하다

ama de casa

n.f. 주부

La madre de Lucas es ama de casa.
루카스의 어머니는 주부이다.

ingeniero

n.m. 기술자

Se necesita un ingeniero informático.
우리는 컴퓨터 기술자가 한 명 필요합니다.

📝 necesitar v. ~을 필요로 하다 | informático/a adj. 컴퓨터
공학의

> 💡 **Tip 1**
> '기술자(여자)'는 ingeniera라고 한다.

> 💡 **Tip 2**
> 'se necesita ~'에서 se는 무인칭 주어로 쓰였다. 'se necesita ~'는
> 'necesitamos ~'와 같은 의미로 해석된다.

dedicarse a ~

동사 표현 ~에 종사하다

¿A qué se dedica usted?
당신은 무엇에 종사하세요?

> 💡 **Tip**
> 예문은 격식을 차려 상대의 직업을 묻는 표현이다.

A2

negocio

n.m. 사업

Llevar un negocio requiere mucha
responsabilidad.
사업을 이끄는 것은 많은 책임감을 요구한다.

📝 llevar v. (무언가를) 이끌다, 계속해 나가다 | requerir v. 요구하다,
필요로 하다 | responsabilidad n.f. 책임감

dependiente

n.m. 점원

Los dependientes de esa tienda son muy
amables.
그 가게의 점원들은 매우 친절하다.

📝 tienda n.f. 가게 | ser amable 친절하다

> 💡 **Tip**
> '점원(여자)'은 dependienta라고도 한다.

funcionario

n.m. 공무원

Hoy en día muchos jóvenes quieren ser funcionarios.

오늘날 많은 젊은이들이 공무원이 되기를 원한다.

📑 hoy en día 오늘날

Tip 1

'공무원(여자)'은 funcionaria라고 한다.

Tip 2

스페인어에서 명사는 단수와 복수일 때 단수의 강세를 그대로 유지한다. 따라서 'joven 젊은이'라는 단어의 복수는 jovenes가 아닌 jóvenes임에 유의하자.

comercial

n.m.f. 판매원

Mi tía trabaja de comercial desde hace tres años.

나의 이모는 3년 전부터 판매원으로 일한다.

📑 tía n.f. 이모, 고모, 숙모 | desde hace ~: ~ 전부터

empresario

n.m. 기업인

Luis Serrano es un empresario famoso a nivel internacional.

루이스 세라노는 국제적인 수준으로 유명한 기업인이다.

📑 famoso/a adj. 유명한 | a nivel internacional 국제적인 수준으로

Tip

'기업인(여자)'은 empresaria라고 한다.

trabajar de canguro

동사 표현 베이비시터로 일하다

Trabajé de canguro en Inglaterra hace dos años.

나는 2년 전에 영국에서 베이비시터로 일했다.

📑 Inglaterra 영국

Tip

canguro가 '캥거루'가 아닌 베이비시터를 칭할 경우, 남성과 여성의 구분 없이 canguro로 쓴다는 점에 유의하자.

Capítulo 07

tener una tienda

가게를 운영하다

Mis padres tienen una tienda de ropa.

나의 부모님은 옷 가게를 운영한다.

📖 ropa n.f. 옷

Tip
tienda de la ropa라고 하지 않는다. 어떤 것의 내용물을 지칭하는 de 뒤에는 '무관사+명사'가 따른다.

B1 puesto de trabajo

n.m. 일자리

El Gobierno debe crear más puestos de trabajo para los recién graduados.

정부는 지금 막 졸업한 사람들을 위해 더 많은 일자리를 창출해야 한다.

📖 deber+동사원형: ~해야 한다 | crear v. 만들다, 창출하다 | los recién graduados 막 졸업한 사람들

Tip 1
특정 나라의 정부를 지칭할 때에는 gobierno의 첫 글자를 대문자로 시작한다.

Tip 2
'los recién casados 막 결혼한 사람들(신혼부부들)', 'los recién nacidos 막 태어난 사람들(신생아들)'도 같이 알아 두자.

oficio

n.m. 직무, 일

Para aprender el oficio de relojero se necesita mucho tiempo.

시계공의 직무를 배우기 위해서는 많은 시간이 필요 된다.

📖 para 동사원형: ~하기 위해서 | aprender v. 배우다 | relojero n.m. 시계공

Tip
예문에서는 수동의 se가 사용되었다.

☐☐☐ **profesión liberal**

n.f. 전문직

Médicos y abogados son ejemplos de profesiones liberales.
의사와 변호사들은 전문직의 예들이다.

📑 ejemplo n.m. 예

☐☐☐ **trabajador**

n.m. 일하는 사람, 직원

En esta fábrica tenemos más de cien trabajadores.
이 공장에서 우리는 100명 이상의 직원들을 가지고 있다.

📑 fábrica n.f. 공장 | más de ~: ~ 이상의

> **Tip**
> '일하는 사람, 직원(여자)'은 trabajadora라고 한다.

☐☐☐ **director de RR.HH.**

n.m. 인사부장

Juan llegó a ser director de RR.HH.
후안은 인사부의 장이 되었다.

📑 llegar a 동사원형: ~하게 되다

> **Tip 1**
> '인사부장(여자)'은 directora de RR.HH.라고 한다.

> **Tip 2**
> RR.HH.은 'recursos humanos 인적 자원'이라는 뜻이고, 항상 복수로 쓰인다.

☐☐☐ **responsable de ventas**

n.m.f. 판매 담당자, 책임자

¿Quién es el responsable de ventas?
누가 판매 담당자입니까?

Capítulo 07

☐
☐ **sustituto**
☐

n.m. 대리인

¿Has encontrado tu sustituto?

너는 너의 대리인을 찾았니?

📖 encontrar v. 찾아내다

💡 **Tip**
'대리인(여자)'은 sustituta라고 한다.

☐
☐ **estudiante**
☐ **en prácticas**

n.m.f. 인턴십 학생

Mañana viene un estudiante en prácticas a trabajar con nosotros.

내일 한 인턴 학생이 우리와 함께 일하려고 온다.

📖 venir v. 오다

💡 **Tip 1**
venir 동사와 같은 왕래발착 동사는 '~하러'를 뒤에 추가할 경우, 'para+동사원형'보다 'a+동사원형'의 형태로 자주 쓰인다.

💡 **Tip 2**
중남미에서 '인턴십 학생'은 pasante라고 한다.

☐
☐ **escalador**
☐

n.m. 암벽 등반가

Para ser un buen escalador, hay que estar en forma.

좋은 암벽 등반가가 되기 위해서는, 신체 상태가 좋아야 한다.

📖 estar en forma 신체 상태가 좋다

💡 **Tip**
'암벽 등반가(여성)'는 escaladora라고 한다.

Unidad 02 직장

La fotocopiadora ha dejado de funcionar.
복사기가 작동하는 것을 멈췄어.

A1

☐ **empresa**
☐
☐

n.f. 회사

Mi empresa está lejos de mi casa.
내 회사는 나의 집으로부터 멀리 있다.

📝 estar lejos de ~: ~로부터 멀리 있다

☐ **jefe**
☐
☐

n.m. 상사

Mi jefe está molesto por algo.
나의 상사는 무언가 때문에 짜증 난 상태이다.

📝 estar molesto/a 짜증 난 상태이다 | por ~: ~ 때문에

> 💡 **Tip**
> '상사(여자)'는 jefa라고 한다.

☐ **ordenador**
☐
☐

n.m. 컴퓨터

Tu ordenador es más antiguo que el mío.
너의 컴퓨터는 나의 것보다 더 오래되었다.

📝 más 형용사 que ~: ~보다 더 ~한(비교급) | antiguo/a adj. 오래된

> 💡 **Tip 1**
> el mío라고 해야 el ordenador mío를 지칭하는 것이다. 이 문장을 정관사 없이 tu ordenador es más antiguo que mío라고 하면 틀린 문장이라는 점에 유의하자.

> 💡 **Tip 2**
> 중남미에서는 ordenador 대신 computadora를 선호하여 사용한다.

Internet

n.m. 인터넷

No tenemos Internet en la oficina.
사무실에 인터넷이 없다.

> **Tip**
> Internet은 남성 명사지만, 문장 어느 위치에 와도 대문자로 시작하며 관사 없이 사용된다.

fax

n.m. 팩스

Puedes mandar el documento por fax.
너는 그 문서를 팩스로 보내도 된다.

📝 mandar v. 보내다 | documento n.m. 문서

A2

despacho

sin. oficina n.f. 사무실

n.m. 사무실

El jefe no está en su despacho.
상사는 자신의 사무실에 없다.

tener una reunión

동사 표현 회의를 갖다

Cada mañana tenemos una reunión.
매일 아침 우리는 회의를 갖는다.

> **Tip**
> cada mañana는 todas las mañanas와 같은 표현이다.

fábrica

n.f. 공장

Mi libro favorito es 'Charlie y la fábrica de chocolate'.
내가 가장 좋아하는 책은 '찰리와 초콜릿 공장'이다.

📝 favorito/a adj. 가장 좋아하는

multinacional

☐☐☐

n.f. 다국적 기업, 대기업

Me gustaría trabajar en una multinacional.
나는 다국적 기업에서 일하고 싶다.

🗒️ me gustaría+동사원형: ~하고 싶다

> 💡 **Tip**
>
> empresa multinacional를 줄여서 multinacional이라고 한다.

uniforme

☐☐☐

n.m. 유니폼, 교복

En mi trabajo tenemos que llevar uniforme.
나의 직장에서 우리는 유니폼을 입어야 한다.

🗒️ tener que+동사원형: ~해야 한다 | llevar+옷: ~를 입고 있다

fotocopiadora

☐☐☐

n.f. 복사기

La fotocopiadora ha dejado de funcionar.
복사기가 작동하는 것을 멈췄다.

🗒️ dejar de 동사원형: ~하는 것을 멈추다 | funcionar v. 작동하다

impresora

☐☐☐

n.f. 프린트기

¿Cuánto suele costar una impresora láser?
레이저 프린트기 한 대는 보통 얼마가 드나요?

🗒️ soler+동사원형: 보통 ~하다 | costar v. 비용이 들다 | impresora láser n.f. 레이저 프린트기

> 💡 **Tip**
>
> '컬러 프린트기'는 impresora a color라고 한다.

hacer fotocopias

☐☐☐

동사 표현 복사를 하다

Necesito hacer diez fotocopias de esta página.
나는 이 페이지를 10장 복사할 필요가 있다.

🗒️ necesitar+동사원형: ~할 필요가 있다 | página n.f. 페이지

B1

☐ **colega**
☐
☐

n.m.f. **동료**

La mayoría de mis colegas son japoneses.
내 동료들의 대부분은 일본인이다.

📖 mayoría n.f. 대부분, 다수

> **Tip**
> colega는 남자와 여자의 형태가 같다. 'la mayoría de+복수 명사'가 주어로
> 올 경우, 일반적으로 동사를 뒤의 복수 명사에 맞춰 준다.

☐ **laboratorio**
☐
☐

n.m. **연구소**

He estado todo el día en el laboratorio.
나는 하루 종일 연구소에 있었다.

📖 todo el día 하루 종일

> **Tip**
> 혼동하기 쉬운 todos los días는 '매일매일'을 의미한다는 것을 기억하자.

☐ **agencia**
☐
☐

n.f. **지점, 대리점, 대행업체**

Encontré esta casa en una agencia
inmobiliaria.
나는 이 집을 어느 한 부동산에서 발견했다.

📖 encontrar v. 발견하다 | inmobiliario/a adj. 부동산의

> **Tip**
> agencia inmobiliaria는 '부동산'을 의미한다.

☐ **bufete de**
☐ **abogados**
☐

n.m. **변호사 사무실**

Pedro quiere abrir un bufete de abogados.
페드로는 변호사 사무실을 여는 것을 원한다.

📖 abrir v. 열다

☐ **compañía**
☐ **de seguros**
☐

n.f. 보험 회사

Por fin conseguí un trabajo en una
compañía de seguros.

마침내 나는 어느 보험 회사에서 일자리를 얻었다.

📋 por fin adv. 마침내 | conseguir un trabajo 일자리를 얻다

☐ **departamento**
☐
☐

n.m. 부서

El Departamento de Contabilidad está en
la última planta.

회계 부서는 마지막 층에 있다.

📋 contabilidad n.f. 회계 | planta n.f. 층

último/a는 '마지막의'라는 뜻을 가진 형용사이며, 수식하는 명사 앞에 위치한다.

💡 **Tip 2**

Contabilidad의 자리에 Recursos Humanos/Administración 등을 넣어서
'인사 부서/행정 부서' 등을 표현할 수 있다.

☐ **presupuesto**
☐
☐

n.m. 예산

¿Cuál es el presupuesto para este
proyecto?

이 프로젝트를 위한 예산은 어떻게 되나요?

📋 proyecto n.m. 프로젝트

💡 **Tip**

예산을 물을 때에는 cuál를 사용한다.

☐ **informe**
☐
☐

n.m. 보고서

¿Hasta cuándo tengo que entregar el
informe?

언제까지 보고서를 제출해야 하나요?

📋 hasta cuándo 언제까지 | entregar v. ~를 제출하다

Capítulo 07

huelga

n.f. 파업

Por la huelga de los basureros, las calles están llenas de basura.

미화원들의 파업으로 인해, 거리들은 쓰레기로 가득 차 있다.

🔎 basurero n.m. 미화원, 청소부 | calle n.f. 거리 | estar lleno/a de ~: ~로 가득 차 있다 | basura n.f. 쓰레기

programa informático

n.m. 컴퓨터 프로그램

Mi hermano mayor creó un programa informático para realizar pagos electrónicos.

나의 형은 전자 결재를 실행하기 위한 컴퓨터 프로그램을 만들었다.

🔎 hermano mayor n.m. 형, 오빠 | realizar v. 실행하다 | pago electrónico n.m. 전자 결재

hacer un proyecto

동사 표현 프로젝트를 만들다

Ana y Carlos han hecho un proyecto para aumentar las ventas.

아나와 카를로스는 판매를 늘리기 위한 프로젝트를 만들었다.

🔎 aumentar v. 늘리다, 증가시키다 | venta n.f. 판매(보통 복수로 사용)

clasificar documentos

동사 표현 서류, 문서들을 분류하다

Nos conviene clasificar documentos en orden alfabético.

알파벳 순서로 문서들을 분류하는 것이 우리에게 더 편리하다.

🔎 convenir v. ~하는 것이 ~에게 더 편리하다(역구조 동사) | en orden alfabético 알파벳 순서로

meter datos en el ordenador

동사 표현 자료들을 컴퓨터에 넣다, 저장하다

Necesitamos meter todos los datos en el ordenador.

우리는 모든 자료들을 컴퓨터에 넣을 필요가 있다.

Tip
'저장하다'는 guardar로도 표현할 수 있다.

Unidad 03 실업과 구직

Mañana tengo una entrevista de trabajo.
나는 내일 (일자리) 면접이 하나 있어.

A1

☐
☐
☐ **tener trabajo**

동사 표현 직장을 가지고 있다

Hoy en día tener un trabajo estable es un lujo.
오늘날 안정된 직장을 갖는 것은 호화스러운 일이다.

📝 hoy en día 오늘날 | estable adj. 안정적인 | lujo n.m. 호화, 사치, 호화스러운 일

☐
☐
☐ **estar en paro**

동사 표현 실업 상태이다

Un tío mío está en paro desde el año pasado.
나의 삼촌 한 분은 작년부터 실업 상태이다.

📝 desde el año pasado 작년부터

A2

☐
☐
☐ **escribir el currículum**

동사 표현 이력서를 작성하다

Todavía no he terminado de escribir mi currículum.
나는 아직까지 내 이력서를 다 작성하지 못했다.

📝 todavía adv. 아직 | terminar de 동사원형: ~하는 것을 끝내다

💡 **Tip**
'나, 너, 그'와 같이 특정 주어의 이력서일 경우, 소유 형용사와 함께 쓰는 것이 자연스럽다.

☐ **enviar el**
☐ **currículum**
☐

동사표현 **이력서를 보내다**

¿Ya has enviado tu currículum?

벌써 너는 너의 이력서를 보냈니?

🔖 ya adv. 이미, 벌써 | enviar v. 보내다

☐ **tener una**
☐ **entrevista**
☐ **(de trabajo)**

동사표현 **(일자리) 면접을 가지다**

Mañana tengo una entrevista de trabajo.

나는 내일 (일자리) 면접이 하나 있어.

B1 ☐ **oferta**
☐
☐

n.f. **공급**

Este año hay menos ofertas de trabajo que el año pasado.

금년에는 작년보다 더 적은 일자리 공급들이 있다.

🔖 menos ~ que A: A보다 더 적은 ~ | oferta de trabajo n.f. 구인

💡 **Tip**
en este año라고 쓰지 않는다는 점에 주의하자.

☐ **demanda**
☐
☐

n.f. **수요**

Los coches coreanos tienen mucha demanda en Europa por su precio competitivo.

한국의 자동차들은 그것의 경쟁력 있는 가격 때문에 유럽에서 많은 수요를 가지고 있다.

🔖 coche n.m. 자동차 | coreano/a adj. 한국의 | Europa 유럽 | por ~ 때문에 | precio n.m. 가격 | competitivo/a adj. 경쟁력 있는

☐ **anuncio de**
☐ **trabajo**
☐

n.m. **일자리 광고**

He encontrado un anuncio de trabajo que te vendría bien.

나는 너에게 안성맞춤일 것 같은 일자리 광고를 하나 발견했어.

🔖 encontrar v. 발견하다 | venir bien ~에게 안성맞춤이다, ~에게 (시간이나 여건이) 괜찮다(역구조 동사)

💡 **Tip**
venir를 vendría로 쓸 경우 추측, 가정의 의미가 더해진다.

entrevistado

n.m. 면접자

El entrevistado debería informarse de la empresa previamente.

면접자는 미리 회사에 대한 정보를 얻어야 한다.

📖 deber+동사원형: ~해야 한다 | informarse de ~: ~ 에 대한 정보를 얻다 | previamente adv. 미리

💡 **Tip 1**

debería를 쓸 경우, '마땅히 ~해야 한다'의 뉘앙스를 갖는다.

💡 **Tip 2**

'면접자(여자)'는 entrevistada라고 한다.

entrevistador

n.m. 면접관

El entrevistador suele fijarse en la forma de hablar del aspirante.

면접관은 후보자의 말하는 방식에 보통 주목하곤 한다.

📖 fijarse en ~: ~에 주목하다 | la forma de 동사원형: ~하는 방식 | aspirante n.m.f. 후보자, 지원자

💡 **Tip**

'면접관(여자)'는 entrevistadora라고 한다.

carta de recomendación

n.f. 추천서

La profesora Chantal escribió una carta de recomendación para mí.

찬탈 교수님이 나를 위해 추천서를 써 주셨다.

📖 escribir v. 쓰다

curriculum vitae

n.m. 이력서

Para conseguir un trabajo es fundamental preparar un buen *curriculum vitae*.

직장을 구하기 위해서는 좋은 이력서를 준비하는 것이 중요하다.

📖 fundamental adj. 근본적인, 근본적으로 중요한 | preparar v. 준비하다

💡 **Tip**

중남미에서는 hoja de vida라고 쓰기도 한다.

□ **carta de**
□ **presentación**
□

n.f. 자기 소개서

Los interesados pueden mandar una carta de presentación a la siguiente dirección.

관심이 있는 사람들은 다음의 주소로 자기 소개서를 보낼 수 있습니다.

📋 poder+동사원형: ~할 수 있다 | interesado n.m. 관심 있는 사람(남자) | interesada n.f. 관심 있는 사람(여자) | mandar v. 보내다 | siguiente adj. 다음의(주로 명사 앞에 나오는 형용사) | dirección n.f. 주소

□ **buscar**
□ **trabajo**
□

동사 표현 일을 구하다

Hay jóvenes sobradamente formados que llevan más de un año buscando trabajo.

1년 이상 직장을 구하고 있는 아주 넘칠 정도로 좋은 스펙을 가지고 있는 젊은이들이 많다.

📋 sobradamente adv. 넘치게, 필요 이상으로 충분히 | formado/a adj. 스펙을 가진, 교육을 받은 | llevar+시간+현재분사: ~만큼 ~해오고 있다

□ **tener**
□ **formación**
□

동사 표현 학력(이나 스펙)을 가지고 있다

Para conseguir un buen trabajo es imprescindible tener una formación adecuada.

좋은 직장을 구하기 위해서 적절한 스펙을 갖고 있는 것은 필수 불가결하다.

📋 conseguir v. 구하다, 얻다 | imprescindible adj. 필수불가결한 | adecuado/a adj. 적절한

💡 **Tip**

명사를 형용사로 꾸며 줄 경우, 부정관사를 동반한다.

□ **tener**
□ **experiencia**
□

동사 표현 경력을 가지고 있다

Todos nuestros monitores tienen cinco años de experiencia como mínimo.

우리 모든 트레이너들은 최소 5년의 경력을 가지고 있습니다.

📋 monitor n.m. 트레이너, 코치 | como mínimo 최소

💡 **Tip**

monitor는 '모니터'라는 의미도 있다.

☐ ☐ ☐ **firmar un contrato**

동사 표현 계약서에 서명하다

Antes de firmar un contrato, uno debería leer detalladamente las condiciones laborales.

어떤 계약서에 서명하기 전에 노동 조건들을 자세하게 읽어야 한다.

📝 antes de ~: ~하기 전에 | uno 불특정한 일반인 주어, 사람 | detalladamente adv. 자세하게, 상세히 | condición laboral n.f. 노동 조건(주로 복수로 사용)

☐ ☐ ☐ **despedir**

v. 해고하다

Me despidieron hace una semana, así que estoy buscando trabajo.

회사 측에서 일주일 전에 나를 해고했다, 그래서 나는 직장을 구하고 있다.

📝 hace+기간: ~ 전에 | así que 그래서

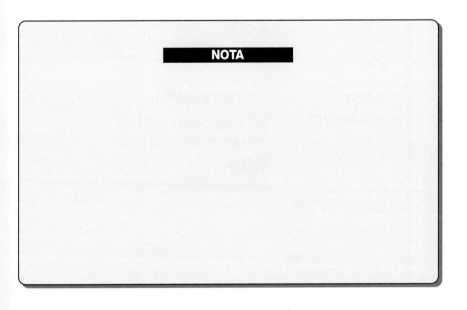

NOTA

Capítulo 07

Unidad 04 직장에서의 의무와 권리

Este año ya no tengo más vacaciones.
올해에 더 이상 나는 휴가가 없어.

A1 ☐
☐ **tener**
☐ **vacaciones**

동사 표현 **휴가를 가지다**

Este año ya no tengo más vacaciones.
올해에 더 이상 나는 휴가가 없어.

📖 ya no 더 이상 ~이 아니다

💡 **Tip**

vacaciones는 항상 복수로 쓰이는 명사이다.

A2 ☐ **ganar dinero**
☐
☐

동사 표현 **돈을 벌다**

Necesito ganar dinero para poder viajar
este invierno.
나는 이번 겨울에 여행을 할 수 있도록 돈을 버는 것이 필요하다.

📖 viajar v. 여행하다 | este invierno 이번 겨울에

💡 **Tip**

dinero와 같은 물질명사가 목적어 자리에 오는 경우 보통 관사를 쓰지 않는
다. 따라서 ganar el dinero라고 하지 않음에 유의하자.

☐ **estar**
☐ **jubilado/a**
☐

동사 표현 **퇴직한 상태이다**

Mis padres están jubilados.
내 부모님들은 퇴직한 상태이다.

💡 **Tip**

유사 표현으로 'estar retirado/a 은퇴한 상태이다'도 함께 알아 두자.

---

contrato

n.m. 계약

Me han hecho un contrato basura.
회사 측에서 나에게 악조건의 계약을 했다.
📑 contrato basura n.m. 악조건 계약

sueldo

n.m. 급여, 임금

El sueldo mensual es de mil euros.
월급은 1000유로이다.
📑 mensual adj. 달의, 월의 | ser de 숫자: ~만큼이다

total disponi- bilidad

n.f. 시간적 제약이 없는 상태, 시간적 자유로움

Se busca una persona con total disponi-bilidad.
시간적 제약이 없는 사람을 구합니다.

> 💡 **Tip**
> 'se busca ~'에서 se는 무인칭 주어로 쓰였다. 'se busca ~'는 'buscamos ~'와 같은 의미로 해석된다.

estabilidad laboral

n.f. 직장의 (노동) 안정성

En nuestra empresa la estabilidad laboral está garantizada.
우리 회사는 안정성이 보장되어 있다.
📑 empresa n.f. 회사 | estar garantizado/a 보장되어 있다

sindicato

n.m. 노동조합

El sindicato pidió más días de vacaciones a la empresa.
노동조합은 회사에 더 많은 날의 휴가를 요구했다.
📑 pedir v. 요구하다

> 💡 **Tip**
> 나라 또는 단체가 동사의 목적어일 경우, 사람처럼 여겨 목적어 앞에 a를 쓴다.

horario flexible

n.m. 유동적인 스케줄

Quiero tener un horario flexible para poder compaginar el trabajo con mis estudios.
나는 내 일과 학업을 병행할 수 있도록 유동적인 스케줄을 갖고 싶다.

📑 compaginar A con B: A와 B를 병행하다

> 💡 **Tip**
> estudio가 '학업'이라는 뜻으로 쓰일 경우, 항상 복수로 쓴다.

incorporación inmediata

n.f. 즉시 투입, 즉시 일 시작

En el anuncio pone 'incorporación inmediata'.
광고에는 '즉시 일 시작'이라고 쓰여 있다.

📑 anuncio n.m. 광고 | poner v. 쓰여 있다

formación a cargo de la empresa

n.f. 회사 비용으로 이뤄지는 교육

Lo bueno de mi trabajo es que ofrecen formación a cargo de la empresa.
내 직장의 좋은 점은 회사 측에서 회사 비용으로 교육을 제공한다는 것이다.

📑 lo bueno de~: ~의 좋은 점 | ofrecer v. 제공하다

posibilidad de promoción

n.f. 승진의 가능성

Existe posibilidad de promoción una vez terminadas las prácticas.
일단 인턴십이 마무리되면, 승진의 가능성이 존재한다.

📑 existir v. 존재하다 | práctica n.f. 연습, 실습, (복수로) 인턴쉽

> 💡 **Tip**
> 'una vez+과거분사+명사'는 '일단 ~가 ~되면'이라는 뜻으로, 이때 과거분사 는 명사에 성수를 일치한다.

☐ **jubilarse**
☐
☐

v. **퇴직하다**

Cuando me jubile, me gustaría montar una pequeña tienda de ropa.
내가 퇴직할 때, 작은 옷 가게를 차리고 싶다.

📖 montar v. 차리다 | pequeño/a adj. 작은

Tip
미래에 있을 일에 대해 말할 때는, cuando절에 접속법이 쓰인다.

☐ **ganar un**
☐ **sueldo**
☐

동사 표현 **월급을 벌다, 일정한 수입을 갖다**

Lo único que deseo ahora es ganar un sueldo.
지금 내가 바라는 유일한 것은 일정한 수입을 갖는 것이다.

📖 lo único 유일한 것 | desear v. 바라다

☐ **subir el**
☐ **sueldo**
☐

ant. bajar el sueldo
임금을 내리다

동사 표현 **임금을 올리다**

Me subieron el sueldo hace un mes.
회사 측은 나에게 한 달 전에 임금을 올려 주었다.

☐ **hacer**
☐ **huelga**
☐

동사 표현 **파업을 하다**

Llevan una semana haciendo huelga por el despido improcedente de muchos empleados.
많은 직원들의 부당한 해고로 일주일째 파업을 하고 있다.

📖 despido improcedente n.m. 부당한 해고 | empleado n.m 직원(남자) | empleada n.f. 직원(여자)

Tip
주어가 불특정 다수를 가리킬 때는, 동사를 3인칭 복수로 쓴다.

실력을 보여 줘!

Capítulo 7의 필수 단어를 Ana와 Pedro의 대화로 술술 말해 보세요.

Ana	¿Qué tal va la búsqueda de trabajo?
Pedro	Mañana tengo tres entrevistas.
Ana	*1 ¡Qué éxito tienes!
Pedro	¡Hombre, todavía no! Pero la verdad es que tengo ganas de trabajar. Y tú, ¿qué tal el trabajo?
Ana	*2 Yo no me quejo. Como tengo un horario flexible, puedo compaginar el trabajo con mis estudios.
Pedro	¿Estás estudiando también?
Ana	Sí, estoy haciendo un doctorado. Te lo dije la última vez que nos vimos, ¿no?
Pedro	¡Qué va! No lo sabía. Pues, muy bien, me alegro por ti, Ana.
Ana	Gracias, Pedro. *3 ¡Te deseo mucha suerte con las entrevistas!

아나	일자리 찾는 것은 어떻게 되어 가?
페드로	내일 면접 세 개가 있어.
아나	완전 인기쟁이인데!
페드로	음, 아직 아니야! 그렇지만 정말 일하고 싶어. 너는, 일은 어때?
아나	나는 불평할 게 없어. 유동적인 스케줄을 갖고 있어서 일을 내 학업과 병행할 수 있거든.
페드로	너 공부도 하고 있어?
아나	응, 나 박사 과정 하고 있어. 마지막에 우리가 만났을 때 너에게 말한 것 같은데. 그렇지 않아?
페드로	아니! 나 몰랐어. 야, 좋다, 내가 다 기쁘다, 아나야.
아나	고마워, 페드로. 인터뷰 잘 해!

VOCA

búsqueda de trabajo n.f. 일자리 찾기 | quejarse v. 불평하다 | doctorado n.m. 박사 과정 | la última vez que 주어+동사: 마지막으로 ~했을 때 | verse v. 만나다 | alegrarse por 사람: ~의 일에 자신이 다 기쁘다

Tip

*1 tener éxito는 '성공적이다'라는 뜻 외에, 남녀 관계나 인간관계에서 '인기가 좋다'라는 뜻도 지닌다. 따라서 ¡Qué éxito tienes!는 문맥에 따라 '너 정말 인기쟁이구나!'로 자연스럽게 해석할 수 있다.

*2 Yo no me quejo는 직역하면 '나는 불평하지 않는다'지만, '나는 불평할 게 없어'로 자연스럽게 해석한다.

*3 ¡Te deseo mucha suerte con las entrevistas!는 직역하면 '너에게 인터뷰 가지고 많은 행운을 빈다'지만, '인터뷰 잘 해, 인터뷰에서 좋은 결과가 있기를 바라'로 자연스럽게 해석할 수 있다.

연습문제

1 [보기]에서 빈칸에 알맞은 단어를 찾아 문장을 완성하세요.

> **보기** a nivel   canguro   vacante   bufete   se dedica
> multinacional   trabajo   obligatorio   nombrado   dejado de

1   **¿A qué _____ usted?**
당신은 무엇에 종사하세요?

2   **Trabajé de _____ en Inglaterra hace dos años.**
나는 2년 전에 영국에서 베이비시터로 일했다.

3   **Me gustaría trabajar en una _____.**
나는 다국적 기업에서 일하고 싶다.

4   **Pedro quiere abrir un _____ de abogados.**
페드로는 변호사 사무실을 여는 것을 원한다.

2 [보기]에서 알맞은 단어를 골라 문장을 완성하세요.

> **보기**   compaginar   orden   sobradamente   paro

1   **Hay jóvenes _____ formados que llevan más de un año buscando trabajo.**
1년 이상 직장을 구하고 있는 아주 넘칠 정도로 좋은 스펙을 가지고 있는 젊은이들이 많다.

2   **Nos conviene clasificar documentos en _____ alfabético.**
알파벳 순서로 문서들을 분류하는 것이 우리에게 더 편리하다.

3   **Un tío mío está en _____ desde el año pasado.**
나의 삼촌 한 분은 작년부터 실업 상태이다.

4   **Quiero tener un horario flexible para poder _____ el trabajo con mis estudios.** 나는 내 일과 학업을 병행할 수 있도록 유동적인 스케줄을 갖고 싶다.

★ 오늘의 한 마디!   회사 측에서 나에게 악조건의 계약을 했다. _____.

보너스 단어

노동 현장, 직장, 근로자와 관련된 어휘들을 익혀 봅시다.

노동 현장에서

A2 escalera	n.f. 사다리		**B1** pala	n.f. 삽
A2 ladrillo	n.m. 벽돌		**B1** taladro	n.m. 드릴
B1 destornillador	n.m. 드라이버		**B1** mono	n.m. (위 아래가 붙은) 작업복
B1 tornillo	n.m. 나사		**B1** gafa* de protección	n.f. 보호 안경
B1 martillo	n.m. 망치		**B1** plano	n.m. 도면
B1 clavo	n.m. 못		**B1** sierra	n.f. 톱
B1 hacha	n.f. 도끼		**B1** cinta métrica	n.f. 줄자

*표시 단어들은 보통 복수로 쓰인다.

직장에서

B1 flexibilidad de horario	n.f. 스케줄의 유동성
B1 jornada laboral	n.f. 하루 노동 시간
B1 período de prueba periodo de prueba	n.m. 수습 기간
B1 anticipo	n.m. 선불금
B1 aumento de sueldo	n.m. 월급 인상
B1 ascenso	n.m. 승진
B1 accidente de trabajo	n.m. 노동 재해
B1 renovar el contrato	(기존의) 계약을 연장하다
B1 baja por maternidad	n.f. (여성의) 육아 휴직
B1 baja por paternidad	n.f. (남성의) 육아 휴직

B1 baja por enfermedad	n.f. 병가
B1 jornada completa	n.f. 풀타임 근무
B1 media jornada	n.f. 하프 타임 근무
B1 jornada continua	n.f. 연속 근무
B1 jornada partida	n.f. (점심 시간 기준으로) 나눠서 하는 근무

Tip

대략 9시~14시까지 일하고, 중간에 쉬었다가 17시~20시까지 일하는 근무 시간을 jornada partida(나눠진, 쪼개진 근무)라고 한다. 아직도 스페인의 많은 지역에서 jornada partida를 시행하고 있지만, 대도시와 관광객이 자주 드나드는 곳에서는 한국과 동일하게 jornada continua(9시 출근, 18시 퇴근)도 병행한다.

 ## 근로자 관련 단어

A2 trabajador(a)	adj. 성실한	B1 habilidad	n.f. 능력
A2 ambicioso/a	adj. 야망 있는	B1 profesionalidad	n.f. 전문성
A2 profesional	adj. 전문적인	B1 cualificado/a	adj. 자격이 있는, 적격의
A2 experto/a	n.m./n.f. 전문가	B1 competente	adj. 경쟁력이 있는, 능력 있는
A2 inexperto/a	n.m./n.f. 무경험자	B1 incompetente	adj. 무능한

Capítulo

08

Ocio
여가

MP3 바로 듣기

◀ Cala Portals Vells, Mallorca
세 손가락 해변, 마요르카

Unidad 01 취미 생활

Este fin de semana voy a ver una película coreana.
이번 주말에 나는 한국 영화 한 편을 볼 거야.

A1

☐ cantar

v. 노래하다

Yo canto fatal.
나는 노래를 아주 못한다.

📖 fatal adv. 아주 나쁘게

> **Tip**
> '노래를 아주 나쁘게 한다'는 말은 '노래를 아주 못한다'로 자연스럽게 해석하면 된다.

☐ bailar

v. 춤추다

Yo no sé bailar flamenco.
나는 플라멩코를 출 줄 모른다.

📖 saber+동사원형: ~할 줄 알다 | bailar flamenco 플라멩코를 추다

☐ leer el periódico

동사 표현 신문을 읽다

Mi madre lee el periódico cada mañana a la misma hora.
나의 어머니는 매일 아침 똑같은 시간에 신문을 읽으신다.

📖 cada mañana 매일 아침 | a la misma hora 똑같은 시간에

☐ vacación

n.f. 휴가

Este lunes empiezan mis vacaciones.
이번 주 월요일에 나의 휴가들이 시작된다.

> **Tip 1**
> 동사 empezar는 '~이 시작되다, ~을 시작하다'라는 자동사와 타동사의 의미를 모두 갖고 있다.

> **Tip 2**
> vacación은 항상 복수로 쓰이는 명사임을 기억하자.

leer un libro

동사 표현 책을 읽다

Estos días estoy leyendo un libro muy interesante.
요즘 나는 매우 흥미로운 책 한 권을 읽고 있다.

📝 estos días 요즘 | interesante adj. 흥미로운

> 💡 **Tip**
>
> '요즘'의 동의 표현으로 hoy en día가 있는데, 개인이 하는 특정 행동에는 hoy en día를 사용하는 것이 어색하다.

ver una película

동사 표현 영화 한 편을 보다

Este fin de semana voy a ver una película coreana.
이번 주말에 나는 한국 영화 한 편을 볼 것이다.

📝 este fin de semana 이번 주말에 | ir a 동사원형: ~를 할 것이다 | coreano/a adj. 한국의

escuchar música

동사 표현 음악을 듣다

Me gusta escuchar música en mi tiempo libre.
나는 나의 자유 시간에 음악 듣는 것을 좋아한다.

📝 tiempo libre n.m. 자유 시간

> 💡 **Tip**
>
> escuchar la música로 쓰지 않는다는 점에 유의하자.

escuchar la radio

동사 표현 라디오를 듣다

A mi abuelo le encanta escuchar la radio.
나의 할아버지는 라디오 듣는 것을 매우 좋아한다.

📝 encantar v. 매우 좋아하다(역구조 동사)

> 💡 **Tip 1**
>
> escuchar radio라고 하지 않는다는 점에 유의한다.

> 💡 **Tip 2**
>
> encantar는 그 자체가 최상급 동사이기 때문에 me encanta mucho라고 쓰지 않는다.

ir a un bar

동사 표현 바(bar)에 가다

¿Vamos a ir a un bar a tomar algo?
뭐 먹거나 마시러 바에 갈까?

📖 ¿Vamos a 동사원형?: ~할까? | tomar v. (무언가를) 먹거나 마시다
| algo 무언가

💡 **Tip**
bar는 한국의 카페와 호프를 합쳐 놓은 개념이다.

ir a una discoteca

동사 표현 클럽에 가다

Los viernes suelo ir a una discoteca con algunos amigos míos.
나는 보통 금요일에 내 친구 몇 명과 클럽에 가곤 한다.

📖 soler+동사원형: 보통 ~한다 | algunos/as 몇 명의, 몇 개의 |
mío/a/os/as 나의

ir al cine

동사 표현 영화관에 가다

¿Cuántas veces al mes vas al cine?
너는 한 달에 몇 번 영화관에 가니?

📖 cuántas veces al mes 한 달에 몇 번

💡 **Tip**
유사한 표현으로 '극장에 가다'라는 의미의 ir al teatro도 함께 알아 두자.

A2 tiempo libre

n.m. 자유 시간

¿Qué te gusta hacer en tu tiempo libre?
너는 너의 자유 시간에 무엇을 하는 것을 좋아하니?

📖 gustar v. 좋아하다(역구조 동사)

☐ **afición**
☐
☐

n.f. **취미**

Mi hermana mayor y yo tenemos aficiones similares.

나의 언니와 나는 비슷한 취미들을 가지고 있다.

📖 similar adj. 비슷한

> 💡 **Tip 1**
>
> yo y mi hermana라고 하지 않음에 유의한다. y로 연결해서 사람을 나열할 경우, 3인칭, 2인칭, 1인칭의 순서로 나열한다.

> 💡 **Tip 2**
>
> 영어에서 유래되어 관행적으로 스페인어처럼 쓰이는 'hobby 취미'도 동의 표현으로 알아 두자.

☐ **parque de**
☐ **atracciones**
☐

n.m. **놀이공원**

La semana que viene, vamos de excursión a un parque de atracciones.

다음 주에, 어느 놀이공원으로 소풍을 간다.

📖 la semana que viene 다음 주에 | ir de excursión a 장소: ~로 당일치기 여행 또는 소풍을 가다

> 💡 **Tip**
>
> '놀이공원'이라는 의미로 중남미에서 쓰이는 parque de diversiones도 함께 알아 두자.

☐ **parque**
☐ **zoológico**
☐

n.m. **동물원**

Ayer fui a un parque zoológico con mi sobrino de seis años.

어제 나는 내 6살짜리 조카와 어느 한 동물원에 갔다.

📖 ayer adv. 어제 | sobrino n.m. 조카

> 💡 **Tip**
>
> parque zoológico는 zoo로 줄여서 쓸 수 있다.

☐
☐
☐
invitar

v. **초대하다**

Me invitaron a cenar en su casa.

그들은 그들 집에서 하는 저녁 식사에 나를 초대했다.

📝 invitar a 사람 a 명사/동사원형: ~를 ~하는 데에 초대하다, ~에게 ~를 대접하다 | cenar v. 저녁 식사를 하다

☐
☐
☐
quedar

v. **만나다**

¿A qué hora quedamos?

우리 몇 시에 만나?

💡 **Tip**

qué hora는 '몇 시인지'를 묻기 위해 쓰고, a qué hora는 '몇 시에 어떤 일을 하는지' 묻기 위해 쓴다. 참고) ¿Qué hora es? 지금 몇 시야?

☐
☐
☐
ir de paseo

동사 표현 **산책하러 가다**

Me gusta ir de paseo al atardecer.

나는 해가 질 때 산책하러 가는 것을 좋아한다.

📝 al+동사원형: ~할 때 | atardecer v. 해가 지다, 어두워지다

☐
☐
☐
ir de excursión

동사 표현 **당일치기 여행 혹은 소풍을 가다**

Mañana vamos de excursión a una montaña.

우리는 내일 어느 한 산으로 소풍을 간다.

📝 montaña n.f. 산

☐
☐
☐
tener planes

동사 표현 **계획들을 가지고 있다**

¿Qué planes tienes para estas vacaciones?

너는 이번 휴가를 위해 어떤 계획들을 가지고 있니?

💡 **Tip**

'어떤 ~'을 말하기 위해서는 'qué+명사' 구조를 사용한다. 중남미 몇몇 국가에서는 'cuál+명사'가 허용되기도 한다는 점에 유의하자.

tener una cita

`동사 표현` **데이트 약속을 갖다**

Juan está muy contento porque tiene una cita esta noche.

후안은 오늘 밤 데이트 약속이 있기 때문에 매우 행복해하고 있다.

📳 estar contento/a 만족하고 있다, 행복해하고 있다 | porque 주어+동사: ~이기 때문에

tomar algo

`동사 표현` **무언가 먹거나 마시다**

¿Tomamos algo por ahí?

근처에서 뭐 먹거나 마실까?

📳 por ahí 근처에서(특정하게 가리키는 곳이 없는 표현)

tomar un café

`동사 표현` **커피 한잔 마시다**

¿Te vienes conmigo a tomar un café?

커피 한잔 마시러 나랑 같이 갈래?

📳 venirse con 사람: ~와 같이 (무언가를 하러) 가다

> 💡 **Tip 1**
> venir 동사와 같은 왕래발착 동사의 경우, '~하러'라는 문장을 뒤에 추가할 때 'para+동사원형'보다 'a+동사원형'을 선호한다.

> 💡 **Tip 2**
> un café 자리에 una caña,una copa를 넣어서 '생맥주 한 잔, 술 한잔 마시다'라는 표현을 할 수 있다.

B1

descanso

`n.m.` **휴식**

Vamos a tomar un descanso de diez minutos y seguimos hablando.

10분의 휴식을 취합시다 그리고 계속해서 대화를 합시다.

📳 vamos a 동사원형: ~하자 | seguir+현재분사: 계속해서 ~하다 | hablar v. 말하다, 대화하다

> 💡 **Tip**
> seguimos에서 볼 수 있듯이, 직설법 현재 1인칭 복수 형태에도 '~하자'라는 제안의 뉘앙스가 있다.

Capítulo 08

cocina

n.f. 요리, 부엌

No entiendo mucho de cocina y por eso me gustaría hacer un curso.

나는 요리는 잘 알지 못한다 그래서 강좌 하나를 듣고 싶다.

📝 entender de 무관사+명사: ~에 대해 알다 | por eso 그래서 | curso n.m. 강좌, 코스

💡 **Tip**

hacer un curso는 직역하면 '강좌를 하다'이지만, '강좌를 듣다'로 자연스럽게 해석한다.

bricolaje

n.m. DIY, 집안 수리 또는 보수 작업

Tenemos que comprar pintura en la sección de bricolaje.

우리는 집안 수리 (물품) 매장에서 페인트를 사야 한다.

📝 tener que+동사원형: ~해야 한다 | comprar v. 사다 | sección n.f. (백화점 등에서의) 매장, 판매대

💡 **Tip**

pintura에는 '그림' 외에 '페인트'라는 의미도 있다.

jardinería

n.f. 원예

Mi cuñado se dedica a la jardinería.

나의 형부는 원예에 종사하신다.

📝 cuñado n.m. 형부, 처남, 처형 | dedicarse a ~: ~에 종사하다

inscribirse

v. 가입하다

Para inscribirse en nuestra asociación de trueque deben rellenar el siguiente formulario.

우리 물물교환 협회에 가입하기 위해서는 다음의 양식을 채워야 합니다.

📝 inscribirse en ~: ~에 가입하다 | asociación de trueque n.f. 물물교환 협회 | rellenar v. 채우다 | formulario n.m. 양식

☐☐☐ **aburrirse**

v. **지루해하다**

Ayer me aburrí como una ostra en el seminario.

나는 어제 세미나에서 완전 지루했었다.

📑 seminario n.m. 세미나

> 💡 **Tip**
> aburrirse como una ostra는 관용 표현으로, 직역하면 '굴처럼 지루해하다'
> 라는 의미이고, 실제로는 '매우 지루해하다'라는 의미로 쓰인다.

☐☐☐ **divertirse**

v. **즐기다**

Me divierto mucho bailando flamenco.

나는 플라멩코 추는 것을 매우 즐긴다.

📑 divertirse+현재분사: ~하는 것을 즐기다

☐☐☐ **estar ocupado/a**

동사 표현 **바쁘다**

Prefiero quedar la semana que viene porque esta semana estoy ocupadísimo.

나는 다음 주에 만나는 것을 더 선호해 왜냐하면 이번 주에 나는 진짜 바쁘거든.

📑 preferir+동사원형: ~하는 것을 선호하다 | ocupadísimo/a (=muy ocupado/a) adj. 매우 바쁜

☐☐☐ **estar libre**

동사 표현 **한가하다**

Como estoy libre este fin de semana, si te viene bien, podemos quedar.

내가 이번 주말에 한가하니까, 네가 괜찮으면, 우리 만나도 좋아.

📑 como+주어+동사: ~하니까 | si+주어+동사: 만약 ~한다면 | venir bien ~에게 안성맞춤이다, ~에게 (시간이나 여건이) 괜찮다(역구조 동사)

ser
aficionado/a

동사 표현 ~의 애호가이다

Soy aficionado a los deportes acuáticos.
나는 수상 스포츠 애호가이다.

📝 deporte acuático n.m. 수상 스포츠

> **Tip**
>
> deporte는 주로 단수로 쓰지만, 특정 종류를 지칭하는 형용사가 붙으면 주로
> 복수로 쓰인다.

coleccionar

v. ~를 수집하다

En la época de mis padres mucha gente
coleccionaba sellos.
나의 부모님이 젊었을 시절에는 많은 사람들이 우표를 수집하곤
했었다.

📝 época n.f. 기간, 시기, (누군가가 젊었을) 시절 | gente n.f. 사
람들 | sello n.m. 우표, 도장

> **Tip 1**
>
> 과거를 나타내는 문장에 época가 들어가면, 불완료 과거를 사용한다.

> **Tip 2**
>
> gente는 '사람들'로 복수의 의미를 갖지만, 문법적으로는 단수 취급한다.

ir de copas

동사 표현 술 마시러 가다

Esta noche vamos de copas al centro.
오늘 밤에 우리는 중심가로 술 마시러 간다.

📝 esta noche 오늘 밤에 | centro n.m. 중심가

ir de tapas

☐
☐
☐

동사 표현 **타파스 먹으러 가다**

Cuando vivía en España, cada viernes iba de tapas con mis compañeros de piso.

내가 스페인에 살 때, 매주 금요일마다 아파트를 공유하는 친구들과 타파스를 먹으러 가곤 했다.

📑 cada viernes 매주 금요일마다 | compañero de piso n.m. 아파트를 공유하는 친구

> **Tip**
> 스페인에서 대학생 또는 사회 초년생들은 'piso compartido 셰어 하우스'를 사용하는 것이 일반적이다. 셰어 하우스에서 같이 사는 친구를 compañero de piso라고 표현한다.

ir de fiesta

☐
sin. salir de fiesta
☐ 놀러 나가다

동사 표현 **놀러 나가다**

Este sábado vamos de fiesta al centro.

이번 주 토요일에 우리는 중심가로 놀러 나간다.

ir de pícnic

☐
☐
☐

동사 표현 **나들이를 가다**

Hace un tiempo ideal para ir de pícnic.

나들이를 가기 위한 이상적인 날씨이다.

📑 ideal adj. 이상적인 | hace un tiempo+형용사: ~한 날씨이다

> **Tip**
> 'hacer un pícnic 나들이하다'라는 유사 표현도 알아 두자.

hacer turismo

☐
☐
☐

동사 표현 **관광을 하다**

Cada vez hay más gente que quiere hacer turismo cultural.

문화(적) 관광을 하기 원하는 사람들이 매번 더 많아지고 있다.

📑 cada vez ~ más: 매번 더 ~ | cultural adj. 문화의

☐ **colaborar**
☐ **como**
☐ **voluntario/a**

`동사 표현` **자원봉사자로 협조하다, 일하다**

Este verano colaboro en una ONG como voluntario.

이번 여름에 나는 어느 한 비정부 기구에서 자원봉사자로 협조한다.

📝 este verano 이번 여름에 | ONG(organización no gubernamental) n.f. 비정부 기구

☐ **tener un**
☐ **compromiso**
☐

`동사 표현` **선약이 있다**

Mañana me es complicado quedar porque tengo un compromiso.

내일은 만나는 것이 나에게 조금 어려워 왜냐하면 내가 선약이 있거든.

📝 complicado/a adj. 어려운, 복잡한

> 💡 **Tip**
> 'me es complicado+동사원형(= me es difícil+동사원형)'은 '나에게 ~하는 것이 어렵다'라는 의미를 지닌다. 이러한 형태로 자주 쓰이는 형용사는 정해져 있으므로 제시된 두 표현을 그대로 암기하는 것이 좋다.

☐ **pasarlo /**
☐ **pasárselo bien**
☐

ant. pasarlo mal / pasárselo mal
불쾌한 시간을 보내다

`동사 표현` **좋은 시간을 보내다**

Nos lo pasamos muy bien en el cumpleaños de Juan.

우리는 후안의 생일에 매우 좋은 시간을 보냈다.

📝 cumpleaños n.m. 생일

> 💡 **Tip 1**
> 영어식 표현인 tener un buen tiempo는 사용하지 않는다는 점을 유의하자.

> 💡 **Tip 2**
> 여기에서 쓰인 lo는 특정 남성 명사를 받는 것이 아닌, 표현 자체에 lo가 들어간 것이다.

> 💡 **Tip 3**
> 중남미에서는 lo 대신에 la를 써서, pasarla bien이라고 한다.

□
□ **hacer un curso** 동사 표현 요리 강좌를 듣다
□ **de cocina**

El año pasado hice un curso de cocina japonesa y sé hacer algunos platos.

작년에 나는 일본 요리 강좌를 하나 들었다 그래서 몇 가지 요리를 할 줄 안다.

📖 cocina japonesa n.f. 일본 요리 | plato n.m. 접시, 요리 | saber+동사원형: ~를 할 줄 안다

□
□ **hacer** 동사 표현 십자 퍼즐을 하다
□ **crucigramas**

A mi abuela le encanta hacer crucigramas en su tiempo libre.

나의 할머니는 자신의 여가 시간에 십자 퍼즐 하는 것을 매우 좋아하신다.

Capítulo 08

NOTA

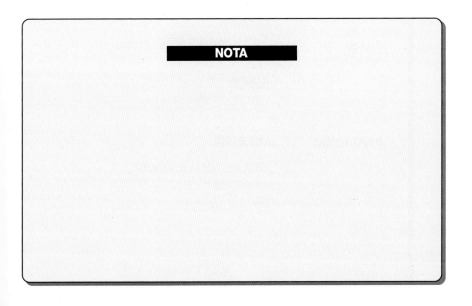

Unidad 02 문화생활

A mi madre le encanta ir a musicales.
나의 어머니는 뮤지컬에 가는 것을 매우 좋아하셔.

A1 ☐ circo

n.m. 서커스

¿Has estado en un circo alguna vez?
너는 한 번이라도 서커스에 가 본 적이 있니?

📑 alguna vez 한 번이라도

💡 Tip 1
직역은 '~에 있어 본 적이 있니?'지만 ~에 가 본 적이 있는지를 묻는 표현이다.

💡 Tip 2
alguna vez가 들어가면 '해 본 적'이라는 의미가 첨가되고, 경험을 묻는 것이기 때문에 완료 형태와 함께 쓰인다.

A2 ☐ entrada

n.f. 입장권, 티켓

¿Cuánto vale una entrada de cine en Corea?
한국에서 영화 입장권 한 장은 얼마야?

📑 valer v. 값이 나가다

💡 Tip
나라 이름은 대문자로 시작한다.

☐ invitación

n.f. 초대장

Gracias por la invitación.
초대장 감사합니다.

📑 gracias por 명사/동사원형: ~에 감사하다, ~해 줘서 감사하다

programa

☐
☐
☐

n.m. 프로그램

Me gusta ver programas de debate.
나는 토론 프로그램들을 보는 것을 좋아한다.

📋 programa de debate n.m. 토론 프로그램

exposición

☐
☐
☐

n.f. 전시회

Hace unos días fui a la exposición de un amigo pintor.
며칠 전에 한 화가 친구의 전시회에 갔다.

📋 hace ~: ~ 전에 | pintor n.m. 화가

obra de teatro

☐
☐
☐

n.f. 연극 작품

¿Cuál es tu obra de teatro preferida?
네가 가장 선호하는 연극 작품은 무엇이니?

📋 preferido/a adj. 가장 선호하는

> 💡 **Tip**
>
> '가장 좋아하는(favorito/a), 가장 선호하는(preferido/a) 것'은 cuál로 질문한다.

ópera

☐
☐
☐

n.f. 오페라

Cantar ópera me parece muy difícil.
오페라를 하는 것은 나에게 매우 어려워 보인다.

📋 parecer+형용사/명사/부사: ~처럼 보인다, ~하게 보인다 |
difícil adj. 어려운

musical

☐
☐
☐

n.m. 뮤지컬

A mi madre le encanta ir a musicales.
나의 어머니는 뮤지컬에 가는 것을 매우 좋아하신다.

concierto de música clásica

n.m. 클래식 음악 콘서트

Todavía no he estado en un concierto de música clásica.
나는 아직 클래식 음악 콘서트에 가 본 적이 없다.

📑 todavía no he estado en ~: 나는 아직 ~에 가 본 적이 없다

concierto de *rock*

n.m. 록 콘서트

Nos conocimos en un concierto de *rock*.
우리는 어느 한 록 콘서트에서 서로 알게 되었어요.

📑 conocer v. 알게 되다, 알다

> 💡 **Tip**
> 여기서에서 nos는 '서로'라는 상호의 의미를 더해 준다.

asiento

n.m. 자리, 좌석

Mi asiento estaba sucio.
내 자리가 더러웠다.

📑 sucio/a adj. 더러운

fila

n.f. 열

Estoy en la fila H, butaca 10.
나는 H열, 10번 좌석에 있어.

📑 butaca n.f. (영화관 혹은 극장의) 좌석

espectador

n.m. 관람객

Los espectadores estaban impresionados por la gran actuación del cantante.
관람객들은 그 가수의 멋진 공연에 감명을 받은 상태였다.

estar impresionado/a por~: ~에 감명을 받은 상태이다 | actuación n.f. 공연 | cantante n.m.f. 가수

Tip 1
'관람객(여성)'은 espectadora라고 한다.

Tip 2
'grande 큰, 훌륭한, 멋진'이 남성, 여성 단수 명사 앞에 오면 de가 탈락하여 gran이 된다.

público

n.m. 관중, 대중

El público estaba tan emocionado que no se oía ni una mosca.
관중은 너무 감동을 받아서 아무 소리도 들리지 않게 조용했다.

estar emocionado/a 감동을 받은 상태이다 | tan+형용사+que+ 주어+동사: 너무 ~(형용사)해서 ~(동사)하다

Tip
no se oye ni una mosca는 직역하면 '파리 한 마리 소리도 들리지 않는다' 라는 뜻이지만, '매우 조용하다'라는 의미로 사용한다.

escenario

n.m. 무대

El escenario estaba lleno de entusiasmo.
무대는 열정으로 가득 차 있었다.

estar lleno/a de+무관사+명사: ~로 가득 차 있다 | entusiasmo n.m. 열정, 열의

galería (de arte)

n.f. (예술) 갤러리

Una tía mía trabaja en una galería de arte.
나의 이모 한 분은 (예술) 갤러리에서 근무하신다.

trabajar en ~: ~에서 근무하다

☐ **plaza de**
☐ **toros**
☐

n.f. 투우장

La plaza de toros está a diez minutos del centro de la ciudad en autobús.

투우장은 도시의 중심부에서 버스로 10분 떨어진 곳에 있다.

📝 estar a 시간 및 거리 단위+de+장소: ~로부터 ~만큼 떨어진 곳에 있다 | en autobús 버스로

☐ **poner una**
☐ **película**
☐

동사 표현 영화를 상영하다

En la tele ponen una película muy interesante.

텔레비전에서 매우 흥미로운 영화 한 편을 상영한다.

💡 Tip 1

어떤 단체가 하는 행동은 주어 없이 동사만 3인칭 복수로 사용한다.

💡 Tip 2

televisión을 일상 회화체로 tele라고 줄여서 말할 수 있다.

☐ **hacer cola**
☐
☐

동사 표현 줄을 서다

¿Tenemos que hacer cola para entrar?

우리는 입장하기 위해서 줄을 서야 하나요?

📝 entrar v. 입장하다

☐ **ser un éxito**
☐
☐

동사 표현 성공적이다

Su nuevo disco ha sido un éxito tremendo.

그의 새로운 앨범은 아주 성공적이었다.

📝 nuevo/a adj. 새로운 | disco n.m. 앨범 | ser un éxito tremendo 아주 성공적이다

Unidad 03 스포츠

¿Quién está ganando?
누가 이기고 있어?

Capítulo 08

A1 ☐ **nadar**
☐
☐

v. **수영하다**

¿Sabes nadar?
너는 수영을 할 줄 아니?

☐ **esquiar**
☐
☐

v. **스키 타다**

Quiero aprender a esquiar.
나는 스키 타는 것을 배우고 싶다.

📖 aprender a 동사원형: ~하는 것을 배우다

A2 ☐ **piscina**
☐
☐

n.f. **수영장**

Hay una piscina pública en mi barrio.
나의 동네에는 공공 수영장이 있다.

📖 público/a adj. 공공의, 대중의 | barrio n.m. 동네

☐ **practicar**
☐
☐

v. **(스포츠 등을) 하다**

¿Practicas algún deporte con regularidad?
너는 규칙적으로 어떤 운동을 하니?

📖 alguno/a 어떤(남성 단수 명사 앞에서는 algún) | con
regularidad 규칙적으로

☐ **montar en**
☐ **bicicleta**
☐

동사 표현 **자전거를 타다**

En mi ciudad es fácil montar en bicicleta
porque hay carril bici.
나의 도시에는 자전거 도로가 있기 때문에 자전거를 타는 것이
쉽다.

📖 ser fácil+동사원형: ~하는 것이 쉽다 | carril bici n.m. 자전거 도로

hacer senderismo

동사 표현 하이킹을 하다

Hacer senderismo con regularidad ayuda a mejorar el estado físico.

규칙적으로 하이킹을 하는 것은 신체 상태를 개선하는 것을 돕는다.

📑 ayudar a+동사원형: ~하는 것을 돕다 | mejorar v. ~를 낫게 하다, 개선시키다 | estado físico n.m. 신체 상태

árbitro

n.m. 심판

El árbitro pitó un penalti.

그 심판은 패널티를 선언했다.

📑 pitar v. (운동 경기에서 호루라기를 불어) ~를 선언하다

> **Tip**
> '심판(여자)'은 árbitra라고 한다.

entrenador

n.m. 코치, 감독

El Madrid va a cambiar de entrenador.

레알 마드리드 축구 팀은 코치를 교체할 것이다.

📑 el (Real) Madrid 레알 마드리드 축구 팀 | cambiar de 무관사+명사: ~를 교체하다

> **Tip**
> '코치, 감독(여자)'는 entrenadora라고 한다.

jugador

n.m. 운동선수

En fútbol sala cada equipo tiene 5 jugadores.

풋살에서 각각의 팀은 5명의 선수를 갖는다.

📑 fútbol sala n.m. 풋살 | cada+단수 명사: 각각의 ~ | equipo n.m. 팀

> **Tip**
> '운동선수(여자)'는 jugadora라고 한다.

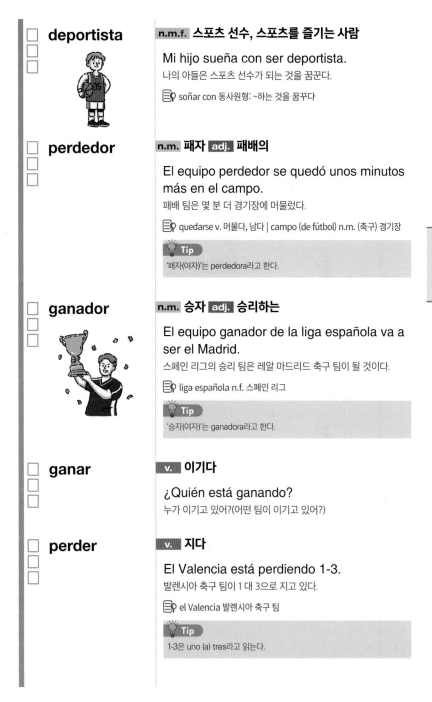

deportista

n.m.f. 스포츠 선수, 스포츠를 즐기는 사람

Mi hijo sueña con ser deportista.
나의 아들은 스포츠 선수가 되는 것을 꿈꾼다.

📝 soñar con 동사원형: ~하는 것을 꿈꾸다

perdedor

n.m. 패자 **adj.** 패배의

El equipo perdedor se quedó unos minutos más en el campo.
패배 팀은 몇 분 더 경기장에 머물렀다.

📝 quedarse v. 머물다, 남다 | campo (de fútbol) n.m. (축구) 경기장

Tip
'패자(여자)'는 perdedora라고 한다.

ganador

n.m. 승자 **adj.** 승리하는

El equipo ganador de la liga española va a ser el Madrid.
스페인 리그의 승리 팀은 레알 마드리드 축구 팀이 될 것이다.

📝 liga española n.f. 스페인 리그

Tip
'승자(여자)'는 ganadora라고 한다.

ganar

v. 이기다

¿Quién está ganando?
누가 이기고 있어?(어떤 팀이 이기고 있어?)

perder

v. 지다

El Valencia está perdiendo 1-3.
발렌시아 축구 팀이 1 대 3으로 지고 있다.

📝 el Valencia 발렌시아 축구 팀

Tip
1-3은 uno (a) tres라고 읽는다.

☐ **empate**
☐
☐

n.m. 동점

Creo que el partido va a acabar en empate.

내 생각에 경기는 동점으로 끝날 것이다.

📖 creer que+주어+동사: ~라고 생각하다 | acabar en empate 동점으로 끝나다

☐ **balón de**
☐ **fútbol**
☐

n.m. 축구공

Mi madre me regaló un balón de fútbol por mi cumpleaños.

나의 어머니는 내 생일에 나에게 축구공을 선물해 주셨다.

📖 regalar v. ~를 선물하다

> 💡 **Tip 1**
>
> fútbol 자리에 baloncesto를 넣어 '농구공'이라는 표현을 할 수 있다.

> 💡 **Tip 2**
>
> 'pelota de golf 골프공'과 같이 공의 크기가 작을 때는 pelota를 쓴다.

☐ **raqueta**
☐
☐

n.f. 라켓

Para jugar al bádminton, necesitamos dos raquetas.

배드민턴을 치기 위해서 우리는 두 개의 라켓이 필요하다.

📖 bádminton n.m. 배드민턴 | jugar a+정관사+스포츠명: ~를 하다

☐ **partido de**
☐ **fútbol**
☐

n.m. 축구 경기

Me gustaría ver un partido de fútbol en un estadio.

나는 경기장에서 축구 경기 하나를 보고 싶다.

📖 estadio n.m. 경기장

> 💡 **Tip**
>
> fútbol 자리에 baloncesto를 넣어 '농구 경기'라는 표현을 할 수 있다.

carrera de motos

n.f. 오토바이 경주

Raúl quiere participar en una carrera de motos como *amateur*.

라울은 아마추어로서 오토바이 경주에 참여하기를 원한다.

📝 participar en ~: ~에 참여하다 | como+무관사+명사: ~로서 | *amateur* n.m.f. 아마추어

> **Tip**
> 'carrera ciclista 사이클 경주'와 'carrera de coches 자동차 경주'도 함께 알아 두자.

boxeo

n.m. 권투

Dicen que practicar boxeo ayuda a adelgazar rápido.

권투를 하는 것이 살을 빨리 빼는 데 도움이 된다고 한다.

📝 dicen que 주어+동사: (사람들이 흔히) ~라고 한다 | adelgazar v. 살을 빼다, 날씬해지다 | rápido adv. 빨리, 빠르게

chándal

n.m. (위아래 세트) 운동복 한 벌

Necesito comprarme un chándal para hacer footing.

나는 조깅을 하기 위해 운동복 한 벌을 살 필요가 있다.

📝 necesitar+동사원형: ~할 필요가 있다 | hacer footing 조깅하다

> **Tip**
> 보통 자신이 쓸 용도로 오래 사용할 수 있는 물건을 사는 것에는 'comprarse 재귀 형태'를 사용한다.

zapato deportivo

n.m. 운동화

Estos zapatos deportivos me costaron un dineral.

이 운동화들은 나에게 거금이 들었다.

📝 costar un dineral 거금이 들다

> **Tip**
> zapato deportivo는 일반적으로 zapatos deportivos와 같이 복수 형태로 쓰인다.

Capítulo 08

☐
☐ **hacer**
☐ **atletismo**

육상을 하다

Mi padre lleva 2 años haciendo atletismo.
나의 아버지는 2년째 육상을 해 오고 있다.

📖 llevar+시간+현재분사: ~만큼 ~를 해 오고 있다

☐
☐ **ciclismo**
☐

n.m. **사이클**

Juan está enganchado al ciclismo.
후안은 사이클에 빠져 있다

📖 estar enganchado/a a 정관사+명사: ~에 빠져 있다

☐
☐ **natación**
☐

n.f. **수영**

Mi hijo trabaja de profesor de natación en
un polideportivo.
나의 아들은 어느 한 종합 스포츠 시설에서 수영 선생님으로
일한다.

📖 trabajar de 무관사+직업명: ~로 일하다 | profesor n.m. 선생님 |
polideportivo n.m. 종합 스포츠 시설

☐
☐ **campo de**
☐ **fútbol**

n.m. **축구 경기장**

Una de mis mayores ilusiones es visitar el
campo de fútbol del Madrid.
나의 가장 큰 바람 중 하나는 마드리드 팀의 축구 경기장에 방문
하는 것이다.

📖 uno/a de 복수 명사: ~ 중 하나 | ilusión n.f. 바람, 기대 | visitar v.
방문하다

☐
☐ **pista de**
☐ **tenis**

n.f. **테니스 코트**

Todas las pistas de tenis están reservadas
para este fin de semana.
이번 주말에는 모든 테니스 코트들이 예약되어 있습니다.

📖 estar reservado/a 예약되어 있다

Unidad 04 놀이

¿Te gusta jugar con la videoconsola?
너는 비디오 게임기를 가지고 노는 것을 좋아하니?

B1

☐☐☐ **videojuego**

n.m. 비디오 게임

Los videojuegos tienen un impacto negativo en los adolescentes.
비디오 게임들은 청소년들에게 부정적인 영향력을 가지고 있다.

📝 impacto n.m. (강한) 충격, 영향력 | negativo/a adj. 부정적인 | adolescente n.m.f 청소년

☐☐☐ **videoconsola**

n.f. 비디오 게임기

¿Te gusta jugar con la videoconsola?
너는 비디오 게임기를 가지고 노는 것을 좋아하니?

📝 jugar con la videoconsola 비디오 게임기를 가지고 놀다

☐☐☐ **juego de mesa**

n.m. 보드게임

¿Te apetece jugar a un juego de mesa?
너 보드게임 한판 할래?

📝 apetecer v. ~하는 것이 당기다(역구조 동사) | jugar a un juego de mesa 보드게임 한판 하다

💡 **Tip**

¿te apetece+동사원형?은 직역하면 '너는 ~하는 것이 당기니?'지만, '너는 ~ 하고 싶니?, 너 ~할래?'로 자연스럽게 해석한다.

tocar el Gordo

성탄절 복권에 당첨되다

A un anciano de ochenta años le ha tocado el Gordo este año.

80세 노인에게 올해 성탄절 복권이 당첨되었다.

📖 anciano n.m. 노인

> **Tip 1**
>
> tocar는 '(복권 등이) 당첨되다'의 뜻일 때 역구조로 사용된다.

> **Tip 2**
>
> el Gordo는 스페인에서 성탄절 기간에 나오는 복권의 별칭이며, 당첨 금액이 크기 때문에 '뚱뚱한, 거대한'이라는 뜻의 'gordo'가 붙었다. 스페인에서 복권 구매는 일상적인 일이라서 성탄절 기간에는 가족 구성원끼리 함께 성탄절 복권을 구매하곤 한다.

tocar la lotería

동사 표현 **복권에 당첨되다**

¡Me ha tocado la lotería!

나 복권에 당첨되었어!

jugar con la pelota

동사 표현 **공을 가지고 놀다**

Cuando era niño, me gustaba jugar con la pelota.

나는 어렸을 때, 공을 가지고 노는 것을 좋아했었다.

> **Tip 1**
>
> cuando era niño와 같이 과거의 성장 시기를 나타내는 표현들은 불완료 과거와 함께 쓰인다.

> **Tip 2**
>
> la pelota 자리에 los juguetes를 넣어 '장난감을 가지고 놀다'라는 표현을 만들 수 있다.

NOTA

¡Muéstrame lo que sabes!

실력을 보여 줘!

Capítulo 8의 필수 단어를 Lucas와 María의 대화로 술술 말해 보세요.

Lucas	¿Viste el Clásico ayer?
María	No, me lo perdí. ¿Cómo terminó?
Lucas	¿Tú qué crees?
María	¿Ganó el Madrid? Es que ya sabes que soy del Madrid.
Lucas	El Madrid iba ganando 2-1, pero el árbitro pitó un penalti contra el Madrid y al final acabó en empate.
María	¿Y cuándo es el partido de vuelta?
Lucas	A ver... es dentro de dos semanas. Si quieres, la próxima vez vamos a un bar a verlo juntos.
María	Me parece una buena idea. Pues, entonces, hacemos eso.

루카스	너 어제 엘 클라시코 봤어?
마리아	아니, 그거 놓쳤어. 어떻게 끝났어?
루카스	넌 어떻게 됐을 거라고 생각하는데?
마리아	마드리드 팀이 이겼어? 그게 말이야 너도 알다시피 나는 마드리드 팬이잖아.
루카스	마드리드 팀이 2 대 1로 이기고 있었어, 그러나 심판이 마드리드 팀에게 불리한 패널티를 선언했고 결국 경기는 동점으로 끝났어.
마리아	그러면, 언제가 홈경기야?
루카스	음... 2주 후야. 네가 원하면, 다음번에 우리 같이 경기 보러 바(bar)에 가자.
마리아	좋은 생각이네. 음, 그러면, 그렇게 하자.

VOCA

el Clásico 레알 마드리드와 FC 바르셀로나 경기의 별칭 | **perderse+명사:** ~를 놓치다 | **¿Tú qué crees?** 너는 어떻게 생각하는데? | **ganar** v. 이기다, 승리하다 | **Es que 주어+동사:** 그게 말이야 ~잖아 | **ir+현재분사:** ~해 나가고 있다 | **partido de vuelta** n.m. 홈경기, 원정 경기 | **dentro de** 시간 단위: ~ 후 | **entonces** 그러면

Tip

*스페인에서는 모든 축구 경기를 텔레비전으로 방송하지는 않는다. 몇몇 중요한 경기들은 유료 채널에 가입해야만 볼 수 있기 때문에, 유료 채널에 가입한 바(bar) 혹은 타파스 가게에 가면 친구나 가족 단위로 모여 축구 경기를 보는 모습을 자주 볼 수 있다. 스페인에 간다면 주요 축구 경기가 있는 날에 바(bar) 혹은 타파스 가게에서 현지인들과 함께 경기를 보는 묘미를 놓치지 말자!

230   GO! 독학 스페인어 단어장

연습문제

1 [보기]에서 빈칸에 알맞은 단어를 찾아 문장을 완성하세요.

보기	hace me divierto aficionado a me vienes entiendo mucho de tocado me es te vienes como una ostra

1 ¿_____ conmigo a tomar un café?

커피 한잔 마시러 나랑 같이 갈래?

2 _____ un tiempo ideal para ir de picnic.

나들이를 가기 위한 이상적인 날씨이다.

3 Ayer me aburrí _____ en el seminario.

나는 어제 세미나에서 완전 지루했었다.

4 ¡Me ha _____ la lotería!

나 복권에 당첨되었어!

2 [보기]에서 알맞은 단어를 골라 문장을 완성하세요.

보기	dineral empate chándal Gordo

1 Necesito comprarme un _____ para hacer footing.

나는 조깅을 하기 위해 운동복 한 벌을 살 필요가 있다.

2 Esos zapatos deportivos me costaron un _____.

이 운동화들은 나에게 거금이 들었다.

3 Creo que el partido va a acabar en _____.

내 생각에 경기는 동점으로 끝날 것이다.

4 A un anciano de ochenta años le ha tocado el _____ este año.

80세 노인에게 올해 성탄절 복권이 당첨되었다.

★ 오늘의 한 마디!

후안은 사이클에 빠져 있다. _____.

보너스 단어

노동 현장, 직장, 근로자와 관련된 어휘들을 익혀 봅시다.

운동과 게임

A1 jugar al fútbol		축구를 하다
A1 jugar al baloncesto		농구를 하다
A1 jugar al tenis		테니스를 하다
A2 jugar a las cartas		카드 놀이를 하다
A2 jugar al ajedrez		체스를 두다
A2 jugar al golf		골프를 치다
B1 jugar a los bolos		볼링을 치다
B1 jugar a los dardos		주사위 놀이를 하다
B1 jugar al billar		당구를 치다
B1 jugar al balonmano		핸드볼을 하다
B1 jugar al voleibol		배구를 하다
B1 jugar al béisbol		야구를 하다
B1 boxear		v. 복싱을 하다
B1 hacer parapente		패러글라이딩을 하다
B1 hacer puenting		번지점프를 하다
B1 hacer remo		보트 레이스를 하다
B1 deporte de invierno		n.m. 겨울 스포츠
B1 deporte de verano		n.m. 여름 스포츠
B1 deporte acuático		n.m. 수상 스포츠
B1 deporte de equipo		n.m. 팀 스포츠
B1 deporte de riesgo		n.m. 익스트림 스포츠
B1 marcar un gol		골을 넣다

B1 parar	v. 슛을 막다
B1 portero/a	n.m./n.f. 골키퍼
B1 futbolista	n.m.f. 축구 선수, 축구를 좋아하는 사람
B2 regatear	v. 드리블하다
B2 chutar	v. 슛을 날리다

 ## 승부

B1 victoria	n.f. 승리
B1 vencer	v. 이기다, 무찌르다
B1 eliminar	v. (상대 팀을) 탈락시키다
B1 ganar una medalla	메달을 획득하다
B1 ganar la Copa del Mundo	월드컵에서 우승하다
B1 ser campeón	우승 팀이 되다
B1 ser subcampeón	준우승 팀이 되다
B2 clasificarse para la eliminatoria	예선에 진출하다
B2 clasificarse para los octavos de final	16강전에 진출하다
B2 clasificarse para los cuartos de final	8강전에 진출하다
B2 clasificarse para la semifinal	4강전에 진출하다
B2 clasificarse para la final	결승에 진출하다
B2 jugar la prórroga	연장전을 치르다

Capítulo
09

Medios de comunicación
매스컴

MP3 바로 듣기

¡Muéstrame lo que sabes!
실력을 보여 줘!
Ejercicios del capítulo 9
연습문제

◀ Las Ramblas, Barcelona
람블라스 거리, 바르셀로나

Unidad 01 정보와 의사소통

Tengo que contestar a mi madre.
나는 나의 어머니에게 답장을 해야 해.

A1 ☐☐☐ **correo (electrónico)**

n.m. 이메일

Acabo de leer tu correo.
나는 지금 막 너의 이메일을 읽었어.

📑 acabar de 동사원형: 지금 막 ~하다

A2 ☐☐☐ **recibir una llamada**

동사 표현 한 통의 전화를 받다

He recibido una llamada de una persona que se llama Juan Serrano.
나는 후안 세라노라는 사람의 전화 한 통을 받았다.

📑 llamarse v. (이름이) ~이다

☐☐☐ **preguntar**

v. 묻다, 질문하다

Elena me ha preguntado por ti.
엘레나는 나에게 너의 안부를 물었어.

📑 preguntar por ~: ~의 안부를 묻다

☐☐☐ **contestar**

v. 대답하다, 답장하다

Tengo que contestar a mi madre.
나는 나의 어머니에게 답장을 해야 한다.

📑 tener que+동사원형: ~해야 한다

> 💡 **Tip**
> 'contestar a 사람'은 그 사람에게 받은 이메일이나 편지, 메시지 등에 답장을 한다는 의미이다.

medios de comuni- cación

n.m. 매스컴

¿Los medios de comunicación pueden manipular a la gente?

매스컴이 사람들을 조종할 수 있을까?

📖 manipular v. 조종하다, 조작하다 | gente n.f. 사람들

noticia

n.f. 뉴스, 소식

Tengo una noticia para ti.

나는 너를 위한 소식이 하나 있어.

📖 para ~를 위한

comentario

n.m. 코멘트

Me podéis dejar un comentario si tenéis alguna duda al respecto.

만약 (이와) 관련하여 어떤 의문이 있으면 너희들은 나에게 코멘 트를 남겨도 된다.

📖 dejar un comentario 코멘트를 남기다 | duda n.f. 의문, 의심 | al respecto (이미 언급된 무언가와) 관련하여

opinión

n.f. 의견

No me gusta dar mi opinión en público.

나는 다른 사람들 앞에서 나의 의견을 내는 것을 좋아하지 않는다.

📖 dar mi opinión 내 의견을 내다 | en público 다른 사람들 앞 에서

cortarse la comunicación

동사 표현 통신이 끊기다, 연결이 끊기다

Se ha cortado la comunicación por la lluvia.

비로 인해 통신이 끊겼다.

📖 lluvia n.f. 비

Capítulo 09

☐ **informarse**
☐
☐

v. **알아보다, 찾아보다**

Debes informarte del precio medio de los hoteles antes de reservar un alojamiento.
너는 숙소를 예약하기 전에 호텔들의 평균 가격에 대해 알아봐야 한다.

📋 informarse de ~: ~에 대해 알아보다 | precio medio n.m. 평균 가격 | antes de ~: ~하기 전에 | reservar v. 예약하다 | alojamiento n.m. 숙소

☐ **mantenerse**
☐ **bien**
☐ **informado/a**

sin. estar bien informado/a
주변 소식을 잘 알고 있다,
(사정 따위에) 밝다

동사 표현 **주변 일을/소식을 잘 알고 있다**

Me gusta mantenerme bien informado, así que no me pierdo ninguna noticia.
나는 주변 소식을 잘 알고 있는 것을 좋아한다, 그래서 어떠한 새로운 소식도 놓치지 않는다.

📋 así que 그래서 | perderse+명사: ~를 놓치다

💡 **Tip**
스페인어는 no me pierdo ninguna noticia와 같이 이중 부정을 사용한다.

NOTA

Unidad 02 전화

El prefijo de Corea es el 82.
한국의 국가 번호는 82야.

A1 ☐ **teléfono**
☐
☐

n.m. 전화

¿Cuál es tu número de teléfono?
너의 전화번호는 뭐니?

📖 número n.m. 전화번호, 숫자

 Tip
개인 신상은 qué 가 아닌 cuál로 묻는다.

☐ **teléfono fijo**
☐
☐

n.m. 집 전화

En mi casa no tenemos teléfono fijo.
내 집에는 집 전화가 없다.

📖 fijo/a adj. 고정된

☐ **(teléfono)**
☐ **móvil**
☐

n.m. 휴대전화

Hoy en día hasta los niños pequeños
tienen teléfono móvil.
요즘에는 어린이들까지 휴대전화를 가지고 있다.

📖 hoy en día 요즘에는 | hasta ~까지

Tip 1
상식적으로 1개를 가지고 있다고 생각될 때에는 부정관사를 생략한다.

Tip 2
중남미에서는 휴대전화를 칭할 때 celular를 선호한다.

☐☐☐ **cabina**

n.f. 공중전화 박스

¿Hay una cabina por aquí cerca?
이 근처에 공중전화 박스가 있나요?

📝 por aquí cerca 이 근처에

☐☐☐ **llamar por teléfono**

동사 표현 **전화하다**

Te voy a llamar por teléfono esta tarde.
오늘 오후에 너에게 전화할게.

📝 ir a+동사원형: ~할 것이다 | esta tarde 오늘 오후

☐☐☐ **hablar por teléfono**

동사 표현 **통화하다**

Anoche hablé con Juan por teléfono casi tres horas.
어젯밤에 후안과 거의 3시간 동안 통화했어.

📝 anoche adv. 어젯밤에 | casi adv. 거의

☐☐☐ **dejar un mensaje**

동사 표현 **메시지를 남기다**

El señor Ramos te ha dejado un mensaje.
라모스 씨가 너에게 메시지 하나를 남겼어.

☐☐☐ **contestador automático**

n.m. 자동 응답기

Este es el contestador automático de María Fernández.
이것은 마리아 페르난데즈의 자동 응답기입니다.

☐☐☐ **buzón de voz**

n.m. 음성 사서함

¿Sabes cómo desactivar el buzón de voz?
너는 음성 사서함을 해제하는 방법을 아니?

📝 saber cómo 동사원형: ~하는 법을 알다 | desactivar v. 해제하다

línea

n.f. 전화선

Llamé varias veces, pero la línea estaba ocupada.

나는 여러 번 전화를 했지만, 통화 중이었다.

📑 varias veces 여러 번 | estar ocupada la línea 통화 중이다

prefijo

n.m. 시외 국번, 국번

El prefijo de Corea es el 82.

한국의 국가 번호는 82이다.

extensión

n.f. 내선 번호

Por favor, ponme con la extensión 123.

내선 번호 123번과 연결 부탁해요.

📑 poner a 사람 con la extensión ~: ~을 내선 번호 ~와 연결해 주다

> **Tip**
>
> 해당 문장에서 poner 동사는 tú에 대한 명령형으로 사용되었다.

Capítulo 09

batería

n.f. 배터리

Tengo que cargar la batería de mi móvil.

나는 휴대폰 배터리를 충전해야 한다.

📑 cargar v. 충전하다

conversación telefónica

n.f. 유선상의 대화

Marcos tuvo una conversación telefónica con un miembro de la organización.

마르코스는 그 단체의 한 회원과 유선상의 대화를 가졌다.

📑 miembro n.m.f. 회원 | organización n.f. 단체, 조직

☐ **guía**
☐ **telefónica**
☐

n.f. 전화번호부

¿Dónde has dejado la guía telefónica?
너 전화번호부 어디에 두었어?

📖 dejar v. 두다, 놓다

> **💡 Tip**
> 같은 뜻으로 páginas amarillas라는 표현도 있다. 모든 페이지가 노란색이어서
> 붙여진 이름이다.

☐ **llamada**
☐ **perdida**
☐

n.f. 부재중 전화

Tienes una llamada perdida.
너 부재중 전화가 하나 있다.

☐ **lista de**
☐ **contactos**
☐

n.f. 연락처 목록

¿Dónde está la lista de contactos?
연락처 목록 어디에 있지?

☐ **marcar un**
☐ **número de**
☐ **teléfono**

동사 표현 전화번호를 누르다

Márcame tu número de teléfono y te doy
un toque para que guardes el (número)
mío.
나에게 너의 전화번호를 눌러 줘 그리고 네가 내 번호를 저장하
도록 부재중 통화를 하나 남길게.

📖 dar un toque 부재중 통화를 남기다 | para que 주어+동사: ~하
도록 | guardar v. 저장하다

☐ **colgar el**
☐ **teléfono**
☐

동사 표현 전화를 끊다

Mi novio tiene la mala costumbre de colgar
el teléfono cuando está enfadado.
나의 남자 친구는 화가 나 있을 때 전화를 끊어 버리는 나쁜 습관
이 있다.

📖 malo/a adj. 나쁜 | costumbre n.f. 습관 | estar enfadado/a
화가 나 있다

coger el teléfono

동사 표현 **전화를 받다**

Coge el teléfono, por favor, que estoy en la cocina.

전화를 받아 줘, 나는 부엌에 있으니까.

📑 cocina n.f. 부엌

💡 Tip

', que+주어+동사'는 주로 회화체에서 '~하니까'라는 뜻으로 사용된다.

ponerse al teléfono

동사 표현 **전화 받으러 오다**

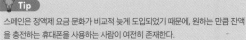

¿Ana? Ahora mismo se pone, espera un poco.

아나요? 지금 바로 전화 받으러 올 거예요, 조금만 기다려요.

📑 ahora mismo 지금 바로, 당장 | esperar v. 기다리다

quedarse sin batería

동사 표현 **배터리가 다하다**

No te llamé porque me quedé sin batería.

나 배터리가 다해서 너에게 전화를 못 했어.

quedarse sin saldo

동사 표현 **(보통 휴대폰) 충전 잔액이 다하다**

¿Puedo hacer una llamada desde tu móvil? Es que me he quedado sin saldo.

네 휴대폰으로 전화 한 통 할 수 있을까? 그게 말이야 내가 충전 잔액이 다했거든.

📑 hacer una llamada 전화를 하다 | es que 주어+동사: 그게 말이 야 ~하거든

💡 Tip

스페인은 정액제 요금 문화가 비교적 늦게 도입되었기 때문에, 원하는 만큼 잔액 을 충전하는 휴대폰을 사용하는 사람이 여전히 존재한다.

devolver

v. **(전화 등에) 회신하다, 돌려주다**

Ya le devolveré la llamada, que ahora mismo no me da tiempo a hablar por teléfono.

그에게 나중에 전화를 다시 걸 거야, 지금 당장은 내가 전화로 말할 시간이 없어서 말이야.

📝 llamada n.f. 전화 | ya adv. 이미, 벌써, 곧, 나중에 | dar tiempo a 동사원형: ~할 시간이 있다

atender

v. **(전화 등에) 응답하다, (손님 등을) 응접하다**

Su trabajo consiste en atender llamadas de clientes.

그의 업무는 고객들의 전화를 받는 것이다.

📝 trabajo n.m. 업무, 일 | consistir en 명사/동사원형: ~하는 것이다, ~하는 데 있다 | cliente n.m. 고객(남자) | clienta n.f. 고객(여자)

desviar

v. **(전화 등을) 돌리다**

¿Sabes cómo desviar llamadas a otro teléfono?

너는 어떻게 다른 전화기로 전화를 돌리는지 아니?

📝 otro/a adj. 다른

estar comunicando

sin. estar ocupada la línea

통화 중이다

동사 표현 **통화 중이다**

Ya he intentado varias veces llamar a Atención al Cliente, pero siempre está comunicando.

나는 벌써 여러 번 고객 센터에 전화를 시도했으나, 항상 통화 중이다.

📝 intentar+동사원형: ~를 시도하다, 노력하다 | llamar a Atención al Cliente 고객 센터에 전화하다 | siempre adv. 항상

Unidad 03 텔레비전과 라디오

Estrella quiere ser presentadora de televisión.
에스트레야는 TV 아나운서가 되기를 원해.

A1

□ **ver la televisión**
□
□

동사 표현 텔레비전을 보다

¿Cuántas horas al día ves la televisión?
너는 하루에 몇 시간 텔레비전을 보니?

📋 cuántas horas al día 하루에 몇 시간

□ **poner la radio**
□
□

동사 표현 라디오를 틀다

Me gusta poner la radio cuando conduzco.
나는 운전을 할 때 라디오를 트는 것을 좋아한다.

📋 conducir v. 운전하다

A2

□ **presentador**
□
□

NEWS

n.m. 아나운서

Estrella quiere ser presentadora de televisión.
에스트레야는 TV 아나운서가 되기를 원한다.

📋 querer+동사원형: ~하기를 원하다

💡 **Tip**
'아나운서(여자)'는 presentadora라고 한다.

Capítulo 09

☐ **canal**
☐
☐

n.m. 채널

Aquí solo echan telebasura, así que vamos a cambiar de canal.

여기서는 오직 질이 좋지 않은 프로그램들만 틀어 준다. 그러니 채널을 바꾸자.

📖 echar v. 방영하다, 틀어 주다 | vamos a 동사원형: ~하자 | cambiar de canal 채널을 바꾸다

💡 **Tip**

질이 좋지 않은 프로그램을 의미하는 telebasura는 집합명사로, 복수로 쓰이지 않음에 유의한다.

☐ **emisora**
☐
☐

n.f. 방송국

Me gustaría visitar una emisora y ver cómo se graban los programas.

나는 한 방송국을 방문해서 프로그램들이 어떻게 촬영되는지 보고 싶다.

📖 me gustaría+동사원형: ~하고 싶다 | grabar v. 촬영하다, 녹음하다 | programa n.m. 프로그램

💡 **Tip 1**

visitar는 사람 목적어와 함께 쓰일 때 전치사 a를 동반하지만, 장소와 관련된 목적어와 쓰일 때에는 a를 쓰지 않는다.

💡 **Tip 2**

예문에서는 수동의 se가 사용되었다.

☐ **locutor**
☐
☐

n.m. 라디오 진행자

Carlos lleva diez años trabajando de locutor.

카를로스는 10년째 라디오 진행자로 일하고 있다.

📖 llevar+시간+현재분사: ~만큼 ~해 오고 있다

💡 **Tip**

'라디오 진행자(여자)'는 locutora라고 한다.

serie

n.f. 시리즈물

Esta serie tiene tres temporadas.

이 시리즈물은 3개의 시즌을 가지고 있다.

📝 temporada n.f. (미국 드라마 등의) 시즌, 시기

capítulo

sin. episodio n.m. 화, 회

n.m. 화, 회

Esta serie tiene veinte capítulos.

이 시리즈물은 총 20화로 구성되어 있다.

culebrón

n.m. 막장 드라마

A mi abuela le encantan los culebrones.

나의 할머니는 막장 드라마를 매우 좋아하신다.

📝 encantar v. 매우 좋아하다(역구조)

telenovela

n.f. 연속극

Ya no tienen mucho éxito las telenovelas.

연속극들은 더 이상 큰 성공을 거두지 못한다.

📝 ya no ~: 더 이상 ~하지 않다 | tener mucho éxito 큰 성공을 거두다

concurso

n.m. 대회

Quiero presentarme a un concurso televisivo.

나는 텔레비전 대회 프로그램에 출전하고 싶어.

📝 presentarse a ~: ~에 출전하다, ~에 응시하다 | televisivo/a adj. 텔레비전의

debate

n.m. 토론

El único programa que sigo cada semana es uno de debate.

매주 내가 따르는 유일한 프로그램은 토론 프로그램이다.

📝 único/a adj. 유일한(주로 명사 앞에 사용) | seguir v. 따르다

💡 **Tip**

여기서 uno는 un programa를 대체하고 있다.

documental

☐
☐
☐

n.m. 다큐멘터리

Mira, echan un documental sobre la cultura precolombina.

이것 좀 봐, 정복 이전 문화에 대한 다큐멘터리를 틀어 준다.

🔖 precolombino/a adj. 콜롬버스 정복 이전의

> 💡 **Tip**
>
> mira는 상대의 주의를 환기시키기 위한 표현으로 문맥에 따라, '야', '이것 좀 봐'의 뉘앙스로 해석한다.

consultar la progra-mación

☐
☐
☐

동사 표현 프로그램 편성표를 보다

Vamos a consultar la programación de hoy a ver si hay alguna película chula.

우리 괜찮은 영화가 있는지 보기 위해 오늘의 편성표를 보자.

🔖 a ver si 주어+동사: ~인지 아닌지 보기 위하여 | chulo/a adj. 멋진, 굉장한, 괜찮은

> 💡 **Tip**
>
> chulo라는 단어는 명사로 쓰였을 때 '포주'라는 뜻이 있고, 사람과 함께 쓰일 경우 문맥에 따라 '건방진'이라는 뉘앙스도 지니므로 주의하며 사용해야 한다.

NOTA

Unidad 04 출판

El actor sale mucho en la prensa.
그 배우는 언론에 많이 등장해.

A1 **revista**

n.f. 잡지

Las revistas del corazón no suelen ser muy caras.
가십 잡지들은 보통 아주 비싸지는 않다.

📝 del corazón 가십의, 연예계의 | soler+동사원형: 보통 ~하다 | caro/a adj. 비싼

A2 **periodista**

n.m.f. 신문 기자

Ese periodista tiene opiniones bastante objetivas.
그 신문 기자는 꽤 객관적인 의견들을 가지고 있다.

📝 opinión n.f. 의견 | bastante adv. 꽤 | objetivo/a adj. 객관적인

entrevista

n.f. 인터뷰

Aquí está la entrevista a Ronaldo que estabas buscando.
여기 네가 찾고 있었던 호날두 인터뷰가 있다.

📝 buscar v. 찾다

B1 **periodismo**

n.m. 신문업, 저널리즘

Me dedico al periodismo.
나는 신문업에 종사한다.

📝 dedicarse a ~: ~에 종사하다

☐ **prensa**
☐
☐

n.f. 언론

Ese actor sale mucho en la prensa.
그 배우는 언론에 많이 등장한다.

📝 actor n.m. 배우 | salir v. 나오다, 등장하다

☐ **editorial**
☐
☐

n.f. 출판사

Me gustaría montar una editorial especializada en libros de idiomas.
나는 외국어 서적을 전문으로 하는 출판사를 차리고 싶다.

📝 montar v. (회사 등을) 차리다, 설립하다 | especializado/a en ~: ~를 전문으로 하는 | libro de idiomas n.m. 외국어 서적

☐ **cartelera**
☐
☐

n.f. 상영작 목록

¿Miramos la cartelera antes de ir al cine?
우리 영화관 가기 전에 상영작 목록 좀 볼까?

📝 mirar v. 보다 | antes de ~: ~하기 전에

☐ **sección de**
☐ **economía**
☐

n.f. 경제란

Me suelo saltar la sección de economía porque estoy muy verde en temas económicos.
나는 보통 경제란은 건너뛴다 왜냐하면 경제적인 주제는 아는 게 없기 때문이다.

📝 saltarse+명사: ~을 건너뛰다 | estar verde en 명사: ~에 아는 것이 없다, 초보이다 | tema n.m. 주제 | económico/a adj. 경제의

💡 **Tip**

economía 자리에 'cultura/deportes' 등을 넣어 '문화란/스포츠란' 등의 표현을 할 수 있다.

☐
☐ **suplemento**
☐ **cultural**

n.m. 문화 부록, 증보판

Juan colabora en el suplemento cultural
de un periódico.
후안은 어느 한 신문사의 문화 증보판에서 일한다.

📑 colaborar en ~: ~와 관련된 작업에 참여하다, ~에서 일하다 |
periódico n.m. 신문, 신문사

> 💡 **Tip 1**
>
> 신문을 구매하면 작은 잡지 형태의 부록이 딸려 나오는 경우가 있다. 여기에는
> 새로운 영화 소개, 유명인과의 인터뷰, 문화 생활과 관련된 추가 내용 등이 실려
> 있는데, 이것을 suplemento cultural이라고 한다.

> 💡 **Tip 2**
>
> 'suplemento de economía 경제 부록, 증보판'도 참고로 같이 알아 두자.

☐
☐ **reportaje**
☐

n.m. 취재 기사, 취재물

Hay que comprobar la veracidad antes de
publicar un reportaje.
한 취재물을 게시하기 전에 진위 여부를 꼭 확인해야 한다.

📑 hay que 동사원형: ~해야 한다 | comprobar 확인하다 |
veracidad n.f. 진위, 진상 | publicar v. 게시하다, 출판하다

☐
☐ **artículo**
☐

n.m. 기사

Algunos artículos carecen de fundamento.
몇몇 기사들은 근거가 부족하다.

📑 carecer de ~: ~가 부족하다 | fundamento n.m. 근거

Unidad 05 서신

Falta tu firma aquí.
여기 네 서명이 빠졌어.

A2

☐☐☐ **dejar una nota**

동사 표현 **메모를 남기다**

Te he dejado una nota en la entrada.
나는 현관에 너에게 메모 하나를 남겨 두었어.

📖 entrada n.f. 현관, 입구

B1

☐☐☐ **remitente**

n.m.f. **발송인**

En la casilla de remitente, pon tu nombre.
발송인 칸에는, 너의 이름을 써.

📖 casilla n.f. 칸, 란

☐☐☐ **destinatario**

n.m. **수취인**

El destinatario es la persona a la que va dirigido un paquete.
수취인은 소포가 향해 가는 대상이다.

📖 ir dirigido/a a 사람: ~을 향해 가다 | paquete n.m. 소포

> 💡 **Tip**
> '수취인(여성)'은 destinataria라고 한다.

☐☐☐ **posdata**

n.f. **추신**

Si quieres añadir algo más en la carta, escríbele una posdata.
네가 만약 편지에 뭔가를 더 추가하고 싶으면, 그에게 추신을 써.

📖 añadir v. 추가하다 | algo más 무언가 더 | escribir v. 쓰다

☐☐☐ **firma**

n.f. **서명**

Falta tu firma aquí.
여기 네 서명이 빠졌어.

📖 faltar v. 빠지다, 부족하다

saludo

n.m. 인사

Mis padres te mandan saludos desde Chile.
나의 부모님이 칠레로부터 너에게 안부 인사를 전하셔.

📖 desde ~로부터, ~부터

> **💡 Tip**
>
> 'mandar saludos a 사람'은 '~에게 안부 인사를 전하다' 라는 뜻으로, 이 표현에서는 saludo가 항상 복수로 쓰인다.

despedida

n.f. 작별 인사

Las despedidas de las cartas varían según el destinatario.
편지의 작별 인사들은 수취인에 따라 달라진다.

📖 carta n.f. 편지 | variar v. 달라지다, 변하다 | según ~에 따라, ~에 의해

carta formal

n.f. 격식을 갖춘 편지

Como quieres comunicarte con el ayuntamiento, escribe una carta formal.
네가 시청과 연락을 취하고 싶어하는 거니까, 격식을 갖춘 편지를 써.

📖 como+주어+동사: ~이니까, ~하기 때문에 | comunicarse con 사람 또는 단체: ~와 연락을 취하다, 의사소통하다 | ayuntamiento n.m. 시청

carta personal

n.f. 사적인 편지

Un compañero mío me mandó una carta personal.
나의 어느 한 동료가 나에게 사적인 편지를 보냈다.

📖 mío/a 나의 | mandar v. 보내다

mandar algo por correo

동사 표현 무언가를 우편으로 보내다

Te mandé una carta certificada por correo.
너에게 우편으로 등기 편지 하나를 보냈어.

📖 carta certificada n.f. 등기 편지

Unidad 06 인터넷

Me gusta chatear en las redes sociales.
나는 SNS에서 채팅하는 것을 좋아해.

A1

☐ **página web**

n.f. 웹페이지

Esta página web tiene un diseño muy bonito.
이 웹페이지는 매우 예쁜 디자인을 가지고 있다.

📑 diseño n.m. 디자인 | bonito/a adj. 예쁜

> 💡 **Tip**
> 디자인이 하나라서 un, una를 쓴 것이 아니라 명사를 형용사로 꾸며 줄 때 부정관사인 un, una가 살아난 것이다.

A2

☐ **(ordenador) portátil**

n.m. 노트북

Mi portátil es más antiguo que el tuyo.
나의 노트북은 너의 노트북보다 더 오래되었다.

📑 antiguo/a adj. 오래된 | más+형용사+que+명사: ~보다 ~한

> 💡 **Tip**
> 문장에서 el portátil tuyo가 el tuyo로 쓰였다. 한 문장에서 반복되는 명사는 관사만 남기고 생략하는 것이 좋다.

☐ **PC**

n.m. 개인 컴퓨터

Mi PC es muy antiguo y va regular estos días.
나의 PC는 매우 오래되었다 그래서 요즘 작동이 별로다.

📑 estos días 요즘

> 💡 **Tip**
> ir regular을 직역하면 '그럭저럭 작동하다, 굴러가다'지만, '별로다'라고 자연스럽게 해석할 수 있다. 이때 regular는 부정적으로 '그럭저럭'이라는 뉘앙스를 갖는다.

---

informático

n.m. 컴퓨터 공학도/컴퓨터 기술자
adj. 컴퓨터 공학의

Quiero ser informático en el futuro.
나는 미래에 컴퓨터 기술자가 되고 싶다.

> **Tip**
> '컴퓨터 공학도, 컴퓨터 기술자(여자)'는 informática라고 한다.

CD-ROM

n.m. CD롬

Este portátil no tiene CD-ROM.
이 노트북은 CD롬이 없다.

virus

n.m. 바이러스

Tienes que instalar un antivirus para proteger tu ordenador.
너는 너의 컴퓨터를 보호하기 위해 안티바이러스 프로그램을 설치해야 해.

📑 antivirus n.m. 안티바이러스 프로그램 | instalar v. 설치하다 | proteger v. 보호하다

chatear

v. 채팅하다

Me gusta chatear en las redes sociales.
나는 SNS에서 채팅하는 것을 좋아한다.

📑 red social n.f. 소셜 네트워크, SNS(보통 복수로 사용)

B1

cibercafé

n.m. PC방

Mi ordenador se colgó de repente y por eso me fui a un cibercafé a terminar el trabajo.
나의 컴퓨터는 갑자기 먹통이 되었다 그래서 나는 작업을 끝내기 위해 어느 한 PC방에 갔다.

📑 colgarse v. (컴퓨터가) 멈춰 버리다, 먹통이 되다 | de repente 갑자기 | terminar v. 끝내다

> **Tip**
> 왕래발착 동사 뒤에 'a+동사원형'을 연결하여 '~하러'라는 의미를 나타낼 수 있다.

Capítulo 09

¡Muéstrame lo que sabes!

실력을 보여 줘!

Capítulo 9의 필수 단어를 Gema와 Lucas의 대화로 술술 말해 보세요.

Gema	¡Lucas! ¿Por qué no me llamaste anoche?
Lucas	¡Lo siento, Gema! Es que me quedé sin batería y al final no pude llamarte. Intenté buscar una cabina, *1 <u>pero nada</u>. ¡Lo siento, de verdad!
Gema	Pero, estuviste con Pedro, ¿no? *2 <u>¡Podías haberme llamado desde su móvil!</u>
Lucas	*3 <u>Ya</u>, pero me daba cosa pedírselo. Tú no sabes *4 <u>lo tacaño que es Pedro.</u>
Gema	La próxima vez me llamas primero o me dejas un mensaje, si crees que te vas a quedar sin batería, ¿vale?
Lucas	De acuerdo, lo haré, te lo prometo. Pero no te enfades conmigo.

헤마	루카스! 어젯밤에 왜 나한테 전화 안 했어?
루카스	미안해, 헤마야! 그게 말이야 어제 배터리가 다했거든, 그래서 결국엔 너한테 전화를 할 수 없었어. 공중전화 박스를 찾아 보려고 시도했는데, 소용이 없었어. 미안해, 진짜!
헤마	근데, 너 페드로와 있었잖아, 그렇지? 페드로 전화로 나에게 전화해 줄 수도 있었는데!
루카스	그렇지, 근데 걔한테 그걸 요구하기가 좀 뭐했어. 너도 페드로가 얼마나 인색한지 알잖아.
헤마	다음번엔 나에게 먼저 전화를 해 아니면, 배터리가 없을 것 같으면 나에게 메시지를 남기든지, 알았지?
루카스	알았어, 그렇게 할게, 너에게 약속해. 그런데, 나한테 화내지 마.

VOCA

es que 주어+동사: 그게 말이야 ~하거든 | **al final** adv. 결국 | **intentar+동사원형**: ~하려고 시도하다 | **de verdad** adv. 정말로, 진짜로 | **Me da cosa+동사원형**: 나는 ~하는 것이 좀 뭐하다, 불편하다 | **tacaño/a** adj. 인색한 | **primero** adv. 먼저 | **dejar un mensaje** 메시지를 남기다 | **¿Vale?** 알았지? | **De acuerdo.** 알았어 | **prometer** v. 약속하다 | **enfadarse con ~:** ~에게 화를 내다

Tip

*1 Pero nada는 '그렇지만 어쩔 수 없었어, 그렇지만 방도가 없었어' 정도로 자연스럽게 해석할 수 있다.

*2 Podías+haber+과거분사'는 '너는 ~할 수도 있었는데'라는 의미로, 상대가 과거에 할 수 있었는데도 불구하고 하지 않은 행동에 대한 질책을 나타낼 수 있다. podías자리에 podrías를 써도 된다.

*3 'Ya는 'Ya lo sé'의 생략형으로, '나도 그거 알아, 맞아, 그렇지' 정도로 자연스럽게 해석한다.

*4 'lo 형용사/부사 que 동사+주어'는 '얼마나 ~한지'로 해석한다.

연습문제

1 [보기]에서 빈칸에 알맞은 단어를 찾아 문장을 완성하세요.

보기	verde pone serie toque cargar
	devolveré comunicando telebasura telenovelass saldo

1 Tengo que _____ la batería de mi móvil.

나는 휴대폰 배터리를 충전해야 한다.

2 ¿Ana? Ahora mismo se _____, espera un poco.

아나요? 지금 바로 전화 받으러 올 거예요, 조금만 기다려요.

3 Esta _____ tiene tres temporadas.

이 시리즈물은 3개의 시즌을 가지고 있다.

4 Ya no tienen mucho éxito las _____.

연속극들은 더 이상 큰 성공을 거두지 못한다.

2 [보기]에서 알맞은 단어를 골라 문장을 완성하세요.

보기	corazón cabina perdida culebrones

1 ¿Hay una _____ por aquí cerca?

이 근처에 공중전화 박스가 있나요?

2 Tienes una llamada _____.

너 부재중 전화가 하나 있다.

3 Las revistas del _____ no suelen ser muy caras.

가십 잡지들은 보통 아주 비싸지는 않다.

4 A mi abuela le encantan los _____.

나의 할머니는 막장 드라마를 매우 좋아하신다.

★ 오늘의 한 마디!

나의 PC는 매우 오래되었다, 그래서 요즘 작동이 별로다. _____.

정답

1 ① cargar ② pone ③ serie ④ telenovelass

2 ① cabina ② perdida ③ corazón ④ culebrones

☆ 오늘의 한 마디 - Mi PC es muy antiguo y va regular estos días.

보너스 단어

인터넷 컴퓨터와 관련된 어휘들을 익혀 봅시다.

인터넷 관련 용어

A1	arroba	n.f. @, 앳(at)
A2	dirección de Internet	n.f. 인터넷 주소
A2	foro	n.m. 인터넷 게시판
A2	chat	n.m. 채팅 창
A2	virus	n.m. 바이러스
A2	navegar por Internet	인터넷을 서핑하다
B1	contraseña	n.f. 비밀번호
B1	nombre de usuario	n.m. 사용자 이름
B1	colgar una fotografía en Internet	사진을 인터넷에 업로드하다
B1	entrar en una página web	웹페이지에 들어가다
B1	acceder a una página web	웹페이지에 접속하다

컴퓨터 관련 용어

A2	guion	n.m. 하이픈
A2	guion bajo	n.m. 낮은 하이픈
A2	punto	n.m. 마침표
A2	ratón	n.m. 마우스
A2	hacer un clic	클릭하다
A2	hacer un doble clic	더블 클릭하다
B1	alfombrilla	n.f. 마우스 패드
B1	tecla	n.f. (키보드의) 키
B1	teclado	n.m. 키보드(전체)
B1	torre	n.f. 본체
B1	ordenador de sobremesa	n.m. 데스크톱

B1 altavoz	n.m. 스피커
B1 (ordenador) portátil	n.m. 노트북
B1 navegador	n.m. 브라우저
B1 buscador	n.m. 검색 창
B1 copiar	v. 복사하다
B1 pegar	v. 붙이다
B1 reiniciar	v. 재부팅하다
B1 asunto	n.m. (이메일에서) 제목
B1 escritorio	n.m. 바탕 화면
B1 red social*	n.f. 소셜 네트워크
B1 antivirus	n.m. 안티 바이러스 프로그램
B1 guardar un archivo	파일 하나를 저장하다
B1 crear una nueva carpeta	새 폴더를 생성하다
B1 descargarse un archivo	파일을 다운로드하다
B1 bajarse un programa	프로그램을 다운로드하다
B1 conectarse a Internet	인터넷에 접속하다
B1 tener conexión a Internet	인터넷 연결을 가지고 있다, 인터넷이 되다
B1 abrir una cuenta de correo electrónico	이메일 계정을 만들다
B1 adjuntar un documento	문서를 첨부하다
B1 reenviar un documento	문서를 재전송하다
B1 enviar una copia oculta a alguien	~에게 (숨은) 참조를 보내다
B2 ratón inalámbrico	n.m. 무선 마우스

*표시 단어들은 보통 복수로 쓰인다.

Capítulo

10

Vivienda
주거

MP3 바로 듣기

¡Muéstrame lo que sabes!
실력을 보여 줘!

Ejercicios del capítulo 10
연습문제

◀ Garachico, Tenerife
가라치코 마을, 테네리페 섬

Unidad 01 집 구하기

¿Qué tipo de alojamiento estás buscando?
너는 어떤 종류의 숙소를 찾고 있니?

A1

☐☐☐ **alquilar**

v. 세놓다

Se alquilan apartamentos vacacionales.
휴가용 아파트 세놓음.

📖 vacacional adj. 휴가의, 휴양의

> 💡 **Tip**
> apartamentos vacacionales에 맞추어 동사 alquilar가 복수형으로 쓰였다.

☐☐☐ **cambiarse de casa**

동사 표현 이사를 가다

Quiero cambiarme de casa porque mi casa actual es muy antigua.
나는 이사를 가고 싶다 왜냐하면 현재 집이 매우 오래되었기 때문이다.

📖 actual adj. 현재의 | antiguo/a adj. 오래된

> 💡 **Tip**
> cambiarse는 '바꾸다'라는 의미로, cambiarse de casa '집을 바꾸다' 즉, '이사를 가다'라는 뜻이 된다.

☐☐☐ **compartir piso**

동사 표현 아파트를 공유하다

Me gustaría compartir piso cuando esté en España.
나는 스페인에 머무는 동안 아파트를 공유하고 싶다.

📖 me gustaría+동사원형: 나는 ~하고 싶다 | cuando+주어+접속법 동사: (미래에) ~할 때

> 💡 **Tip**
> compartir un piso라고 쓰지 않음에 유의하자.

☐ **alojamiento**
☐
☐

n.m. 숙소

¿Qué tipo de alojamiento estás buscando?
너는 어떤 종류의 숙소를 찾고 있니?

📑 tipo n.m. 종류 | buscar v. 찾다

☐ **propietario**
☐
☐

n.m. (보통 부동산의) 소유주

El propietario quiere subir el alquiler a todos los inquilinos.
건물주는 모든 세입자들에게 월세를 올리고 싶어한다.

📑 subir el alquiler 월세를 올리다 | inquilino n.m. 세입자 | inquilina n.f. 세입자

☐ **alquiler**
☐
☐

n.m. 임대, 월세

¿Te gustaría comprar una casa o vivir de alquiler?
너는 집 한 채를 사고 싶니 아니면 임대로 살고 싶니?

📑 comprar v. 사다 | vivir de alquiler 임대로 살다

☐ **hipoteca**
☐
☐

n.f. 집 대출금

Cada mes pago trescientos euros de hipoteca.
나는 매달 300유로의 집 대출금을 지불한다.

📑 cada mes 매달 | pagar v. 지불하다

☐ **recibo de la**
☐ **luz**
☐

n.m. 전기 요금 고지서

No recuerdo dónde he dejado el recibo de la luz.
나는 전기 요금 고지서를 어디에 뒀는지 기억나지 않는다.

📑 dejar v. ~를 두다

☐ **comunidad**
☐
☐

n.f. 관리비

La comunidad está incluida en el alquiler.
관리비는 월세에 포함되어 있다.

📑 estar incluido/a en ~: ~에 포함되어 있다

Capítulo 10

gas

☐
☐
☐

n.m. 가스

Mi padre quiere cambiar de compañía de gas porque no está contento con su servicio.

나의 아버지는 가스 회사를 바꾸고 싶어 하신다 왜냐하면 그 회사의 서비스에 만족하지 않기 때문이다.

📖 cambiar de 무관사+명사: ~를 교체하다, 바꾸다 | compañía n.f. 회사 | estar contento/a con ~: ~에 만족하다 | servicio n.m. 서비스

recibo del agua

☐
☐
☐

n.m. 수도 요금 고지서

Todavía no ha llegado el recibo del agua.

아직 수도 요금 고지서가 도착하지 않았다.

📖 todavía adv. 아직 | llegar v. 도착하다

> 💡 **Tip**
>
> agua와 같이 a 혹은 ha로 시작하고 그 음에 강세가 있는 여성 명사들은 단수로 쓰일 경우에만 남성 관사를 사용한다.

dueño

☐
☐
☐

n.m. 주인

El dueño de este establecimiento es el padre de un amigo mío.

이 가게의 주인은 내 한 친구의 아버지이다.

📖 establecimiento n.m. 가게, 점포, 기관, 시설 | amigo n.m. 친구 | mío/a 나의

> 💡 **Tip**
>
> '주인(여자)'은 dueña라고 한다.

casero

☐
☐
☐

n.m. 집주인

El casero no tiene intención alguna de
arreglar los problemas del piso.
집주인은 아파트의 문제들을 고칠 의도가 전혀 없다.

📑 arreglar v. 고치다 | problema n.m. 문제 | piso n.m. 아파트

> ### Tip 1
> '집주인(여자)'은 casera라고 한다.
>
> ### Tip 2
> no tener intención alguna는 no tener ninguna intención과 같은 의미로,
> '의도가 전혀 없다'라는 뜻으로 사용된다.

portero
automático

☐
☐
☐

n.m. 출입문 인터폰

Tienes que llamar al portero automático.
너는 출입문 인터폰을 눌러야 한다.

📑 tener que+동사원형: ~해야 한다 | llamar al portero
automático 출입문 인터폰을 누르다

portero

☐
☐
☐

n.m. (건물의) 출입 관리인

El portero de mi edificio siempre me
guarda la correspondencia.
내 건물의 출입 관리인은 항상 내 서신을 보관해 주신다.

📑 siempre adv. 항상 | guardar v. 보관해 주다 |
correspondencia n.f. 서신

> ### Tip
> 한국어에서는 '나에게 내 서신을 보관해 주신다'와 같은 문장 구조가 어색하지
> 만 스페인어에서는 자연스러운 구조임을 알아 두자.

conserje

n.m. (보통 아파트, 공동 주거지의) 경비원

El conserje le dará la llave en caso de que llegue por la noche.

당신이 밤에 도착하는 경우에는 경비원이 당신에게 열쇠를 줄 것입니다.

📑 dar v. 주다 | llave n.f. 열쇠 | en caso de que 주어+접속법 동사: ~하는 경우에 | por la noche 밤에

> 💡 **Tip**
>
> conserje는 건물의 유지와 관련된 업무, 열고 닫는 일을 주로 한다면, portero는 건물의 출입을 관리하는 일을 주로 한다.

mudarse

v. 이사를 하다

Me mudé a este barrio hace tres años por cuestiones laborales.

나는 3년 전에 직장상의 이유로 이 동네로 이사를 했다.

📑 barrio n.m. 동네 | hace ~ : ~ 전에

> 💡 **Tip**
>
> '직장상의 이유로'라는 의미를 가진 por cuestiones laborales는 그 이유가 하나일지라도 복수로 사용한다.

trasladarse

v. 이전을 하다

Nos trasladamos a la calle Mármoles 13.

우리는 마르몰레스 가 13번으로 이전합니다.

📑 calle n.f. 거리, ~ 가

empresa de mudanzas

n.f. 이사 업체

Voy a contratar una empresa de mudanzas porque lo veo más seguro.

나는 이사 업체를 고용할 것이다 왜냐하면 그것이 더 안전하게 느껴지기 때문이다.

📑 contratar v. 고용하다 | seguro/a adj. 안전한

> 💡 **Tip**
>
> 여기에서 lo는 '이사 업체를 고용하는 것'을 지칭한다.

camión de mudanzas

n.m. 이사 트럭

Me han dicho que mañana a las tres de la tarde llega el camión de mudanzas.

(이삿짐 회사 측에서) 나에게 내일 오후 3시에 이사 트럭이 도착한다고 말했다.

 llegar v. 도착하다

Tip

어떤 단체가 한 행위는 주어 없이 동사만 3인칭 복수로 사용한다.

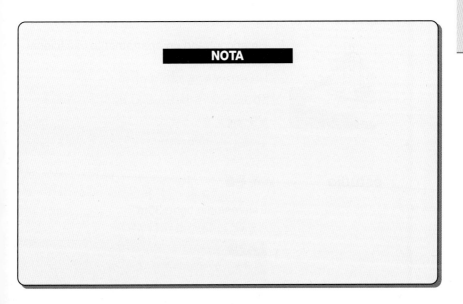

NOTA

Capítulo 10

Unidad 02 주거지

Este estudio tiene 30㎡.
이 원룸은 30제곱미터를 가지고 있어.

A1

☐☐☐ **casa**

n.f. 집

Mis padres tienen una casa de verano en Málaga.
나의 부모님은 말라가에 별장을 하나 가지고 있다.

📖 casa de verano n.f. 별장

☐☐☐ **piso**

n.m. 아파트

Estoy buscando un piso en el centro.
나는 중심가에 있는 아파트 한 채를 찾고 있다.

📖 buscar v. 찾다 | centro n.m. 중심가

💡 **Tip**
중심가에 있는 아파트 한 채는 un piso céntrico 라고 표현할 수도 있다.

☐☐☐ **apartamento**

n.m. 소형 아파트

He encontrado un apartamento vacacional en la costa.
나는 해안가에 휴가용 아파트를 발견했다.

📖 encontrar v. 발견하다 | costa n.f. 해안

💡 **Tip**
스페인에서 apartamento는 piso보다는 작은 규모의 아파트를 지칭한다.

☐☐☐ **estudio**

n.m. 원룸

Este estudio tiene 30㎡.
이 원룸은 30제곱미터를 가지고 있다.

💡 **Tip**
'㎡ 제곱미터'는 metro(s) cuadrado(s)라고 읽는다.

habitación

sin. cuarto n.m. 방

n.f. 방

Mi habitación tiene mucha luz natural.

내 방은 채광이 좋다.

📝 luz n.f. 빛, 채광 | natural adj. 자연의, 자연스러운

> 💡 **Tip**
>
> '많은 빛을 가지고 있다'로 해석하지 않는다는 점에 유의하자.

ventana

n.f. 창문

Abre las ventanas, por favor.

창문을 열어 줘.

📝 abrir v. 열다

> 💡 **Tip**
>
> 예문에서 abrir 동사는 tú 명령형으로 사용되었다.

puerta

n.f. 문

Tienes que llamar a la puerta antes de entrar.

너는 들어오기 전에 노크를 해야 한다.

📝 llamar a la puerta 노크를 하다 | antes de ~: ~하기 전에 | entrar v. 들어가다

dormitorio

n.m. 침실

Los dormitorios están en la primera planta.

침실들은 2층에 있다.

> 💡 **Tip**
>
> 스페인어권 나라에는 지상층을 의미하는 la planta baja가 존재하기 때문에 la primera planta의 해석은 '1층'이지만 실제로는 한국에서의 '2층'을 가리킨다.

cocina

n.f. 부엌

La cocina está totalmente equipada.

부엌은 옵션이 완전히 갖춰져 있다.

📝 totalmente adv. 완전히 | estar equipado/a 옵션이 갖춰져 있다

Capítulo 10

□ **salón**
□
□ sin. sala de estar n.f. 거실

n.m. 거실

Suelo pasar mucho tiempo en el salón leyendo algo.

나는 보통 무언가를 읽으면서 거실에서 많은 시간을 보낸다.

📋 soler+동사원형: ~하곤 하다 | pasar tiempo 시간을 보내다 | leer v. 읽다 | algo 무언가

□ **(cuarto de)**
□ **baño**
□

n.m. 화장실

El baño está al fondo, a la derecha.

화장실은 쭉 안쪽으로 가서, 오른쪽에 있어요.

📋 al fondo 쭉 안쪽으로 | a la derecha 오른쪽에, 오른쪽으로

□ **ducha**
□
□

n.f. 샤워, 샤워실

Mi hermano mayor está en la ducha.

나의 형은 샤워실에 있다.

💡 **Tip**

'샤워실에 있다'는 '샤워 중이다'라는 뜻과 같다.

□ **terraza**
□
□

n.f. 테라스

Me encanta tomar un té cada mañana en la terraza.

나는 테라스에서 아침마다 차 한 잔을 마시는 것을 매우 좋아한다.

📋 encantar v. 매우 좋아하다(역구조 동사) | cada mañana 매일 아침 | tomar un té 차 한 잔을 마시다

□ **escalera**
□
□

n.f. 계단

Subir las escaleras es un buen ejercicio para las piernas.

계단을 오르는 것은 다리를 위한 좋은 운동이다.

📋 subir v. 오르다 | bueno/a adj. 좋은 | ejercicio n.m. 운동 | pierna n.f. 다리

□ **ascensor**
□
□

n.m. 엘리베이터

El ascensor está averiado.

엘리베이터가 고장 나 있다.

📋 estar averiado/a 고장이 나 있는 상태이다

garaje

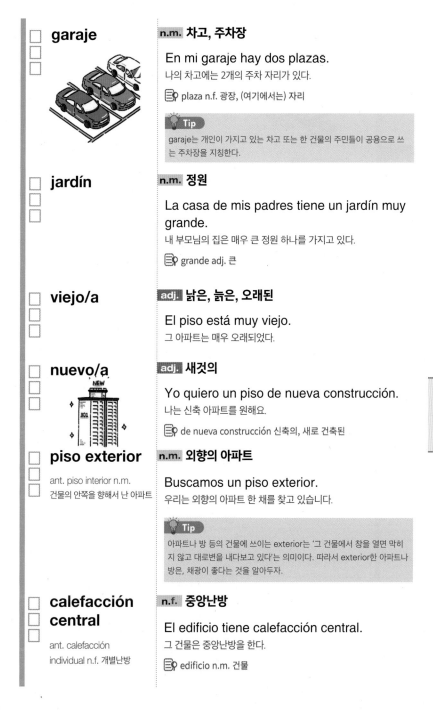

n.m. 차고, 주차장

En mi garaje hay dos plazas.
나의 차고에는 2개의 주차 자리가 있다.

📑 plaza n.f. 광장, (여기에서는) 자리

💡 **Tip**

garaje는 개인이 가지고 있는 차고 또는 한 건물의 주민들이 공용으로 쓰는 주차장을 지칭한다.

jardín

n.m. 정원

La casa de mis padres tiene un jardín muy grande.
내 부모님의 집은 매우 큰 정원 하나를 가지고 있다.

📑 grande adj. 큰

viejo/a

adj. 낡은, 늙은, 오래된

El piso está muy viejo.
그 아파트는 매우 오래되었다.

nuevo/a

adj. 새것의

Yo quiero un piso de nueva construcción.
나는 신축 아파트를 원해요.

📑 de nueva construcción 신축의, 새로 건축된

piso exterior

ant. piso interior n.m.
건물의 안쪽을 향해서 난 아파트

n.m. 외향의 아파트

Buscamos un piso exterior.
우리는 외향의 아파트 한 채를 찾고 있습니다.

💡 **Tip**

아파트나 방 등의 건물에 쓰이는 exterior는 '그 건물에서 창을 열면 막히지 않고 대로변을 내다보고 있다'는 의미이다. 따라서 exterior한 아파트나 방은, 채광이 좋다는 것을 알아두자.

calefacción central

ant. calefacción
individual n.f. 개별난방

n.f. 중앙난방

El edificio tiene calefacción central.
그 건물은 중앙난방을 한다.

📑 edificio n.m. 건물

Capítulo 10

□
□
□
**estar bien
comunicado/a**

`동사 표현` **교통망이 좋다**

Mi ciudad está muy bien comunicada.
나의 도시는 교통망이 매우 좋다.

📖 ciudad n.f. 도시

A2

□
□
□
**estar en
buen estado**

`동사 표현` **좋은 상태에 있다**

La vivienda está en muy buen estado.
그 주거지는 매우 좋은 상태에 있다.

📖 vivienda n.f. 주거(지)

□
□
□
edificio

`n.m.` **건물**

Este edificio tiene diez plantas.
이 건물은 10개의 층을 가지고 있다.

📖 planta n.f. 층

□
□
□
plaza mayor

`n.f.` **메인 광장**

El ayuntamiento está en la Plaza Mayor.
시청은 메인 광장에 있다.

📖 ayuntamiento n.m. 시청

□
□
□
calle peatonal

`n.f.` **보행자 전용의 도로, 길**

El centro tiene muchas calles peatonales.
중심지는 많은 보행자 전용의 도로들을 가지고 있다.

📖 centro n.m. 중심지, 시내 | peatonal adj. 보행자의

□
□
□
calle principal

`n.f.` **메인 거리**

Las tiendas más caras están en la calle
principal.
가장 비싼 가게들은 메인 거리에 있다.

📖 정관사+명사+más+형용사: 가장 ~한 ~ | tienda n.f. 가게 |
caro/a n.f. 비싼

| **calle** | **n.f.** 상업가 |
| **comercial** | |

Hay muchos turistas en las calles comerciales.
상업가에는 많은 관광객들이 있다.

📝 turista n.m.f. 관광객 | comercial adj. 상업의

chalé

n.m. (보통 정원이 딸린) 단독 주택

(En una inmobiliaria) Quiero ver ofertas de chalés.
(부동산에서) 나는 단독 주택 매물들을 보고 싶어요.

📝 inmobiliaria n.f. 부동산 | oferta n.f. 매물

pasillo

n.m. 복도

A mi padre le gusta colgar cuadros en el pasillo.
나의 아버지는 복도에 그림들을 걸어 두는 것을 좋아하신다.

📝 colgar cuadros 그림을 걸다

suelo

n.m. 바닥

Voy a barrer el suelo, mientras tú lavas los platos.
네가 설거지를 하는 동안에, 나는 바닥을 쓸게.

📝 lavar los platos 설거지하다 | barrer v. 쓸다 | mientras 주어+ 동사: ~하는 동안

techo

n.m. 천장

Hay una gotera en el techo.
천장에 물이 새는 틈이 하나 있다.

📝 gotera n.f. 물이 새는 갈라진 틈

pared

n.f. 벽

La pared está pintada de blanco.
벽은 흰색으로 칠해져 있다.

📝 estar pintado/a de 색깔: ~색으로 칠해져 있다 | blanco/a adj. 흰

Capítulo 10

☐
☐ **ciudad**
☐ **cosmopolita**

n.f. **국제도시**

Barcelona es una ciudad cosmopolita.
바르셀로나는 국제도시이다.

📑 cosmopolita adj. 국제적인, 전세계인들이 모이는

> 💡 **Tip**
> cosmopolita는 ~a로 끝나는 형용사로, cosmopolito라고 하지 않음에 유의하자.

☐
☐ **ciudad**
☐ **industrial**

n.f. **공업 도시, 산업 도시**

En las ciudades industriales hay muchas fábricas.
공업 도시들에는 많은 공장들이 있다.

📑 industrial adj. 산업의, 공업의 | fábrica n.f. 공장

☐
☐ **ciudad**
☐ **antigua**

n.f. **오래된 도시, 고대 도시**

Alejandría es una ciudad antigua de Egipto.
알렉산드리아는 이집트의 오래된 도시이다.

📑 Alejandría 알렉산드리아(이집트의 도시) | antiguo/a adj. 고대의, 오래된 | Egipto 이집트

☐
☐ **ciudad**
☐ **moderna**

n.f. **현대적인 도시**

En Estados Unidos hay muchas ciudades modernas.
미국에는 많은 현대적인 도시들이 있다.

📑 Estados Unidos 미국 | moderno/a adj. 현대적인, 현대의

☐
☐ **ciudad**
☐ **universitaria**

n.f. **대학 도시**

Salamanca es una ciudad universitaria.
살라망카는 대학 도시이다.

📑 universitario/a adj. 대학의

☐ **bloque**
☐
☐

n.m. (아파트) 동

En este bloque vive una antigua alumna mía.

이 동에는 내가 전에 가르쳤던 여학생 한 명이 산다.

📑 alumna n.f. 학생(여자)

> 💡 **Tip**
> antiguo/a를 명사 앞에 써야 '전에 가르쳤던, 전에 접했던'의 의미를 나타낼 수 있다.

☐ **piso de**
☐ **segunda**
☐ **mano**

n.m. 구축 아파트

Es un piso de segunda mano, pero está muy bien conservado.

그것은 구축 아파트지만, 잘 보존되어 있다.

📑 estar bien conservado/a 잘 보존되어 있다

☐ **luminoso/a**
☐
☐

adj. 빛이 잘 드는

Mi habitación es muy luminosa.

나의 방은 빛이 매우 잘 든다.

☐ **zona**
☐ **comercial**
☐

n.f. 쇼핑가

Prefiero ir a una zona comercial para comprar ropa.

나는 옷을 구매하기 위해서 쇼핑가에 가는 것을 선호한다.

📑 preferir+동사원형: ~하는 것을 선호하다 | ropa n.f. 옷

☐ **zona**
☐ **residencial**
☐

n.f. 주택가, 주거 지역

Busco casa en una zona residencial.

저는 주택가에 집을 찾습니다.

📑 residencial adj. 주택지의, 거주의

☐ **casco antiguo**
☐
☐ sin. casco histórico
n.m. 구 시가지

n.m. 구 시가지

Me encanta el casco antiguo de esta ciudad.

나는 이 도시의 구 시가지를 매우 좋아한다.

📑 encantar v. ~를 매우 좋아하다(역구조 동사)

Capítulo 10

Unidad 03 집안일

Hoy te toca limpiar el baño.
오늘은 네가 화장실을 청소할 차례야.

A2

☐
☐ **limpio/a**
☐

`adj.` 깨끗한

La habitación de Ana siempre está limpia.
아나의 방은 항상 깨끗하다.

☐ **sucio/a**
☐
☐

`adj.` 더러운

Mi habitación está patas arriba y está muy sucia.
내 방은 뒤죽박죽 상태이고 매우 더럽다.

📖 estar patas arriba 뒤죽박죽 상태이다 | estar sucio/a 더러운 상태이다

☐ **limpiar el**
☐ **baño**
☐

`동사 표현` 화장실을 청소하다

Hoy te toca limpiar el baño.
오늘은 네가 화장실을 청소할 차례이다.

💡 **Tip**
tocar가 역구조로 쓰이면, '누군가가 ~를 할 차례이다'라는 뜻을 갖는다.

☐ **lavar la ropa**
☐
☐ sin. hacer la colada
세탁하다

`동사 표현` 세탁하다

Lavo la ropa cada dos días.
나는 이틀마다 세탁을 한다.

📖 cada dos días 이틀마다

B1

☐ **pasar la**
☐ **aspiradora**
☐

`동사 표현` 청소기를 돌리다

No he podido pasar la aspiradora porque no estaba cargada.
나는 청소기가 충전되어 있지 않기 때문에 청소기를 돌릴 수 없었다.

📖 estar cargado/a 충전이 되어 있다

---

fregar el suelo

☐☐☐

동사 표현 **바닥을 물청소하다**

¿Friegas tú el suelo? Me encargo de pasar la aspiradora.

네가 바닥을 물청소할래? 내가 청소기 돌리는 것을 맡을게.

📖 encargarse de ~: ~를 맡다, 담당하다, 책임지다

barrer

☐☐☐

v. **쓸다**

La cocina está llena de migas, así que vamos a barrerla.

부엌은 빵 부스러기들로 가득 차 있다, 그러니 부엌을 쓸자.

📖 estar lleno/a de ~: ~로 가득 찬 상태이다 | miga n.f. 빵가루, 빵 부스러기 | vamos a 동사원형: ~하자

quitar el polvo

☐☐☐

동사 표현 **먼지를 없애다**

Hay que comprar un trapo o un plumero para quitar el polvo.

먼지를 없애기 위해 걸레 혹은 먼지떨이를 사야 한다.

📖 trapo n.m. 헝겊, 행주, 걸레, 청소용 천 | plumero n.m. 먼지떨이

pasar el trapo a ~

☐☐☐

동사 표현 **~를 천으로 훔치다**

He pasado el trapo a las ventanas.

나는 걸레로 창문을 훔쳤다.

📖 ventana n.f. 창문

hacer la cama

☐☐☐

동사 표현 **침대를 정리하다**

Se me da fatal hacer la cama.

나는 침대 정리를 정말 못한다.

📖 se me da fatal+동사원형: 나는 ~하는 것을 매우 못 한다(무의지의 se)

hacer la compra

☐
☐
☐

동사 표현 장을 보다

Yo hago la compra en un supermercado cerca de mi casa.

나는 집 근처 슈퍼에서 장을 본다.

📖 supermercado n.m. 슈퍼 | cerca de ~: ~의 근처에 있는

sacar la basura

☐
☐
☐

동사 표현 쓰레기를 내놓다

¿Puedes sacar la basura? Es que huele a rancio.

너 쓰레기 내놓을 수 있니? 그게 말이야 쓰레기가 완전 썩은 냄새가 나.

📖 es que 주어+동사: 그게 말이야 ~ 하거든 | oler a rancio 썩은 냄새가 나다

planchar

☐
☐
☐

v. 다림질하다

Todavía me quedan tres camisas por planchar.

나에게 아직 다림질할 셔츠가 3개 남아 있다.

📖 quedar v. 남아 있다

💡 **Tip**

여기서 'por+동사원형'은 '아직 ~하지 않은, ~해야 할'의 의미로 쓰였다.

tender la ropa

☐
☐
☐

동사 표현 옷을 널다

Yo pongo la lavadora y mi hermana menor se encarga de tender la ropa.

나는 세탁기를 작동시키고, 나의 여동생은 옷을 너는 것을 담당한다.

📖 poner la lavadora 세탁기를 작동시키다

Unidad 04 가구 및 집안 용품

Este sofá es para cinco personas.
이 소파는 5인용이야.

A1

☐☐☐ **mesa**

n.f. 식탁, 책상

Pongo tu libro en la mesa, ¿vale?
네 책을 식탁 위에 놓을게, 알았지?

📖 poner v. 놓다 | libro n.m. 책

> **Tip**
> 문장 끝에 쓰인 ¿vale?는 앞에 언급한 내용을 한 번 더 확인하는 의미로 '알았지?'라는 뜻을 갖는다.

☐☐☐ **silla**

n.f. 의자

Esta silla es incómoda.
이 의자는 불편하다.

📖 incómodo/a adj. 불편한

☐☐☐ **sillón**

n.m. 팔걸이 의자

A mi padre le gusta echarse una siesta en el sillón.
나의 아버지는 팔걸이 의자에서 잠깐 낮잠 자는 것을 좋아하신다.

📖 echarse una siesta 잠깐 낮잠을 자다

☐☐☐ **sofá**

n.m. 소파

Este sofá es para cinco personas.
이 소파는 5인용이다.

📖 para+숫자+personas: ~인용의

> **Tip**
> sofá는 여성 명사가 아님에 유의한다.

Capítulo 10

cama
n.f. 침대

La cama está sin hacer.
침대는 정리되지 않은 상태로 있다.

📖 sin 동사원형: ~하지 않는, ~ 하는 것 없이

armario
n.m. 옷장

El armario está lleno de ropa de invierno.
옷장은 겨울 옷으로 가득 차 있다.

📖 invierno n.m. 겨울

> 💡 **Tip 1**
> ropa는 집합명사이기 때문에 복수로 쓰이지 않는다.

> 💡 **Tip 2**
> 유사어로 서랍식 옷장을 지칭하는 cómoda도 알아 두자.

estantería
n.f. 책장

Necesito una estantería más grande porque los libros no caben.
나는 조금 더 큰 책장이 필요하다 왜냐하면 책들이 다 들어가지 않기 때문이다.

📖 necesitar v. 필요하다 | caber v. (무언가) 들어갈 수 있다, 다 들어가다

televisión
sin. televisor
n.m. 텔레비전

n.f. 텔레비전

Vamos a cambiar la televisión de sitio.
텔레비전의 위치를 바꾸자.

📖 cambiar ~ de sitio: ~의 위치를 바꾸다

aire acondi-cionado
n.m. 에어컨

No tenemos aire acondicionado pero tenemos dos ventiladores.
우리는 에어컨은 가지고 있지 않지만, 2개의 선풍기를 가지고 있다.

📖 ventilador n.m. 선풍기

vídeo

n.m. 비디오

Estos días casi no hay tiendas de alquiler de vídeos.

요즘은 비디오 대여 가게들이 거의 없다.

📑 tienda de alquiler n.f. 대여 가게

> 💡 **Tip**
>
> '비디오'는 스페인에서는 vídeo, 중남미에서는 video라고 쓴다.

DVD

n.m. DVD

Este ordenador no tiene lector de DVD.

이 컴퓨터는 DVD 리더기가 없다.

📑 ordenador n.m. 컴퓨터 | lector n.m. 리더기, 독자

A2 fregadero

n.m. 싱크대

Puedes poner los platos usados en el fregadero.

너는 사용한 접시들을 싱크대에 놓아도 된다.

📑 plato usado n.m. 사용한 접시

microondas

n.m. 전자레인지

Vamos a calentarlo en el microondas.

그거 전자레인지에 데우자.

📑 calentar v. 데우다, 뜨겁게 하다

cocina eléctrica

n.f. 전기레인지

La mayoría de las casas de España tienen cocina eléctrica.

스페인의 대부분 집들은 전기레인지를 가지고 있다.

> 💡 **Tip**
>
> 'la mayoría de 정관사+복수 명사'는 '대부분의 ~들'이라는 뜻을 가지며, 주어로 쓰일 경우 일반적으로 동사를 복수 명사의 수에 맞춘다.

Capítulo 10

cocina de gas
☐
☐
☐

n.f. 가스레인지

Mi madre todavía prefiere la cocina de gas.

나의 어머니는 아직도 가스레인지를 선호하신다.

📑 preferir v. ~를 선호하다

nevera
☐
☐
☐

sin. frigorífico n.m. 냉장고

n.f. 냉장고

Esta nevera tiene un congelador muy pequeño.

이 냉장고는 매우 작은 냉동고를 가지고 있다.

📑 congelador n.m. 냉동고 | pequeño/a adj. 작은

lavaplatos
☐
☐
☐

sin. lavavajillas n.m. 식기세척기

n.m. 식기세척기

Existen detergentes especiales para el uso del lavaplatos.

식기세척기용 특별한 세제들이 존재한다.

📑 existir v. 존재하다 | detergente n.m. 세제 | especial adj. 특별한 | uso n.m. 용도, 이용

lavadora
☐
☐
☐

n.f. 세탁기

Es mejor no poner la lavadora por la noche porque hace mucho ruido.

많이 시끄럽기 때문에 밤에 세탁기를 돌리지 않는 것이 더 낫다.

> **Tip**
>
> hacer mucho ruido는 직역하면 '많은 소음을 만들다'지만, '많이 시끄럽다, 많이 시끄럽게 하다'로 해석하는 것이 자연스럽다.

amueblado/a
☐
☐
☐

adj. 옵션이 있는, 가구가 들여진

Prefiero un piso amueblado porque no quiero gastar mucho dinero en muebles.

나는 가구가 들여진 아파트를 선호해 왜냐하면 가구들에 많은 돈을 쓰고 싶지 않거든.

📑 gastar mucho dinero en ~: ~에 많은 돈을 쓰다 | mueble n.m. 가구

B1

amueblar

v. 가구를 들여놓다

Tengo que amueblar la casa porque no hay nada.

나는 집에 가구를 들여놔야 해 왜냐하면 아무것도 없거든.

Tip
스페인어는 no hay nada와 같이 이중부정을 사용한다.

lavabo

n.m. 세면대

Estoy buscando un producto para limpiar el lavabo.

나는 세면대를 청소할 제품을 찾고 있습니다.

📝 producto n.m. 제품, 상품 | limpiar v. 청소하다

alfombra

n.f. 카페트

La alfombra es difícil de limpiar.

카페트는 청소하는 것이 어렵다.

📝 difícil de 동사원형: ~하기 어려운

cortina

n.f. 커튼

Tengo que poner cortinas en mi habitación porque entra demasiada luz.

나는 방에 커튼을 달아야 한다, 왜냐하면 너무 많은 빛이 들어오기 때문이다.

📝 poner cortinas 커튼을 달다 | demasiado/a adj. 너무 많은, 지나친

florero

n.m. 꽃병

Se ha roto el florero favorito de mi madre.

엄마가 가장 좋아하는 꽃병이 깨졌다.

📝 romperse v. 깨지다 | favorito/a adj. 가장 좋아하는

Capítulo 10

espejo

☐
☐
☐

n.m. 거울

Quiero comprarme un espejo de pie.
나는 전신 거울을 사고 싶다.

📖 espejo de pie n.m. 전신 거울

mesilla de noche

☐
☐
☐

n.f. 협탁

Me quito las gafas antes de dormir y las dejo en la mesilla de noche.
나는 자기 전에 안경을 벗어서 협탁에 놓는다.

📖 quitarse las gafas 안경을 벗다 | dormir v. 자다 | dejar v. 놓다

electrodo-méstico

☐
☐
☐

n.m. 가전제품

Los electrodomésticos de Alemania tienen muy buena fama.
독일의 가전제품들은 아주 좋은 명성을 가지고 있다.

📖 Alemania 독일 | tener buena fama 좋은 명성을 가지고 있다

horno

☐
☐
☐

n.m. 오븐

Voy a programar el horno para hacer galletas.
나는 과자를 만들기 위해 오븐을 세팅할 것이다.

📖 programar v. 세팅하다, 설정하다 | hacer galletas 과자를 만들다

cafetera

☐
☐
☐

n.f. 커피포트

Esta cafetera tarda mucho en calentarse.
이 커피포트는 뜨거워지는 데 매우 오래 걸린다.

📖 tardar 시간 en 동사원형: ~하는 데 ~ 걸리다 | calentarse v. 데워지다, 뜨거워지다

encender

sin. poner v. 켜다

v. 켜다

Queda prohibido encender el ordenador, por lo menos, una semana.

적어도 일주일 동안은 컴퓨터 켜는 것 금지야.

📝 Queda prohibido/a 동사원형: ~하는 것이 금지되어 있다 | por lo menos 적어도 | semana n.f. 주

funcionar

v. 작동하다

La tostadora dejó de funcionar hace ya mucho.

토스터가 벌써 오래 전에 작동하는 것을 멈췄다.

📝 tostadora n.f. 토스터 | dejar de 동사원형: ~하는 것을 멈추다 | hace ya mucho 벌써 오래 전에

apagar

sin. quitar v. 끄다

v. 끄다

No te olvides de apagar la general antes de salir.

외출하기 전에 일괄 소등 스위치를 끄는 것을 잊지 마.

📝 olvidarse de ~: ~를 잊다 | salir v. 나가다, 외출하다

💡 **Tip**

la general은 la luz general의 생략형으로, '일괄 소등 스위치'를 뜻한다.

programar

v. 설정하다, 세팅하다

Voy a programar la lavadora para un centrifugado.

나는 탈수 모드로 세탁기를 설정할 것이다.

📝 centrifugado n.m. 탈수

enchufar

v. 콘센트에 꽂다

¿Puedes enchufar la cafetera?

너 커피포트를 콘센트에 꽂아 줄 수 있니?

Capítulo 10

desenchufar

v. 플러그를 빼다

Si desenchufas todos los electro-domésticos que no usas, ahorrarás mucho más.

네가 만약 사용하지 않는 전자제품의 플러그를 그때그때 빼 놓는다면, 훨씬 더 많이 절약할 거야.

📖 usar v. 사용하다 | ahorrar v. 절약하다 | mucho más 훨씬 더 많이

estar roto/a

동사 표현 부러져 있다

El asa de la cafetera está rota, así que ten cuidado de no quemarte.

커피포트의 손잡이가 부러졌다, 그러니 화상을 입지 않도록 (너) 조심해라.

📖 asa n.f. 손잡이 | tener cuidado de+no+동사원형: ~하지 않도록 조심하다 | quemarse v. 화상을 입다

estar estropeado/a

sin. estar averiado/a

고장이 나 있다

동사 표현 고장이 나 있다

La aspiradora está estropeada, así que tengo que usar la escoba para limpiar la casa.

청소기가 고장이 나 있다, 그래서 나는 집을 청소하기 위해 빗자루를 사용해야 한다.

📖 escoba n.f. 빗자루

¡Muéstrame lo que sabes!

실력을 보여 줘!

Capítulo 10의 필수 단어를 Ana와 Juan의 대화로 술술 말해 보세요.

Ana	Juan, hoy tenemos que hacer limpieza general.
Juan	*1 <u>Estoy de acuerdo</u>. ¡Mira cómo está la casa! ¿Por dónde empezamos?
Ana	¿Qué te parece si tú pasas la aspiradora, mientras yo hago la colada?
Juan	¡Pues!, Vale, no hay problema. ¿Qué hacemos después?
Ana	¡Hum...! Puedes fregar el suelo o quitar el polvo, por ejemplo. Yo pondré el lavavajillas.
Juan	*2 <u>Pero, un momento</u>. Tú solo le das al botón, y ¿ya está?
Ana	A ver, tranquilo, no te pongas así. Si quieres, yo paso la aspiradora. No hay problema.
Juan	Pues, a ver si es verdad.

아나	후안, 우리 오늘 대청소해야 해.
후안	네 말이 맞아. 집 꼴 좀 봐! 어디부터 시작할까?
아나	내가 세탁기를 돌리는 동안에, 네가 청소기를 돌리는 게 어때?
후안	음! 좋아, 괜찮아. 그 다음에 뭘 할까?
아나	음...! 예를 들어 너는 바닥 청소를 해도 되고, 혹은 먼지를 털거나 해도 되겠다. 나는 식기세 척기를 켤게.
후안	근데, 잠깐만. 너는 그냥 버튼만 누르면, 그럼 다 된 거네?
아나	야, 진정해, 그러지 마. 네가 원하면, 내가 청소기 돌릴게. 문제 될 것 없어.
후안	어디 진짜인지 보자.

VOCA

hacer limpieza general 대청소를 하다 | empezar por ~: ~부터 시작하다 | ¿Qué te parece si 주어+동사?: ~하는 게 어때? | darle al botón 버튼을 누르다 | Ya está. 다 되었다 | tranquilo/a 침 착해, 진정해 | no te pongas así 그러지 마 | A ver si es verdad. 어디 사실인지 보자, 어디 진짜인 지 보자.

Tip

*1 Estoy de acuerdo는 '나는 동의해'라는 뜻이지만, '네 말이 맞아' 정도로 자연스럽게 해석한다.
*2 Pero, un momento는 '근데, 잠깐만', '아니, 잠깐만'으로 자연스럽게 해석할 수 있다.

Ejercicios del capítulo 10

연습문제

1 [보기]에서 빈칸에 알맞은 단어를 찾아 문장을 완성하세요.

> **보기**
> averiado cargada ropa portero hipoteca
> echarse ducha poner hacer tender

1 Cada mes pago trescientos euros de _____ .
나는 매달 300유로의 집 대출금을 지불한다.

2 Tienes que llamar al _____ automático.
너는 출입문 인터폰을 눌러야 한다.

3 El ascensor está _____ .
엘리베이터가 고장 나 있다.

4 La cama está sin _____ .
침대는 정리되지 않은 상태로 있다.

2 [보기]에서 알맞은 단어를 골라 문장을 완성하세요.

> **보기** fatal comunicada equipada rancio

1 La cocina está totalmente _____ .
부엌은 옵션이 완전히 갖춰져 있다.

2 Mi ciudad está muy bien _____ .
나의 도시는 교통망이 매우 좋다.

3 Se me da _____ hacer la cama.
나는 침대 정리를 정말 못한다.

4 ¿Puedes sacar la basura? Es que huele a _____ .
너 쓰레기 내놓을 수 있니? 그게 말이야 쓰레기가 완전 썩은 냄새가 나.

★ 오늘의 한 마디!

내 방은 뒤죽박죽 상태이고 매우 더럽다. _____ .

Capítulo 10

정답
1 ① hipoteca ② portero ③ averiado ④ hacer
2 ① equipada ② comunicada ③ fatal ④ rancio
☆ 오늘의 한 마디 - Mi habitación está patas arriba y está muy sucia.

Ejercicios 연습문제 **289**

보너스 단어

주거지, 집안과 관련된 어휘들을 익혀 봅시다.

주거지

A2	espacioso/a	adj. 널찍한
A2	dar a la calle	(건물이 창을 열면) 거리를 내다보고 있다
B1	escalera de incendios	n.f. 화재용 비상 계단
B1	salida de emergencia	n.f. 비상 출구
B1	sótano	n.m. 지하
B1	despensa	n.f. 식료품 저장실
B1	trastero	n.m. 창고
B1	mueble bar	n.m. 바 캐비닛
B1	orientado/a al sur	adj. 남향의
B1	orientado/a al norte	adj. 북향의
B1	acogedor(a)	adj. 아늑한
B1	montacargas	n.m. 화물용 승강기

Tip 스페인의 집에는 부엌 한 켠에 식료품을 보관할 수 있는 1~2평 크기의 despensa를 갖춘 집이 많다.

집안에서

A2	bañera	n.f. 욕조
A2	grifo	n.m. 수도꼭지
A2	lámpara	n.f. 전등, 램프
B1	recogedor	n.m. 쓰레받기
B1	fregona	n.f. 대걸레
B1	suavizante	n.m. 섬유 유연제

B1 cubo de basura	n.m. 쓰레기통	
B1 papel higiénico	n.m. 두루마리 휴지	
B1 papel de cocina	n.m. 키친타월	
B1 tendedero	n.m. 건조대	
B1 pinza	n.f. 집게	
B1 retrete	n.m. 변기	
B1 bidé	n.m. 비데	
B1 persiana	n.f. 블라인드	
B1 percha	n.f. 옷걸이	
B1 perchero	n.m. 옷걸이	
B1 almohada	n.f. 베개	
B1 colchón	n.m. 매트리스	
B1 cojín	n.m. 방석, 쿠션	
B1 sábana*	n.f. 침대 시트	
B1 tocador	n.m. 화장대	
B1 cabecera	n.f. 침대 헤드	
B1 taburete	n.m. 스툴	
B1 doblar la ropa	옷을 개다	
B1 recoger la casa	집을 정돈하다	
B1 hacer una limpieza general	대청소를 하다	
B2 alcachofa de la ducha	n.f. 샤워기 헤드	
B2 tirar de la cadena	변기의 물을 내리다	

*표시 단어들은 보통 복수로 쓰인다.

Capítulo

11

Servicios públicos
공공 서비스

MP3 바로 듣기

◀ Acueducto de Segovia, Segovia
세고비아 수도교, 세고비아

Unidad 01 우체국

Mañana iré a Correos a mandar un paquete.
나는 내일 소포 하나 보내러 우체국에 갈 거야.

A1

□ **carta**
□
□

n.f. 편지

Voy a mandar una carta a mi familia.
나는 내 가족에게 편지를 한 통 보낼 것이다.

📖 ir a+동사원형: ~할 것이다 | mandar v. 보내다 | familia n.f. 가족

□ **postal**
□
□

n.f. 엽서

Me encanta coleccionar postales de cada país.
나는 각 나라의 엽서들을 수집하는 것을 좋아한다.

📖 encantar v. 매우 좋아하다 | coleccionar v. 수집하다, 모으다 | cada adj. 각각의 | país n.m. 나라

□ **sello**
□
□

n.m. 우표

¿Vendéis sellos?
우표 파나요?

💡 **Tip**

나와 이야기하는 상대가 한 명이더라도, 가게에서 무언가에 대해 질문할 때에는 상대 측을 vosotros 또는 ustedes로 칭한다.

□ **código**
□ **postal**
□

n.m. 우편번호

¿Cuál es el código postal de su domicilio?
당신 자택의 우편번호는 무엇인가요?

📖 domicilio n.m. 자택, 소재지

A2

□ **paquete**
□
□

n.m. 소포

Mañana iré a Correos a mandar un paquete.
나는 내일 소포 하나 보내러 우체국에 갈 거야.

📖 ir a Correos 우체국에 가다

(oficina de) Correos

n.f. 우체국

Es bueno saber dónde está Correos por si acaso.

만일을 대비하여 우체국이 어디에 있는지 아는 게 좋다.

📝 por si acaso 만일에 대비하여, 혹시 모르니

💡 **Tip**

oficina de를 생략하고 Correos로 쓸 경우, 항상 대문자로 시작하며 관사를 함께 쓰지 않는다.

B1

buzón

n.m. 우체통

Me gusta echar cartas al buzón.

나는 우체통에 편지들을 부치는 것을 좋아한다.

📝 echar cartas 편지들을 부치다

---

cartero

n.m. 우편 배달부

Los carteros empiezan a distribuir el correo a partir de las nueve de la mañana.

우편 배달부들은 우편물을 아침 9시부터 배달하기 시작한다.

📝 empezar a+동사원형: ~하는 것을 시작하다 | distribuir el correo 우편물을 배달하다 | a partir de ~: ~ 부터

💡 **Tip**

'우편 배달부(여자)'는 cartera라고 한다.

---

mensajero

n.m. 택배 기사

Ha venido el mensajero dos veces, pero yo no estaba en casa.

택배 기사가 두 번이나 왔는데, 나는 집에 없었다.

📝 dos veces 두 번

💡 **Tip 1**

'택배 기사(여자)'는 mensajera라고 한다.

💡 **Tip 2**

ha venido el mensajero처럼 자동사의 주어는 동사 뒤에 오는 경향이 있다.

💡 **Tip 3**

참고 표현으로 'servicio de mensajería 택배 서비스'도 같이 알아 두자.

Unidad 02 은행

Tengo una cuenta en ese banco.
나는 그 은행에 계좌가 하나 있어.

A1

banco

n.m. 은행

Tengo que ir al banco a abrir una cuenta.
나는 계좌를 하나 개설하기 위해 은행에 가야 한다.

📋 abrir una cuenta 계좌를 개설하다

dinero

n.m. 돈

Voy a sacar dinero en un cajero.
나는 자동 인출기에서 돈을 뽑을 것이다.

📋 sacar dinero 돈을 인출하다 | cajero (automático) n.m. 자동 인출기, ATM

céntimo (de euro)

n.m. 센트

Me faltan diez céntimos.
나에게 10센트가 부족해.

📋 faltar v. 부족하다, 모자라다(역구조 동사)

euro

n.m. 유로

El euro ha bajado mucho en los últimos tres meses.
최근 석 달 동안 유로가 많이 내려갔다.

📋 en+último+기간: 최근 ~ 동안

> **Tip**
> 유로 등 통화의 환율이 내려갈 때 '통화명+bajar 동사'를 사용하여 표현할 수 있다.

cambiar dinero

동사 표현 환전하다

Necesito cambiar dinero para viajar a Europa.
나는 유럽으로 여행을 가기 위해 환전을 할 필요가 있다.

📋 necesitar+동사원형: ~할 필요가 있다 | viajar a ~: ~로 여행을 가다 | Europa 유럽

A2

☐
☐ **moneda**
☐

n.f. 화폐, 동전

La moneda oficial de Corea se llama won.
한국의 공식 화폐 이름은 원이다.

📝 oficial adj. 공식의 | llamarse v. 이름이 ~이다

B1

☐
☐ **cheque**
☐ **(de viaje)**

n.m. 여행자 수표

Ya no se usan mucho los cheques de viaje.
더 이상 여행자 수표들은 많이 사용되지 않는다.

📝 ya no ~: 더 이상 ~하지 않다 | usar v. 사용하다

💡 Tip
해당 문장에서는 수동의 se가 사용되었다.

☐
☐ **cuenta**
☐ **(bancaria)**

n.f. (은행) 계좌

Tengo una cuenta en ese banco.
나는 그 은행에 계좌가 하나 있다.

💡 Tip
cuenta는 '계좌'뿐만 아니라 '계정, 셈'이라는 뜻도 갖기 때문에 명확하게 '은행 계좌'를 지칭하고 싶다면 cuenta bancaria라고 하는 것이 좋다.

☐
☐ **hacer una**
☐ **transferencia**

동사 표현 계좌 이체를 하다

¿Te hago una transferencia de cien euros?
내가 너에게 100유로를 계좌 이체해 줄까?

☐
☐ **ingresar**
☐

v. 입금하다

Voy a ingresar cien euros en la cuenta.
나는 100유로를 계좌에 입금할 것이다.

💡 Tip
'입금하다'라는 의미로 meter 동사와 poner 동사도 쓸 수 있다.

☐
☐ **préstamo**
☐

sin. crédito n.m. 대출

n.m. 대출

Necesito pedir un préstamo al banco.
나는 은행에 대출을 신청할 필요가 있다.

📝 pedir un préstamo 대출을 신청하다

💡 Tip
pedir 대신에 solicitar 동사를 쓸 수 있다.

Unidad 03 병원

Hay que despejar el camino para la ambulancia.
구급차를 위해서 길을 터 주어야 해.

A1

hospital

n.m. 병원

Hay un hospital cerca de mi casa.
나의 집 근처에 병원 하나가 있다.

📑 cerca de ~: ~ 근처에

médico

sin. doctor n.m. 의사

n.m. 의사

Mi hijo quiere ser médico.
나의 아들은 의사가 되는 것을 원한다.

> 💡 **Tip**
> '의사(여자)'는 médica, doctora라고 한다.

enfermero

n.m. 간호사

Una amiga mía trabaja de enfermera en una clínica dental.
내 친구 하나는 한 치과에서 간호사로 일한다.

📑 trabajar de 무관사+직업명: ~로 일하다 | clínica dental n.f. 치과

> 💡 **Tip**
> '간호사(여자)'는 enfermera라고 한다.

A2

ambulancia

n.f. 구급차

Hay que despejar el camino para la ambulancia.
구급차를 위해서 길을 터 주어야 한다.

📑 hay que+동사원형: (누구나, 일반적으로) ~해야 한다 | despejar el camino 길을 터 주다

☐ **Cruz Roja**   **n.f.** 적십자
☐
☐

Este verano voy a hacer un trabajo de
voluntariado en la Cruz Roja.
이번 여름에 나는 적십자에서 봉사 활동을 할 것이다.

📖 este verano 이번 여름에 | trabajo de voluntariado n.m. 봉사
활동

B1 ☐ **urgencias**   **n.f.** 응급실
☐
☐

Anoche llevé a mi madre a urgencias.
어젯밤 나는 어머니를 응급실로 데리고 갔다.

📖 anoche adv. 어젯밤 | llevar a 사람 a 장소: ~를 ~로 데리고 가다

💡 **Tip**
'응급실'이라는 단어는 항상 관사 없이 복수 형태로 쓰인다.

☐ **psicólogo**   **n.m.** 심리학자
☐
☐

Si no puedes manejar el estrés, ve al
médico o a un psicólogo.
네가 만약에 스트레스를 다룰 수 없다면, 병원이나 심리학자에게
가 봐.

📖 manejar el estrés 스트레스를 다루다 | ir al médico 병원에
가다

💡 **Tip**
'심리학자(여자)'는 psicóloga라고 한다.

☐ **seguro**   **n.m.** 의료보험
☐ **médico**
☐

¿Tienes algún seguro médico?
너는 어떤 의료보험이라도 있니?

📖 alguno/a adj. 어떤

💡 **Tip**
alguno는 남성 단수 명사 앞에서 algún으로 쓴다.

☐ **Seguridad**   **n.f.** 사회보험
☐ **Social**
☐

Estoy cotizando a la Seguridad Social.
나는 사회보험을 내고 있다.

📖 cotizar a la Seguridad Social 사회보험을 내다, 사회보험 비용
을 지불하다

Unidad 04 경찰서 및 소방서

La casa está manga por hombro. ¿Habrán entrado ladrones?
집이 뒤죽박죽이네. 도둑이 들었나?

A1

☐ **policía**
☐
☐

n.m.f. 경찰

El policía me ha acompañado hasta el hotel.
그 경찰은 호텔까지 나와 동행해 주었다.

📝 acompañar a 사람: ~와 동행해 주다

> **Tip**
> '남자 경찰'과 '여자 경찰'은 관사를 통해 구분하며, Policía와 같이 첫 글자를 대문자로 쓴 여성 명사일 경우 '경찰 조직'을 지칭하기도 한다.

☐ **bombero**
☐
☐

n.m. 소방대원

Mi padre es bombero y estoy muy orgulloso de él.
나의 아버지는 소방대원이고 나는 그가 매우 자랑스럽다.

📝 estar orgulloso/a de ~: ~가 자랑스럽다, ~를 자랑스러워하다

> **Tip**
> '소방대원(여자)'은 bombera라고 한다.

A2

☐ **comisaría**
☐ **(de Policía)**
☐

n.f. 경찰서

Ve dos manzanas más y la comisaría está a tu derecha.
두 블록 더 가 그러면 오른쪽에 경찰서가 있어.

📝 manzana n.f. 블록, 사과

☐ **socorro**
☐
☐

n.m. 구조

¡Socorro! ¡No puedo salir de casa!
(화재 현장에서) 도와주세요! 집에서 나갈 수가 없어요!

📝 salir de ~: ~에서 나가다

> **Tip**
> socorro는 '구조'라는 뜻 외에도, '살려 주세요!, 도와주세요!'라는 구조 요청으로도 사용된다.

☐☐☐ **llamar a los bomberos**

`동사 표현` **소방서에 전화하다**

Llamamos a los bomberos nada más ver las llamas.

우리는 화염들을 보자마자 소방서에 전화를 했습니다.

📖 nada más+동사원형: ~하자마자 | llama n.f. 화염, 불꽃

💡 **Tip**

los bomberos 자리에 la policía를 넣어 '경찰서에 전화하다'라고 표현할 수 있다.

B1 ☐☐☐ **semáforo**

`n.m.` **신호등**

Si te saltas el semáforo en rojo, te van a multar.

네가 만약 빨간색 신호등을 어기면, 너에게 벌금을 물릴 것이다.

📖 saltarse ~: (신호 등을) 어기다 | semáforo n.m. 신호등 | multar v. 벌금을 물리다

💡 **Tip**

벌금을 물리는 행위자 측은 주어 없이 3인칭 복수형 동사를 사용한다.

☐☐☐ **vigilante**

`n.m.f.` **경비원**

Juan trabaja como vigilante de seguridad en un centro comercial.

후안은 어느 쇼핑몰에서 안전 요원으로 일한다.

📖 trabajar como 무관사+직업명: ~로서 일하다 | vigilante de seguridad n.m.f. 안전 요원 | centro comercial n.m. 쇼핑몰

☐☐☐ **socorrista**

`n.m.f.` **구조 대원**

En verano trabajo de socorrista en una playa.

여름에 나는 한 해변에서 구조 대원으로 일한다.

📖 playa n.f. 해변

ladrón

n.m. 도둑

La casa está manga por hombro. ¿Habrán entrado ladrones?

집이 뒤죽박죽이다. 도둑이 들었나?

📭 entrar v. 들어가다

> **💡 Tip 1**
>
> estar manga por hombro는 '(재봉사가 한눈팔고 잘못 재봉하여) 소매가 어깨 쪽에 있다'라는 뜻에서 발전하여 '(어떤 장소가) 뒤죽박죽인 상태이다'라는 의미를 지닌다.

> **💡 Tip 2**
>
> '도둑(여자)'은 ladrona라고 한다.

asesino

n.m. 살인자

El asesino fue detenido en un área de descanso.

그 살인자는 어느 휴게소에서 체포되었다.

📭 ser detenido/a 체포되다 | área de descanso 휴게소

> **💡 Tip 1**
>
> '살인자(여자)'는 asesina라고 한다.

> **💡 Tip 2**
>
> área와 같이 'a~ 또는 ha~'로 시작하고 그 음에 강세가 있는 여성 명사들은 단수로 쓰일 경우에만 남성 관사를 사용한다.

crimen

n.m. 범죄

Su amigo cometió un crimen muy grave y fue condenado a cadena perpetua.

그의 친구는 매우 심각한 범죄를 저질렀고 종신형을 선고 받았다.

📭 cometer un crimen 범죄를 저지르다 | grave adj. 심각한 | ser condenado/a a cadena perpetua 종신형을 선고 받다

incendio

n.m. 화재

Los bomberos tardaron muy poco en extinguir el incendio.

소방관들은 화재를 진압하는 데 매우 짧은 시간이 걸렸다.

📭 tardar+시간+en+동사원형: ~하는 데 ~만큼의 시간이 걸리다 | extinguir el incendio 화재를 진압하다

| □ **robo** | **n.m.** 도난 |

Últimamente hay muchos robos en la universidad.

최근 (우리) 대학교에서 많은 도난 건들이 있다.

📖 últimamente adv. 최근 | universidad n.f. 대학교

□ **muerte**

n.f. 죽음

El juez ha condenado al asesino a pena de muerte.

판사는 살인자에게 사형을 선고했다.

📖 juez n.m. 판사 | condenar a 사람 a 형벌: ~에게 ~를 선고
하다 | pena de muerte n.f. 사형

□ **robar**

v. 훔치다

Creo que me han robado la cartera en el centro comercial.

쇼핑몰에서 내 지갑을 도둑맞은 것 같다.

📖 robar a 사람+물건: ~에게서 ~를 훔쳐 가다 | cartera n.f. 지갑

> **Tip**
> me han robado la cartera를 직역하면, '어떤 사람들이 나에게서 지갑을
> 훔쳐 갔다'이지만, '내 지갑을 도둑맞았다'라고 해석하는 것이 자연스럽다.
> 행위자가 누구인지 모를 경우, 주어 없이 3인칭 복수형 동사를 사용한다.

□ **atracar**

v. 습격하다

Dos hombres atracaron el banco y se llevaron millones de euros.

두 명의 남자가 은행을 습격했고 수백만 유로를 가져갔다.

📖 llevarse v. 가져가다 | millones de ~: 수백만의 ~

□ **matar**

v. 죽이다

Matar a un animal puede ser un delito.

동물을 죽이는 것은 범죄가 될 수 있다.

📖 animal n.m. 동물 | delito n.m. 범죄

실력을 보여 줘!

Capítulo 11의 필수 단어를 Marta와 Lucas의 대화로 술술 말해 보세요.

Marta   ¡Lucas! ¿Te has enterado de que hubo un incendio anoche?

Lucas   Sí, fue enfrente de la casa de mi tío y, por casualidad yo estaba en su casa.

Marta   Entonces, *1 ¿viste lo que pasó?

Lucas   Sí, *2 lo vi todo. No sé por qué empezaron las llamas, pero de repente oímos gritos de la gente. A los pocos minutos llegaron los bomberos.

Marta   ¿Hubo muchos afectados?

Lucas   No. Los bomberos salvaron a todos los inquilinos, aunque el edificio se quemó del todo.

Marta   ¡Menos mal! La verdad es que tengo mucho respeto por el trabajo que hacen los bomberos.

마르타   루카스야! 어젯밤에 화재 사건이 있었다는 거 들었어?

루카스   응, 우리 삼촌 집 맞은편이었어, 우연히 내가 삼촌 집에 있었거든.

마르타   그러면, 너는 무슨 일이 있었는지 본 거야?

루카스   응, 다 봤어. 왜 화염이 시작되었는지는 모르겠는데, 갑자기 삼촌이랑 나는 사람들이 소리치는 것을 들었어. 몇 분 뒤에 소방관들이 도착했어.

마르타   피해자가 많았어?

루카스   아니. 소방관들이 모든 세입자들을 구했거든, 비록 건물은 완전히 타 버렸지만.

마르타   다행이다! 진짜 나는 소방관 분들이 하는 일을 존경해.

VOCA

enterarse de que 주어+동사: ~라는 소식을 듣다 | enfrente de ~: ~맞은편에 | por casualidad 우연하게 | de repente 갑자기 | a los pocos minutos 몇 분 뒤에 | afectado n.m. 피해자(남자) | afectada n.f. 피해자(여자) | salvar v. 구하다 | inquilino n.m. 세입자(남자) | inquilina n.f. 세입자(여자) | edificio n.m. 건물 | quemarse v. 타다 | del todo 완전히 | ¡Menos mal! 다행이다! | respeto por ~: ~에 대한 존경, 존중

Tip

*1 ¿viste lo que pasó?는 직역하면 '너는 일어난 일을 봤니?'지만, '너는 무슨 일이 있었는지 본 거야?' 정도로 자연스럽게 해석한다.

*2 lo vi todo에서 lo는 todo가 목적어로 쓰일 때 자주 함께 쓰이며, todo를 더 강조해 준다. lo와 todo를 '전부'라고 해석하면 편하다.

Ejercicios del capítulo 11
연습문제

1   [보기]에서 빈칸에 알맞은 단어를 찾아 문장을 완성하세요.

> **보기**   cajero   necesitados   asesino   Correos   semáforo

1   Mañana iré a _____ a mandar un paquete.
나는 내일 소포 하나 보내러 우체국에 갈 거야.

2   Voy a sacar dinero en un _____.
나는 자동 인출기에서 돈을 뽑을 것이다.

3   El _____ fue detenido en un área de descanso.
그 살인자는 어느 휴게소에서 체포되었다.

4   Si te saltas el _____ en rojo, te van a multar.
네가 만약 빨간색 신호등을 어기면, 너에게 벌금을 물릴 것이다.

2   [보기]에서 알맞은 단어를 골라 문장을 완성하세요.

> **보기**   pena   por si acaso   delito   nada más

1   Llamamos a los bomberos _____ ver las llamas.
우리는 화염들을 보자마자, 소방서에 전화를 했습니다.

2   Es bueno saber dónde está Correos _____.
만일을 대비하여 우체국이 어디에 있는지 아는 게 좋다.

3   El juez ha condenado al asesino a _____ de muerte.
판사는 살인자에게 사형을 선고했다.

4   Matar a un animal puede ser un _____.
동물을 죽이는 것은 범죄가 될 수 있다.

★   오늘의 한 마디!

(화재 현장에서) 도와주세요! 집에서 나갈 수가 없어요! _____.

정답
1 ① Correos ② cajero ③ asesino ④ semáforo
2 ① nada más ② por si acaso ③ pena ④ delito
☆ 오늘의 한 마디 - ¡Socorro! ¡No puedo salir de casa!

Vocabulario extra

보너스 단어

경찰서, 소방서, 병원, 우체국과 관련된 어휘들을 익혀 봅시다.

경찰서

B1 accidente de tráfico	n.m. 교통사고
B2 testigo	n.m.f. 증인
B2 presenciar	v. 목격하다
B2 denunciar	v. 고발하다
B2 patrullar	v. 순찰하다
B2 cachear	v. 몸수색을 하다
B2 fraude	n.m. 사기
B2 carterista	n.m.f. 소매치기
B2 atropellar	v. (탈 것으로 사람이나 동물을) 치다
B2 delito	n.m. (비교적 가벼운) 범죄
B2 delincuente	n.m.f. (경범죄의) 범죄자
B2 criminal	n.m.f. (중범죄의) 범죄자

소방서

B1 escalera	n.f. 사다리
B2 sirena	n.f. 사이렌
B2 botiquín	n.m. 구급상자
B2 extintor	n.m. 소화기
B2 manguera	n.f. (소방용) 호스
B2 vehículo de bomberos	n.m. 소방차
B2 hacer el boca a boca	인공호흡을 하다

🏥 병원

B1 operación	n.f. 수술	
B1 vacuna	n.f. 예방접종	
B1 cortarse	v. 베이다	
B1 sangre	n.f. 피	
B1 sangrar	v. 피를 흘리다	
B1 quemadura	n.f. 화상	
B1 quemarse	v. 화상을 입다	
B1 romperse	v. (신체 부위가) 부러지다	
B1 ataque al corazón	n.m. 심장마비	
B2 camilla	n.f. 들것	
B2 inyección	n.f. 주사	
B2 vacunarse	v. 예방접종을 하다	

🚚 우체국

B1 remitente	n.m.f. 발신인
B1 destinatario	n.m.f. 수신인
B2 correo certificado	n.m. 등기
B2 giro postal	n.m. 우편환
B2 envío internacional	n.m. 국제 배송
B2 envío nacional	n.m. 국내 배송

Capítulo

12

Compras
쇼핑

MP3 바로 듣기

◀ Alcaicería, Granada
알카이세리아 재래시장, 그라나다

Unidad 01 상점

Voy a comprar un regalo para Ana.
나는 아나를 위한 선물을 하나 살 거야.

A1

☐☐☐ **super-mercado**

n.m. 슈퍼

Yo trabajo en un supermercado desde hace dos años.
나는 한 슈퍼에서 2년 전부터 일을 하고 있다.

📑 trabajar en ~: ~에서 일하다 | desde hace 기간: ~ 전부터

☐☐☐ **tienda**

n.f. 가게

Vamos a la tienda de regalos de Jorge.
우리 호르헤의 선물 가게에 가자.

📑 regalo n.m. 선물

☐☐☐ **mercado**

n.m. 시장

Hay de todo en el mercado central.
중앙 시장에는 이것저것 다 있다.

📑 de todo 이것저것 다, 모든 종류의 것 | central adj. 중앙의

☐☐☐ **sobre**

n.m. 종이 봉투

¿Tenéis sobres?
(가게에서) 종이 봉투 있어요?

💡 **Tip**

나와 이야기하는 상대가 한 명이더라도, 가게에서 무언가에 대해 질문할 때에는 상대 측을 vosotros 또는 ustedes로 칭한다.

☐☐☐ **salida**

n.f. 출구

La salida principal está cerrada por obras.
메인 출구는 공사로 인해 닫혀 있다.

📑 principal adj. 메인의, 주요한 | estar cerrado/a 닫혀 있다 | por obras 공사로 인해, 공사 때문에

comprar

☐
☐
☐

v. 사다, 구매하다

Voy a comprar un regalo para Ana.
나는 아나를 위한 선물을 하나 살 것이다.

📝 ir a 동사원형: ~ 할 것이다 | para ~: ~를 위하여

vender

☐
☐
☐

v. 팔다, 판매하다

En esa tienda venden ropa para caballero.
그 가게에서는 남성복을 판다.

📝 ropa para caballero f. 남성복, 신사복

💡 **Tip**
어떤 단체가 하는 행동은 주어 없이 동사만 3인칭 복수로 사용한다.

vendedor

☐
☐
ant. comprador
n.m. 구매자

n.m. 판매자

Los vendedores de esa tienda son chilenos.
그 가게의 판매원들은 칠레 사람들이다.

📝 chileno n.m. 칠레 사람(남자) | chilena n.f. 칠레 사람(여자)

💡 **Tip**
'판매자(여자)'는 vendedora라고 한다.

A2 ☐
ir de compras
☐
☐

동사 표현 쇼핑 가다

Voy de compras una vez al mes.
나는 한 달에 한 번 쇼핑 간다.

📝 una vez al mes 한 달에 한 번

💡 **Tip**
평소 자주 하는 일은 직설법 현재로 쓴다.

mercadillo

☐
☐
☐

n.m. 벼룩시장, 노상 마켓, (오일장 등) 장

En mi barrio hay un mercadillo cada sábado.
나의 동네에는 매주 토요일에 장이 선다.

📝 barrio n.m. 동네 | cada sábado 매주 토요일

Capítulo 12

papelería

n.f. 문구점, 사무 용품점

Tengo que ir a una papelería a comprar folios.

나는 A4용지를 사러 사무 용품점에 가야 한다.

📝 tener que+동사원형: ~해야 한다

> 💡 **Tip**
>
> folio는 '흰색 종이'를 뜻하며, 보통 A4용지 등의 프린트 용지를 가리킨다.

quiosco

n.m. 가두 판매대

En los quioscos puedes comprar periódicos.

가두 판매대에서 너는 신문을 구매할 수 있다.

📝 periódico n.m. 신문

> 💡 **Tip**
>
> quiosco는 길거리에 설치된 작은 판매 부스이며, 신문, 잡지, 간단한 간식, 음료, 기념품 등을 판매한다.

estanco

n.m. 담배 가게

En los estancos puedes recargar la tarjeta de autobús.

담배 가게에서 너는 버스 카드를 충전할 수 있다.

📝 recargar v. (교통카드나, 핸드폰 잔액 등을) 충전하다 | tarjeta de autobús n.f. 버스 카드

> 💡 **Tip**
>
> 스페인에서 estanco로 불리는 가게들은 보통 Tabacos라는 간판이 붙어 있다. 주로, 담배, 주류 및 간단한 음료를 구매할 수 있고, 교통 카드를 충전할 수 있다.

frutería

n.f. 과일 가게

Quiero abrir una frutería en mi barrio.

나는 내 동네에 과일 가게 하나를 열고 싶다.

📝 abrir v. 열다

> 💡 **Tip**
>
> 참고로 'frutero/a 과일 장수'도 알아 두자.

carnicería

Capítulo 12

n.f. 정육점

La mejor carnicería de la ciudad es la de
Ana.
도시에서 가장 좋은 정육점은 아나네 정육점이다.

🔍 el/la+mejor+명사: 가장 좋은 ~ | ciudad n.f. 도시

> **Tip**
> la de Ana는 la carnicería de Ana의 생략형이다.

tienda de ropa

n.f. 옷 가게

Quiero montar una tienda de ropa porque
me encanta la moda.
나는 패션을 매우 좋아하기 때문에 옷 가게를 차리고 싶다.

🔍 montar v. (가게 등을) 차리다 | moda n.f. 패션, 유행

peluquería

n.f. 헤어숍

Mi tía tiene una peluquería.
나의 이모는 헤어숍을 운영하신다.

> **Tip**
> peluquería는 이발소, 미용실을 모두 지칭할 수 있다.

tienda de deportes

n.f. 스포츠 용품점

Me compré un chándal en una tienda de
deportes.
나는 한 스포츠 용품점에서 트레이닝복을 샀다.

🔍 chándal n.m. 트레이닝복(위아래 세트)

> **Tip**
> 재귀동사 comprarse는 '자기 자신을 위해 구매하는 경우'에 쓰이며, 자신
> 이 사용함에도 불구하고 한 번만 사용하고 버리는 '기차 티켓, 비행기 티켓'
> 등에는 쓰이지 않는다.

tienda de regalos

n.f. 선물 가게

Vamos a ir a una tienda de regalos.
선물 가게에 가자.

🗒️ vamos a 동사원형: ~하자

💡 **Tip**
'선물 가게'를 말할 때 regalo를 복수로 쓴다.

centro comercial

n.m. 쇼핑몰

Me gusta ir de compras a un centro comercial porque no paso frío ni calor.
나는 쇼핑몰로 쇼핑 가는 것을 좋아한다 왜냐하면 나는 더위도 추위도 타지 않기 때문이다.

🗒️ pasar calor 더위를 타다 | pasar frío 추위를 타다 | no ~ ni ~: ~도 ~도 아니다

ascensor

n.m. 엘리베이터

Vamos a subir en ascensor.
엘리베이터를 타고 올라가자.

🗒️ subir v. 오르다, 올라가다

💡 **Tip**
중남미에서는 '엘리베이터'를 지칭할 때 elevador라는 단어를 선호한다.

cliente

n.m. 고객

Los clientes están contentos con nuestros productos.
고객들은 우리 제품들에 만족하고 있다.

🗒️ estar contento/a con~: ~에 만족하다

💡 **Tip**
'고객(여자)'은 clienta라고도 한다.

devolver

☐
☐
☐

v. **돌려주다**

Quiero que me devuelvan el dinero.

나는 돈을 돌려받기를 원합니다.

📝 dinero n.m. 돈 | querer que+주어+접속법 동사: ~가 ~하기를
원한다

> 💡 **Tip**
>
> 가게 측이 환불을 해 주므로 가게 측을 암묵적인 주어로 하여 주어 없이 3
> 인칭 복수형 동사를 사용한다. 직역하면, '나는 가게 측의 사람들이 나에게
> 돈을 돌려주기를 원한다'이지만 '나는 돈을 돌려받기를 원한다' 정도로 해
> 석할 수 있다.

cambiar

☐
☐
☐

v. **바꾸다, 교환하다**

¿Puedo cambiar esta camiseta por una
falda?

내가 이 티셔츠를 치마로 바꿀 수 있나요?

📝 cambiar A por B: A를 B로 바꾸다 | camiseta n.f. 티셔츠 |
falda n.f. 치마

B1 ☐ **hacer un**
☐ **pedido**
☐

동사 표현 **주문하다**

Algunos clientes hacen un pedido especial
para Navidad.

몇몇 고객들은 크리스마스를 위해 특별한 주문을 한다.

📝 algunos/as+복수 명사: 몇몇의, 몇 개의 | especial adj. 특별한
| Navidad n.f. 크리스마스

descuento

☐
☐
☐

n.m. **할인**

Hay un descuento del diez por ciento en
ropa de verano.

여름 옷에 10퍼센트의 할인이 있습니다.

📝 숫자 por ciento: ~퍼센트 | verano n.m. 여름

garantía

☐
☐
☐

n.f. **보증 (기간)**

La garantía es de dos años.

보증 기간은 2년입니다.

📝 ser de 숫자: ~만큼이다

Capítulo 12

devolución

n.f. 환불

Para la devolución del dinero se debe presentar la factura.

돈의 환불을 위해서 영수증이 제시되어야 합니다.

📝 presentarse v. ~가 제시되다(수동의 se) | factura n.f. 영수증

haber rebajas

동사 표현 세일이 있다

Hay rebajas en todas las tiendas. Tenemos que aprovecharlas.

모든 가게들에 세일이 있다. 우리는 그 세일 기간들을 잘 이용해야 한다.

📝 rebaja n.f. 여름 겨울 시즌 세일, 혹은 그 기간들 | aprovechar v. 잘 이용하다

💡 **Tip**

rebaja는 보통 복수로 쓰인다.

comprar ~ por Internet

동사 표현 인터넷으로 ~을 사다

Compro ropa por Internet porque no tengo tiempo para salir.

나는 인터넷으로 옷을 구매한다, 왜냐하면 나갈 시간이 없기 때문이다.

📝 no tener tiempo para 동사원형: ~할 시간이 없다

escalera mecánica

n.f. 에스컬레이터

Estaban averiadas las escaleras mecánicas, así que tuve que bajar por las escaleras.

에스컬레이터가 고장 나 있었다, 그래서 나는 계단으로 내려가야 했다.

📝 estar averiado/a 고장 나 있다 | así que 그래서 | bajar por las escaleras 계단을 통해 내려가다

💡 **Tip**

escalera mecánica는 복수로 쓰여야 자연스럽다.

☐ **aparcamiento** n.m. 주차장
☐
☐
sin. *parking* n.m. 주차장
sin. estacionamiento
n.m. 주차장

Los grandes almacenes suelen disponer de un aparcamiento espacioso.

백화점들은 보통 넓은 주차장을 갖추고 있다.

📝 gran almacén n.m. 백화점 | soler+동사원형: 보통 ~하다 | disponer de ~: ~을 갖추고 있다, 가지다 | espacioso/a adj. 넓은, 널찍한

Tip 1

백화점은 마치 'almacén 큰 창고'들이 모인 것 같다는 개념에서 유래했기 때문에 백화점 하나를 지칭하더라도 복수로 쓴다.

Tip 2

스페인에서 '주차장'으로 가장 많이 쓰이는 어휘는 aparcamiento와 *parking*이며, estacionamiento는 스페인에서 격식을 차린 톤의 글에 쓰이거나, 중남미에서 선호되는 표현이다.

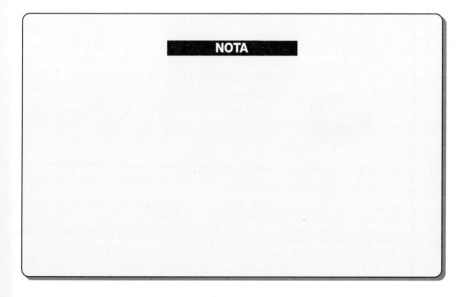

NOTA

Unidad 02 옷·신발·액세서리

¡Qué bonito es este vestido rojo!
이 빨간 원피스 너무 예쁘다!

A1

☐☐☐ **pantalón**

n.m. 바지

Quiero comprar pantalones para el verano.
나는 여름을 위해 바지를 구매하고 싶다.

📋 querer+동사원형: ~하고 싶다, ~하기를 원하다

☐☐☐ **falda**

n.f. 치마

A mí me gusta llevar falda en verano.
나는 여름에 치마를 입고 다니는 것을 좋아한다.

📋 llevar+옷: ~을 입고 다니다 | en verano 여름에

☐☐☐ **camisa**

n.f. 셔츠, 남방

Tienes una mancha en la camisa.
너 셔츠에 얼룩 하나가 있다.

📋 mancha n.f. 얼룩

☐☐☐ **jersey**
sin. suéter n.m. 스웨터

n.m. 스웨터

Mi madre me hace un jersey cada invierno.
나의 어머니는 매 겨울마다 나에게 스웨터 하나를 만들어 주신다.

📋 hacer v. 만들다 | cada invierno 매 겨울마다

☐ **bolso**
☐
☐

n.m. 가방, 핸드백

Me he comprado un bolso para la boda de Ana.

아나의 결혼식을 위해 나는 가방 하나를 구매했다.

📖 boda n.f. 결혼식

💡 **Tip**

bolso는 '핸드백', bolsa는 '종이로 된 쇼핑백' 또는 '비닐봉지'를 뜻한다.

☐ **zapato**
☐
☐

n.m. 신발

Estos zapatos son muy incómodos.

이 신발들은 매우 불편하다.

📖 incómodo/a adj. 불편한

💡 **Tip**

zapato는 보통 복수로 쓰인다.

A2

☐ **zapatilla de**
☐ **deporte**
☐ sin. tenis n.m. 운동화

n.m. 운동화

Necesito unas zapatillas de deporte.

나는 운동화 한 켤레가 필요하다.

📖 necesitar v. 필요하다

💡 **Tip**

신발은 한 켤레를 가리켜도 복수로 쓰인다. tenis는 단수와 복수의 형태가 같고, 관사로 복수를 표시한다(unos tenis).

☐ **blusa**
☐
☐

n.f. 블라우스

Te queda muy bien esa blusa.

그 블라우스는 너에게 매우 잘 어울린다.

📖 quedar bien 잘 어울린다

☐ **chaqueta**
☐
☐

n.f. 자켓

Voy a ponerme esta chaqueta porque hace frío.

날씨가 춥기 때문에 나는 이 자켓을 입을 것이다.

📖 ponerse+옷: ~을 입다

(pantalón) vaquero

n.m. 청바지

Ahora los vaqueros están de oferta hasta un cuarenta por ciento.

지금 청바지들은 약 40퍼센트까지 세일 중입니다.

estar de oferta 세일 중이다 | hasta ~: ~까지 | un 숫자 por ciento: 약 ~퍼센트

Tip

청바지는 지역에 따라 vaqueros, tejanos 또는 jeans라고 불린다.

vestido

n.m. 원피스

¡Qué bonito es este vestido rojo!

이 빨간 원피스 너무 예쁘다!

bonito/a adj. 예쁜 | rojo/a adj. 빨간

abrigo

n.m. 외투

Tu abrigo es más gordo que el mío.

너의 외투는 나의 외투보다 더 두껍다.

gordo/a adj. 두꺼운, 뚱뚱한 | mío/a 나의

Tip

el mío는 el abrigo mío의 생략형이다.

traje

n.m. 정장

Tienes que ir de traje a la reunión.

너는 그 모임에 정장 차림으로 가야 한다.

ir de traje 정장 차림으로 가다 | reunión n.f. 모임

corbata

n.f. 넥타이

Voy a regalar una corbata a mi padre.

나는 아버지에게 넥타이 하나를 선물할 것이다.

regalar v. 선물하다

☐
☐ **pijama**
☐

n.m. 파자마, 잠옷

No tengo pijama, así que quiero comprarme uno.

나는 파자마가 없다, 그래서 파자마 한 벌을 사기를 원한다.

💡 **Tip 1**

pijama는 ~a로 끝나지만 남성 명사임에 유의하자.

💡 **Tip 2**

여기에서 uno는 un pijama를 반복하지 않기 위해 쓰였다.

☐
☐ **gorra**
☐

n.f. 캡 모자

Me gusta coleccionar gorras de todo tipo.

나는 모든 종류의 캡 모자를 수집하는 것을 좋아한다.

📖 coleccionar v. 수집하다, 모으다 | de todo tipo 모든 종류의

☐
☐ **pañuelo**
☐

n.m. 손수건, 스카프

He comprado un pañuelo para mi profesora.

나는 내 선생님을 위해 손수건 하나를 구매했다.

📖 profesora n.f. 선생님(여자)

💡 **Tip**

pañuelo는 '손수건, 스카프' 외에, '히잡, 휴대용 휴지'라는 뜻이 있으며, '털로 짠 목도리'라는 뜻의 bufanda도 함께 알아 두자.

☐
☐ **cartera**
☐

n.f. 지갑

Mi cartera es de cuero.

나의 지갑은 가죽으로 되어 있다.

📖 ser de 무관사+재료: ~로 되어 있다, 만들어져 있다 | cuero n.m. 가죽

☐
☐ **probador**
☐

n.m. 탈의실

Los probadores están al fondo a la derecha.

탈의실들은 오른쪽 안쪽에 있습니다.

📖 al fondo 안쪽에 | a la derecha 오른쪽에

ponerse

v. 입다

Te has puesto la camiseta al revés.
너는 티셔츠를 거꾸로 입었다.

📑 al revés 거꾸로

probarse

v. 입어 보다

¿Puedo probarme los pantalones?
바지들을 입어 볼 수 있을까요?

quitarse

v. 벗다

¡Quítate ese pantalón! ¡Es mío!
그 바지 벗어! 내 거야!

📑 ser mío/a 나의 것이다

B1

diseñar

v. 디자인하다

Me gustaría diseñar mi vestido de novia en el futuro.
나는 미래의 내 신부 드레스를 디자인하고 싶다.

📑 vestido de novia n.m. 신부 드레스 | en el futuro 미래에

coser

v. 바느질하다

¿Sabes coser?
너는 바느질을 할 줄 아니?

📑 saber+동사원형: ~할 줄 알다

algodón

n.m. 면, 솜

Es mejor comprar ropa de algodón para los bebés.
아기들을 위해서는 면으로 된 옷을 사는 것이 더 좋다.

📑 es mejor+동사원형: ~하는 것이 더 좋다 | bebé n.m.f. 아기

lino

n.m. 리넨

Los vestidos de lino son muy frescos.
리넨 원피스들은 매우 시원하다.

📑 ser fresco/a (옷이) 시원하다, 청량감이 있다

lana

n.f. 양모

Esta camiseta es de lana y por eso es muy suave.

이 티셔츠는 양모로 만들어졌다 그래서 매우 부드럽다.

🔖 suave adj. 부드러운

liso/a

adj. 민무늬의, 무늬가 없는

Me gustan las camisas lisas y de colores no llamativos.

나는 민무늬와 튀지 않는 색들의 셔츠들을 좋아한다.

🔖 color llamativo n.m. 튀는 색

de rayas

adj. 줄무늬의

Mi hermano mayor me regaló una camiseta de rayas.

나의 형은 나에게 줄무늬 티셔츠를 하나 선물했다.

de cuadros

adj. 체크무늬의

Vamos a comprar una camiseta de cuadros para Pedro y otra de lunares para Paula.

페드로에게는 체크무늬 티셔츠를 그리고 파울라에게는 물방울 무늬 티셔츠를 사 주자.

🔖 de lunares 물방울 무늬의

💡 **Tip**

여기서 otra는 otra camiseta를 받는다.

quedar bien

ant. quedar mal
잘 어울리지 않다

동사 표현 잘 어울린다

¿Qué tal me queda la falda? ¿Me queda bien?

치마가 나에게 어떤 것 같아? 나에게 잘 어울려?

💡 **Tip**

'quedar+형용사/부사'는 역구조로 주로 쓰인다.

Unidad 03 식품

La comida está podrida. Voy a tirarla.
음식이 상했어. 버릴게.

A1

☐ **paella**
☐
☐

n.f. 파에야

Me gusta mucho la paella.
나는 파에야를 매우 좋아한다.

> 💡 **Tip**
>
> paella는 스페인의 대표적인 쌀 요리이다. 해산물, 고기, 야채 등을 넣어 기호에 맞게 요리할 수 있으며, azafrán(샤프란)을 사용해서 노란색을 띄는 것이 특징이다. 발렌시아 지방이 paella로 유명하며, 먹물로 색을 입힌 paella negra도 있다.

A2

☐ **pesar**
☐
☐

v. 무게를 재다

Vamos a pesar la fruta.
과일 무게를 재 보자.

📖 fruta n.f. 과일

☐ **hacer la**
☐ **lista de la**
☐ **compra**

동사 표현 장 볼 목록을 만들다

¿Hacemos la lista de la compra antes de salir?
나가기 전에 장 볼 목록을 만들까 우리?

📖 antes de 동사원형: ~하기 전에 | salir v. 외출하다, 나가다

B1

☐ **carrito**
☐ **(de la**
☐ **compra)**

n.m. 카트

La cesta, no. Coge un carrito, que hoy vamos a comprar muchas cosas.
바구니 말고. 카트 가져와, 오늘 우리 많이 살 거니까.

📖 cesta n.f. 바구니 | coger v. 집다, 가져오다

> 💡 **Tip**
>
> 회화체에서 '콤마+que+주어+동사'는 '~하니까'라는 뜻이다.

bolsa (de la compra)

n.f. 쇼핑백

Antes eran gratis las bolsas de la compra, pero ahora hay que pagar algo de dinero.

전에는 쇼핑백들이 공짜였지만, 지금은 돈을 조금 내야 한다.

📑 gratis adj. 무료의

💡 **Tip**

antes라는 시간 부사는 주로 불완료와 함께 쓰인다.

queso manchego

n.m. 만체고 치즈

El queso manchego es famoso en toda España.

만체고 치즈는 스페인 전역에서 유명하다.

📑 ser famoso/a 유명하다 | en toda España 스페인 전역에서

💡 **Tip**

queso manchego는 양젖으로 만든 스페인 라만차 지역의 대표적인 치즈 이며, 부드러운 맛으로 굉장히 유명하다.

rabo de toro

n.m. 소꼬리 요리

Ayer probé rabo de toro.

어제 소꼬리 요리를 먹어 봤다.

📑 ayer adv. 어제 | probar v. 먹어 보다

💡 **Tip**

rabo de toro는 투우 경기 후 소의 꼬리로 만든 요리로, 스페인 별미 중 하나이다.

cochinillo asado

n.m. 새끼 돼지 구이

Cuando fui a Segovia, comí el famoso cochinillo asado.

나는 세고비아에 갔을 때, 그 유명한 새끼 돼지 구이를 먹었다.

📑 정관사+ famoso/a(s)+명사: 유명한 ~

💡 **Tip**

cochinillo asado는 스페인 세고비아 지역의 대표 요리로, 새끼 돼지로 만 든다.

□ **estar**
□ **podrido/a**
□

sin. estar malo/a
음식 등이 맛이 없다, 상하다

`동사 표현` **상하다**

La comida está podrida. Voy a tirarla.
음식이 상했어. 버릴게.

📖 tirar v. 버리다

□ **estar**
□ **caducado/a**
□

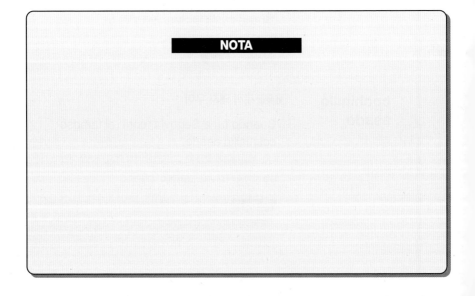

`동사 표현` **유통기한이 지났다**

Los yogures están caducados. Eran hasta hace una semana.
요거트가 유통기한이 지났어. 1주일 전까지였어.

📖 yogur n.m. 요거트 | hasta hace+기간: ~ 전까지

NOTA

Unidad 04 지불 방법

Quédese con la vuelta, por favor.
거스름돈은 안 주셔도 됩니다.

A1

billete

n.m. 지폐

¿Tienes billetes más pequeños?
더 작은 (단위의) 지폐 가지고 있니?

📝 pequeño/a adj. 작은

tarjeta

n.f. 카드

¿Se puede pagar con tarjeta (de crédito)?
(신용) 카드로 지불 가능한가요?

📝 pagar v. 지불하다 | tarjeta de crédito 신용 카드

💡 **Tip**
'tarjeta de débito 체크 카드'라는 표현도 알아 두자.

A2

propina

n.f. 팁

Dejamos cinco euros de propina porque
los camareros eran muy atentos.
우리는 5유로의 팁을 남겼다 왜냐하면 웨이터들이 매우 신경을
써 줬기 때문이다.

📝 dejar v. 남기다 | camarero n.m. 종업원(남자) | camarera n.f.
종업원(여자) | ser atento/a 친절하다, 신경을 써 주다

pagar en efectivo

sin. pagar en metálico
현금으로 지불하다

동사 표현 현금으로 지불하다

Yo prefiero pagar en efectivo porque así
puedo controlar mis gastos.
나는 현금으로 지불하는 것을 선호한다 왜냐하면 그렇게 하면 나
의 지출을 조절할 수 있기 때문이다.

📝 preferir+동사원형: ~하는 것을 선호하다 | así adv. 그렇게 하면 |
controlar v. 조절하다, 통제하다 | gasto n.m. 지출

□ **pagar con** | 동사 표현 **카드로 지불하다**
□ **tarjeta**

Como no tengo dinero en efectivo, voy a
pagar con tarjeta.

나는 현금이 없기 때문에, 카드로 지불할 것이다.

📝 como 주어+동사: ~이니까, ~이기 때문에 | dinero en efectivo
n.m. 현금

□ **cambio** | n.m. **잔돈**

¿Tienes cambio de dos euros?

너 2유로짜리 잔돈 있니?

□ **vuelta** | n.f. **거스름돈**

Quédese con la vuelta, por favor.

거스름돈은 안 주셔도 됩니다.

📝 quedarse con~: ~를 가지다, 자기 것으로 하다

> 💡 **Tip**
>
> 직역하면 '거스름돈은 가지세요'지만, '거스름돈은 안 주셔도 됩니다' 정도
> 로 자연스럽게 해석한다.

□ **IVA** | n.m. **부가가치세**

Son ochenta euros en total con IVA
incluido.

부가가치세 포함하여 총 80유로입니다.

📝 en total 전부, 총 | con ~ incluido/a: ~까지 포함하여

> 💡 **Tip**
>
> el IVA (Impuesto sobre el Valor Añadido)는 '추가된 가치에 대한 세금'
> 즉 '부가가치세'를 의미한다.

□ **pasar por** | 동사 표현 **계산하러 가다, 계산대로 가다**
□ **caja**

Vamos a cerrar en quince minutos, así
que vayan pasando por caja, por favor.

우리는 15분 뒤에 문을 닫습니다, 그러니 이제 (손님들은 차례로)
계산대로 가 주세요.

📝 cerrar v. 닫다 | en+시간: ~ 후에 | ir+현재분사: ~해 나가다

NOTA

¡Muéstrame lo que sabes!

실력을 보여 줘!

Capítulo 12의 필수 단어를 Marta와 Lucas의 대화로 술술 말해 보세요

Marta	¡Sal, Lucas! Tardas *1 <u>mil</u> años en cambiarte.
Lucas	Un momento, *2 <u>ya estoy.</u> ¿Qué tal me queda la camiseta?
Marta	Bien, bueno, me gusta más la camiseta azul, pero *3 <u>la negra</u> también te queda bien.
Lucas	Ahora que pienso, no tengo nada azul, así que voy a probármela también. ¿Me traes este modelo en azul, por favor? ¡De talla mediana!
Marta	Vale, ahora mismo te lo traigo. Toma, seguro que te favorece el color azul. *4 <u>¡Ya lo verás!</u>
Lucas	¿Qué tal? Creo que me queda mejor este color.
Marta	¡Mucho mejor!
Lucas	Pues, ya está. *5 <u>¡Me la llevo!</u>

마르타	나와, 루카스야! 옷 갈아입는 데 천년만년이 걸리니.
루카스	잠깐만, 다 되었어. 티셔츠 나에게 어때?
마르타	괜찮아, 음, 나는 파란색 티셔츠가 더 맘에 들지만, 검은색도 너한테 잘 어울려
루카스	지금 생각해 보니깐, 나 파란색은 아무것도 없네, 그러니까, 파란색 티셔츠도 입어 봐야겠다. 나 파란색으로 이 모델 가져다 줄 수 있어? 미디움 사이즈로!
마르타	알았어, 지금 바로 가져다 줄게. 여기, 정말 너한테 파란색 잘 어울릴 거야. 진짜로!
루카스	어떤 것 같아? 이 색이 나한테 더 잘 어울리는 것 같아.
마르타	훨씬 더 (잘 어울려)!
루카스	그럼 됐다. 이거 사야지!

VOCA

tardar+시간+en+동사원형: 하는 데에 ~만큼 시간이 걸리다 | cambiarse v. 옷을 갈아입다 | ahora que 주어+동사: 이제 ~하니까, 지금 ~하니까 | así que 그래서 | traer v. 가져오다 | modelo n.m. 모델 | en azul 파란색으로 된 | de talla mediana 미디움 사이즈의 | seguro que 주어+동사: 정말로 ~다 | favorecer v. 잘 어울리다, 돋보이게 하다(역구조 동사)

Tip

*1 오랜 시간이나 많음을 강조할 때 mil(천)을 사용한다.

*2 ya estoy는 ya estoy listo의 생략형이다.

*3 la negra는 la camiseta negra를 받고 있다.

*4 Ya lo verás는 직역하면, '너도 곧 알게 될 거야'지만, '내 말이 진짜라는 것을 너도 곧 알게 될 거야, 즉 '진짜야'의 의미를 갖는다.

*5 ¡Me la llevo!에서 llevarse는 물건을 살 때 주로 쓰이는 표현이며, 여기서 la는 la camiseta azul을 가리킨다.

연습문제

1 [보기]에서 빈칸에 알맞은 단어를 찾아 문장을 완성하세요.

보기	cambio	por una	de todo	chándal

1 Hay _____ _____ en el mercado central.

중앙 시장에는 이것저것 다 있다.

2 Me compré un _____ en una tienda de deportes.

나는 한 스포츠 용품점에서 트레이닝복을 샀다.

3 ¿Tienes _____ de dos euros?

너 2유로짜리 잔돈 있니?

4 ¿Puedo cambiar esta camiseta _____ falda?

내가 이 티셔츠를 치마로 바꿀 수 있나요?

2 [보기]에서 알맞은 단어를 골라 문장을 완성하세요.

보기	probarme	de lino	está podrida	al revés

1 Te has puesto la camiseta _____ .

너는 티셔츠를 거꾸로 입었다.

2 ¿Puedo _____ los pantalones?

바지들을 입어 볼 수 있을까요?

3 Los vestidos _____ son muy frescos.

리넨 원피스들은 매우 시원하다.

4 La comida _____ . Voy a tirarla.

음식이 상했어. 버릴게.

★ 오늘의 한 마디!

거스름돈은 안 주셔도 됩니다. _____ .

보너스 단어

옷, 신발, 액세서리, 식재료와 관련된 어휘들을 익혀 봅시다.

옷, 신발, 액세서리

A2 ropa de hombre	n.f. 남성복	**A2** guante*	n.m. 장갑
A2 ropa de mujer	n.f. 여성복	**A2** cinturón	n.m. 벨트
A2 ropa de niño	n.f. 유아복	**A2** botón	n.m. 단추
A2 ropa de verano	n.f. 여름 옷	**A2** mochila	n.f. 책가방, 배낭
A2 ropa de invierno	n.f. 겨울 옷	**A2** maleta	n.f. 캐리어, 여행용 가방
A2 ropa de deporte	n.f. 스포츠 웨어	**A2** bota*	n.f. 장화
A2 cazadora	n.f. 라이더 재킷	**A2** zapato plano*	n.m. 플랫 슈즈
A2 chaleco	n.m. 조끼	**A2** zapato de tacón*	n.m. 굽이 있는 신발
A2 minifalda	n.f. 미니스커트	**A2** zapatilla de estar por casa*	n.f. (가정용) 슬리퍼
A2 falda corta	n.f. 짧은 치마	**B1** chancla*	n.f. 슬리퍼
A2 falda larga	n.f. 긴 치마	**B1** sandalia*	n.f. 샌들
A2 vestido de novia	n.m. 신부 원피스	**B1** rebeca	n.f. 카디건
A2 vestido de fiesta	n.m. 파티용 원피스	**B1** gabardina	n.f. 트렌치코트
A2 ropa interior	n.f. 속옷	**B1** plumón	n.m. 패딩
A2 sujetador	n.m. 브래지어	**B1** cremallera	n.f. 지퍼
A2 braga*	n.f. 여성의 팬티	**B1** complemento*	n.m. 액세서리
A2 calzoncillo*	n.m. 남성의 팬티	**B1** goma	n.f. 머리끈
A2 media*	n.f. 스타킹	**B1** pinza	n.f. 헤어핀
A2 calcetín*	n.m. 양말	**B1** diadema	n.f. 머리띠

A2 bañador	n.m. 수영복	B1 monedero	n.m. 동전 지갑
A2 biquini	n.m. 비키니 (bikini로도 표현)	B1 billetero	n.m. 지폐 수납용 지갑
A2 sombrero	n.m. 페도라	B1 tarjetero	n.m. 카드 지갑
A2 gafa de sol*	n.f. 선글라스	B1 bandolera	n.f. 크로스 백
A2 bufanda	n.f. 목도리		

*표시 단어들은 보통 복수로 쓰인다.

🌿 식재료 관련 어휘

A2 una docena de huevos	달걀 12개	A2 un kilo de patatas	감자 1킬로
A2 una lata de tomate	토마토 한 캔	A2 un litro de leche	우유 1리터
A2 un bote de tomate	토마토 소스 한 통	A2 un litro de agua	물 1리터
A2 una lata de atún	참치 한 캔	A2 medio kilo	500그램
A2 un paquete de arroz	쌀 한 팩	A2 un cuarto de kilo	250그램
A2 una caja de galletas	쿠키 한 상자	A2 cien gramos	100그램
A2 un bote de mermelada	잼 한 통	A2 doscientos gramos	200그램

*medio는 1/2을 의미하고, cuarto는 1/4을 의미한다.

Capítulo

13

Salud e higiene
건강과 위생

MP3 바로 듣기

¡Muéstrame lo que sabes!
실력을 보여 줘!
Ejercicios del capítulo 13
연습문제

◀ Hospital de Sant Pau, Barcelona
산트 파우 병원, 바르셀로나

Unidad 01 질병과 증상

No estarás enfermo, ¿no?
너 병이 난 건 아니겠지, 그렇지?

A1

☐☐☐ **estar malo/a**

동사 표현 **아프다**

Estoy malo y por eso no puedo salir.
나는 아프다 그래서 외출할 수 없다.

📖 salir v. 외출하다

> **Tip**
> 문장 중간에 '그래서'를 쓸 경우, 가장 정확한 방식은 y por eso이다.

☐☐☐ **estar enfermo/a**

동사 표현 **병이 난 상태이다**

No estarás enfermo, ¿no?
너 병이 난 건 아니겠지, 그렇지?

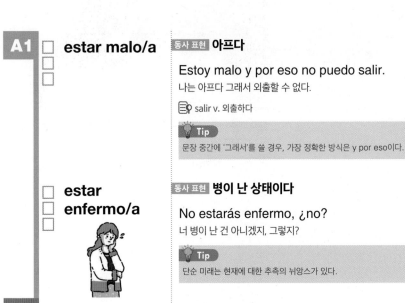

> **Tip**
> 단순 미래는 현재에 대한 추측의 뉘앙스가 있다.

A2

☐☐☐ **sentirse bien**

ant. sentirse mal
기분이 나쁘다

동사 표현 **기분이 좋다**

No sé por qué, pero no me siento bien.
왜 그런지 나는 모르겠지만, 나 기분이 좋지 않아.

> **Tip**
> 이 표현은 상황에 따라 몸 상태에도 쓰일 수 있다.

---

tener gripe

독감에 걸린 상태이다

Ana tiene gripe y por eso no viene a clase.

아나는 독감에 걸린 상태야 그래서 수업에 오지 않는 거야.

Tip 1

'수업에 오다'는 venir a clase로, 이때 clase 앞에 관사를 쓰지 않는다.

Tip 2

tener gripe가 독감에 걸린 상태를 의미한다면, 단순히 '감기에 걸려 있다'는 estar resfriado/a로 표현한다.

tener alergia

알레르기가 있다

Tengo alergia al marisco.

나는 해산물에 알레르기가 있다.

tener alergia a 정관사+명사: ~에 알레르기가 있다 | marisco n.m. 해산물

Tip

'ser alérgico/a a 정관사+명사'도 '~에 알레르기가 있다'라는 표현이다.

tener fiebre

열이 있다

Estoy un poco mala pero no tengo fiebre.

나는 조금 아프다 그러나 열이 있지는 않다.

Tip

형용사 앞의 un poco는 '조금'의 뉘앙스를 추가한다.

tener tos

기침이 있다

¿Tienes tos, también?

너, 기침도 있니?

también adv. ~도,~ 또한

llevar una vida sana

동사 표현 **건강한 삶을 영위하다**

Es importante hacer un poco de ejercicio para llevar una vida sana.

건강한 삶을 영위하기 위해서 조금의 운동을 하는 것이 중요하다.

📋 es importante+동사원형: ~하는 것은 중요하다 | hacer ejercicio 운동하다

> **Tip**
>
> 명사 앞에 un poco de는 '조금의'라는 뜻을 추가해 준다. 따라서 un poco de ejercicio는 '조금의 운동'이라고 해석하면 된다.

tener una enfermedad

동사 표현 **병이 있다**

Uno de mis tíos tuvo una enfermedad muy grave.

나의 삼촌 중 한 분은 매우 심각한 병이 있으셨다.

📋 tío n.m. 삼촌 | grave adj. 심각한

tener dolor de cabeza

동사 표현 **두통이 있다**

Tengo dolor de cabeza desde ayer.

나는 어제부터 두통을 가지고 있다.

📋 desde ayer 어제부터

> **Tip**
>
> cabeza의 자리에 espalda, estómago 등을 넣어 '요통이 있다, 복통이 있다' 등을 표현할 수 있다.

doler

v. **아프다**

Me duele mucho el estómago.

나는 배가 많이 아프다.

> **Tip 1**
>
> doler나 gustar와 같은 역구조 동사에 mucho를 넣을 경우, 동사 바로 뒤에 넣는 것이 자연스럽다.

> **Tip 2**
>
> 스페인어에서 주어는 정관사를 수반하기 때문에 해당 문장에서의 주어인 estómago는 정관사와 함께 사용되었다.

□ **estar**
□ **cansado/a**
□

동사 표현 **피곤한 상태이다**

Como estaba cansado, volví a casa.
나는 피곤해서, 집으로 돌아갔다.

📝 como+주어+직설법 동사: ~해서, ~하니까 | volver a casa (자신의) 집으로 돌아가다

□ **tener**
□ **diarrea**
□

동사 표현 **설사 증상이 있다**

Tengo diarrea desde hace unos días.
나는 며칠 전부터 설사 증상이 있어.

📝 desde hace unos días 며칠 전부터

□ **tener cáncer**
□
□

동사 표현 **암이 있다**

Ana tuvo cáncer de mama, pero se recuperó de él.
아나는 유방암이 있었다, 그러나 암에서 회복했다.

📝 cáncer de mama n.m. 유방암 | recuperarse de ~: ~로부터 회복하다

💡 **Tip**
전치사 뒤에 위치한 주격 인칭대명사 él/ella/ellos/ellas는 사람 외에도 앞서 언급된 사물을 지칭할 수 있다.

□ **ponerse**
□ **enfermo/a**
□

동사 표현 **병이 나다**

Mi padre se puso enfermo después de trabajar más de diez horas al sol.
10시간 이상을 땡볕에서 일하신 후에 나의 아버지는 병이 나셨다.

📝 después de 동사원형: ~한 후에 | más de+숫자: ~ 이상 | trabajar al sol 땡볕에서 일하다

□ **ponerse**
□ **malo/a**
□

동사 표현 **아프게 되다**

Juan nunca se pone malo.
후안은 절대 아픈 법이 없다.

📝 nunca adv. 절대 ~하지 않는다

💡 **Tip**
nunca가 동사 앞에 오면, nunca하나만으로 문장 전체가 부정으로 해석된다. Juan nunca no se pone malo와 같이 쓰이지 않도록 유의하자.

Capítulo 13

vomitar

v. 토하다

Vomitaron todo lo que comieron.
그들은 먹은 모든 것을 토했다.

📖 todo lo que 주어+동사: ~한 모든 것

> 💡 **Tip**
> '게우다'라는 뜻의 devolver도 같이 알아 두자.

tener buena salud

동사 표현 건강이 좋다

ant. tener mala salud
건강이 나쁘다

Mi abuela tiene muy buena salud, a pesar de tener noventa años.
나의 할머니는 90살이심에도 불구하고, 건강이 좋다.

📖 a pesar de+명사/동사원형: ~에도 불구하고

cuidar

v. ~를 돌보다

Mi trabajo consiste en cuidar a enfermos.
나의 일은 아프신 분들을 돌보는 것이다.

📖 consistir en 동사원형: ~하는 것이다, ~하는 것에 있다 | enfermo n.m. 아픈 사람, 환자(남자) | enferma n.f. 아픈 사람, 환자(여자)

atender a personas mayores

동사 표현 나이 드신 분들을 응대하다, 돌보다

Mi trabajo consiste en atender a personas mayores con demencia.
나의 일은 치매 증상을 가지고 있는 나이 드신 분들을 응대하는 것이다.

📖 demencia n.f. 치매 (증상)

curar

v. ~를 치료하다

Un famoso médico de ese hospital curó a miles de personas de cáncer.
그 병원의 한 유명한 의사는 수천 명의 환자를 암으로부터 치료했다.

📖 famoso/a adj. 유명한 | hospital n.m. 병원 | curar a 사람 de ~: ~를 ~로부터 치료하다 | miles de ~: 수천의 ~ | cáncer n.m. 암

operar

v. 수술하다

Me van a operar el próximo martes.
다음 주 화요일에 나는 수술을 받는다.

📝 próximo/a adj. 다음의, 다가오는

Tip 1
어떤 단체가 하는 행동은 주어 없이 동사만 3인칭 복수로 사용한다.

Tip 2
직역하면 '(병원 측에서) 다음 주 화요일에 나를 수술한다'지만, '다음 주 화요일에 나는 수술을 받는다'로 자연스럽게 해석한다.

dar ~ puntos

동사 표현 ~ 바늘을 꿰매다

Le dieron diez puntos en la pierna.
그 사람의 다리에 열 바늘을 꿰맸다.

Tip
직역하면 '(병원 측에서) 그 사람에게 다리에 열 바늘을 주었다'이지만, '그 사람의 다리에 열 바늘을 꿰맸다'로 자연스럽게 해석한다.

perder el apetito

동사 표현 식욕을 잃다

Últimamente mi madre ha perdido el apetito.
최근에 내 어머니는 식욕을 잃었다.

📝 últimamente adv. 최근에

Tip
últimamente는 현재 완료와 자주 쓰인다.

hacer régimen

동사 표현 식단 조절을 하다

Estoy haciendo régimen para perder peso.
나는 몸무게를 낮추기 위해서 식단 조절 중이다.

📝 perder peso 몸무게를 낮추다, 살을 빼다

adelgazar

v. 날씬해지다

Me he puesto a régimen para adelgazar.

나는 날씬해지기 위해 식단 조절에 돌입했다.

📝 ponerse a régimen 식단 조절에 돌입하다, 식단
조절을 시작하다

engordar

v. 살찌다, 뚱뚱해지다

Por comer fuera todos los días
últimamente he engordado un poco.

매일 내가 외식을 해서 최근에 살이 조금 쪘다.

📝 comer fuera 외식하다

💡 Tip

동사 뒤에 un poco를 넣으면 '조금'이라는 뉘앙스가 추가된다.

estar sano/a

동사 표현 건강하다

Lo más importante en la vida es estar
sano y ser feliz.

삶에서 가장 중요한 것은 건강하고 행복한 것이다.

📝 lo más importante 가장 중요한 것 | feliz adj. 행복한

💡 Tip

사람이 건강하다고 말할 때는 estar sano/a를 쓰고, 어떤 활동이나 습관이
건강에 좋다고 할 때는 ser sano/a를 쓴다.

estar de baja

동사 표현 휴직 중이다

Estoy de baja por maternidad.

나는 육아 휴직 중이다.

💡 Tip

estar de baja por maternidad은 여성이 '육아 휴직 중이다'를 의미하고,
estar de baja por paternidad 은 남성이 '육아 휴직 중이다'를 의미한다.
더불어 '병가 중이다'의 estar de baja por enfermedad도 알아 두자.

quemadura

☐☐☐

n.f. 화상

Usa esta crema para las quemaduras de sol.

햇볕으로 입은 화상에는 이 크림을 사용해라.

📝 usar v. 사용하다 | crema n.f. 크림 | sol n.m. 해, 태양

corte

☐☐☐

n.m. 베인 상처

Me hice un corte en el pulgar.

나는 엄지손가락을 베였다.

📝 hacerse un corte en+정관사+신체 부위: ~를 베이다 | pulgar n.m. 엄지손가락(= dedo pulgar)

herida

☐☐☐

n.f. 상처

Te está sangrando la herida.

너 상처에서 피가 나.

📝 sangrar v. 피가 나다

💡 **Tip**

스페인어 직역은 '너에게 피를 흘린다 상처가'이지만, '상처에서 피가 나'로 자연스럽게 해석한다.

seguro médico

☐☐☐

n.m. 의료보험

Si no tienes seguro médico, te va a costar muy caro.

네가 의료보험을 가지고 있지 않다면, 너에게 (치료 비용이) 비싸게 들 거야.

📝 costar caro 비싸게 들다

💡 **Tip**

costar caro는 역구조로 자주 쓰이는 표현이다.

seguro público

☐☐☐

n.m. 공보험

Si eres funcionario, te recomiendo un seguro público.

네가 공무원이라면, 너에게 나는 공보험을 추천해.

📝 funcionario n.m. 공무원 | recomendar v. 추천하다

☐
☐ **seguro**
☐ **privado**

n.m. 사보험

Quiero contratar un seguro privado.
나는 사보험을 계약하고 싶다.

📋 contratar v. 계약하다, 고용하다

☐
☐ **caerse**
☐

v. 넘어지다

Me he caído de culo esta mañana.
나는 오늘 아침에 엉덩방아를 찧었다.

📋 esta mañana 오늘 아침에

💡 **Tip**

caerse de culo는 직역하면 '엉덩이로 넘어지다'로, '엉덩방아를 찧다'라는
의미를 지닌다.

☐
☐ **darse un**
☐ **golpe**

동사 표현 부딪히다

Mi hermana se dio un golpe contra el grifo
y tiene un moratón.
나의 여동생은 수도꼭지에 부딪혔다 그래서 멍 자국 하나를 가지
고 있다.

📋 darse un golpe contra ~: ~에 부딪히다 | grifo n.m. 수도꼭
지 | tener un moratón 멍이 난 상처가 있다

💡 **Tip**

y는 이 문장에서처럼 (당연히 기대가 되는 이유의) '그래서'라는 뉘앙스도
가지고 있다

☐
☐ **quemarse**
☐ **+정관사/부정관사**
  +신체 부위

동사 표현 ~에 화상을 입다

Me quemé la mano derecha agarrando la
sartén.
나는 프라이팬을 잡으면서 오른손에 화상을 입었다

📋 mano derecha n.f. 오른손 | agarrar v. ~를 잡다 | sartén n.f.
프라이팬

💡 **Tip**

여기서 agarrando는 동시 동작을 의미하여 '잡으면서'라고 해석한다.

romperse
☐ +정관사/부정관사
☐ +신체 부위

동사 표현 ~가 부러지다

Luisa se rompió una pierna porque se cayó bruscamente corriendo.
루이사는 다리 하나가 부러졌다 왜냐하면 달리면서 와락 넘어졌기 때문이다.

📑 pierna n.f. 다리 | caerse bruscamente 와락 넘어지다

estar
☐ agotado/a

동사 표현 체력이 바닥난 /진이 다 빠진 상태이다

Juan estaba agotado de tanto estudiar.
후안은 너무 많이 공부를 해서 체력이 바닥난 상태였다.

📑 de tanto+동사원형: 너무 ~해서 | estudiar v. 공부하다

estar
☐ estresado/a

동사 표현 스트레스 받은 상태이다

El jefe está estresado por problemas personales, no por culpa de nosotros.
상사는 우리의 잘못 때문이 아닌, 개인적인 문제 때문에 스트레스를 받은 상태이다.

📑 por culpa de ~: ~의 탓으로, ~의 잘못 때문에

> 💡 **Tip**
> 'por problemas personales 개인적인 이유로'라는 표현은 이유가 하나일지라도 복수로 사용한다는 점에 유의한다.

estar
☐ resfriado/a

동사 표현 감기에 걸린 상태이다

Estoy resfriado y prefiero quedarme en casa.
나는 감기에 걸린 상태이다 그래서 집에서 머무는 것을 선호한다.

📑 preferir+동사원형: ~하는 것을 선호하다 | quedarse en ~: ~에 머물다, 남다

sentirse
☐ mareado/a
sin. estar mareado/a
어지럽게 느끼다, 어지럽다

동사 표현 어지럽게 느끼다, 어지럽다

Me siento mareado y quiero salir a tomar aire fresco.
나는 어지러움을 느낀다 그래서 신선한 공기를 마시러 나가고 싶다.

📑 salir a+동사원형: ~하러 나가다 | tomar aire fresco 신선한 공기를 마시다

Unidad 02 의학과 약물

Tienes que echarte estas gotas tres veces al día.
너는 이 안약을 하루에 3번 넣어야 해.

A1

☐
☐
☐ **farmacia**

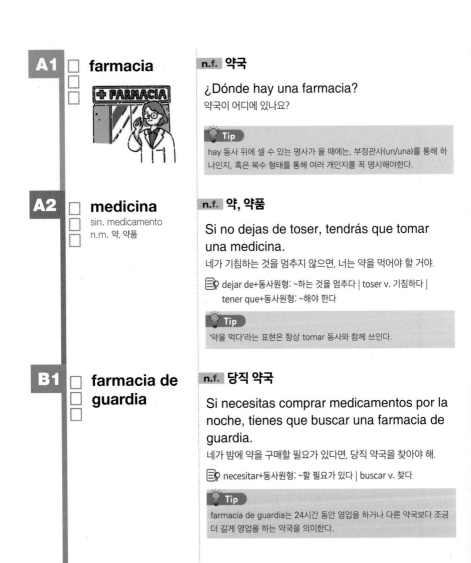

n.f. 약국

¿Dónde hay una farmacia?
약국이 어디에 있나요?

> 💡 **Tip**
>
> hay 동사 뒤에 셀 수 있는 명사가 올 때에는, 부정관사(un/una)를 통해 하나인지, 혹은 복수 형태를 통해 여러 개인지를 꼭 명시해야한다.

A2

☐ **medicina**
☐ sin. medicamento
☐ n.m. 약, 약품

n.f. 약, 약품

Si no dejas de toser, tendrás que tomar una medicina.
네가 기침하는 것을 멈추지 않으면, 너는 약을 먹어야 할 거야.

📝 dejar de+동사원형: ~하는 것을 멈추다 | toser v. 기침하다 | tener que+동사원형: ~해야 한다

> 💡 **Tip**
>
> '약을 먹다'라는 표현은 항상 tomar 동사와 함께 쓰인다.

B1

☐ **farmacia de**
☐ **guardia**
☐

n.f. 당직 약국

Si necesitas comprar medicamentos por la noche, tienes que buscar una farmacia de guardia.
네가 밤에 약을 구매할 필요가 있다면, 당직 약국을 찾아야 해.

📝 necesitar+동사원형: ~할 필요가 있다 | buscar v. 찾다

> 💡 **Tip**
>
> farmacia de guardia는 24시간 동안 영업을 하거나 다른 약국보다 조금 더 길게 영업을 하는 약국을 의미한다.

---

farmacéutico

n.m. 약사

Mi madre es farmacéutica.
나의 어머니는 약사이다.

Tip
'약사(여자)'는 farmacéutica라고 한다.

tirita

n.f. 밴드, 반창고

¿Tenemos tiritas en casa?
우리 집에 밴드 있나?

Tip
중남미에서 쓰이는 curita도 함께 알아 두자.

alcohol

n.m. 알코올

El alcohol ayuda a desinfectar una herida.
알코올은 상처를 소독하는 것을 돕는다.

ayudar a 동사원형: ~하는 것을 돕다 | desinfectar v. 소독하다
| herida n.f. 상처

agua oxigenada

n.f. 과산화수소

Tanto el alcohol como el agua oxigenada
son válidos para desinfectar una herida.
알코올이나 과산화수소나 상처들을 소독하는 데에 효과가 있다.

tanto A como B: A도 B도 | ser válido/a para 동사원형: ~하는
데에 효과가 있다

pomada

n.f. 연고

Esta pomada va muy bien para cualquier
herida.
이 연고는 어떠한 상처에도 매우 잘 듣는다.

ir bien para ~: ~에 잘 듣다, 효과가 있다 | cualquier adj.
그 어떤, 어떠한

Capítulo 13

algodón

n.m. 솜, 면

Usa una bola de algodón para limpiar la herida.

상처를 닦기 위해서 솜 한 뭉치를 사용해라.

📖 limpiar v. 닦다, 청소하다

termómetro

n.m. 온도계

Te voy a poner el termómetro.

내가 너 체온을 재 줄게.

📖 poner el termómetro a ~: ~에게 온도계를 꽂다, 즉 체온을 재다

antibiótico

n.m. 항생제

El médico me ha recetado un antibiótico.

그 의사는 나에게 항생제를 처방해 주셨다.

📖 recetar v. 처방해 주다

aspirina

n.f. 아스피린

Tómate una aspirina, que te va a quitar el dolor de cabeza.

아스피린 하나 먹어, 너에게서 두통을 없애 줄 테니까.

📖 quitar v. 없애 주다, 제거하다 | dolor de cabeza n.m. 두통

> 💡 **Tip**
>
> 회화체에서 '콤마+que+주어+동사'는 '~하니까'라는 뜻이다.

gota

n.f. 안약

¿Tenéis gotas para ojos irritados y secos?

따갑고 건조한 눈을 위한 안약 있나요?

> 💡 **Tip 1**
>
> 약국과 같은 가게 측에 질문을 할 때에는, 상대를 보통 vosotros 혹은 ustedes 로 취급한다

> 💡 **Tip 2**
>
> 용도의 para 뒤에는 보통 '무관사 명사'가 따른다.

> 💡 **Tip 3**
>
> 안약을 의미할 때 gota는 복수로 쓰이며, 그 외에 '물방울'이라는 기본 뜻이 있다.

vacuna

☐
☐
☐

n.f. 예방접종

Le van a poner una vacuna contra la gripe A.

병원에서 그 사람에게 A형 독감 예방을 위한 예방접종 주사를 놓을 것이다.

📖 vacuna contra la gripe A A형 독감에 대항하는 예방접종

> 💡 **Tip**
>
> '주사를 놓다'라는 표현에는 poner 동사를 사용한다.

pastilla

☐
☐
☐

n.f. 알약

Te vamos a recetar estas pastillas contra el dolor de espalda.

우리가 당신에게 요통에 대한 이 알약들을 처방해 줄게요.

📖 contra~: ~에 대항하는, ~에 맞서는 | dolor de espalda n.m. 요통

> 💡 **Tip**
>
> tú나 te는 '너'라는 해석 외에, 친근한 뉘앙스의 '당신'이라는 뜻도 있다.

echarse unas gotas

☐
☐
☐

동사 표현 **안약을 몇 방울 넣다**

Tienes que echarte estas gotas tres veces al día.

너는 이 안약을 하루에 3번 넣어야 한다.

📖 tres veces al día 하루에 3번

hacer una receta (médica)

☐
☐
☐

동사 표현 **처방전을 만들다**

No le hicieron una receta médica porque una inyección era suficiente.

주사 한 방으로 충분했기 때문에 병원에서 그 사람에게 처방전을 만들어 주지 않았다.

📖 inyección n.f. 주사 | suficiente adj. 충분한

Capítulo 13

Unidad 03 위생

¡Cepíllate bien los dientes!
너 이 좀 잘 닦아!

A1

☐☐☐ **agua**

n.f. 물

¡No sale agua caliente!
뜨거운 물이 안 나와!

📝 salir v. 나오다, 나가다 | caliente adj. 뜨거운

☐☐☐ **jabón**

n.m. 비누

¡Lávate las manos con jabón!
너 비누로 손 씻어!

📝 lavarse las manos 손을 씻다

☐☐☐ **lavarse+정관사 +신체 부위**

동사 표현 ~를 닦다, 씻다

Me lavo el pelo cada día.
나는 매일 머리를 감는다.

📝 cada día 매일

☐☐☐ **ducharse**

v. 샤워하다

No quiero ducharme porque no sale agua caliente.
뜨거운 물이 나오지 않기 때문에 나는 샤워하고 싶지 않다.

☐☐☐ **bañarse**

v. 목욕하다, 물에 몸을 담그다

Me gusta bañarme en la playa.
나는 해수욕하는 것을 좋아한다.

📝 playa n.f. 해변

💡 **Tip**

직역하면 '해변에서 물에 몸을 담그는 것을 좋아한다'이지만, '해수욕하는 것을 좋아한다'로 자연스럽게 해석한다.

☐ ducha
☐
☐

n.f. 샤워

Ana está en la ducha, así que no puede
ponerse.

아나는 샤워실에 있다, 그래서 전화를 받을 수 없다.

📖 así que 그래서 | ponerse (al teléfono) v. 전화를 받으러 오다,
즉 전화를 받다

☐ bañera
☐
☐

n.f. 욕조

¡Ten cuidado al entrar en la bañera!

욕조에 들어갈 때 너 조심해!

📖 tener cuidado 조심하다 | al+동사원형: ~할 때 | entrar en ~: ~
에 들어가다

☐ toalla
☐
☐

n.f. 수건

Mamá, ¿me puedes traer una toalla?

엄마, 나에게 수건 하나 가져다줄 수 있어?

📖 traer v. 가져다주다, 가져오다

☐ champú
☐
☐

n.m. 샴푸

Este champú huele de maravilla.

이 샴푸는 매우 좋은 향기가 난다.

📖 oler de maravilla 매우 좋은 향기가 나다

💡 **Tip**

de maravilla는 muy bien과 같다.

☐ gel de baño
☐
☐

n.m. 보디워시

No queda gel de baño.

보디워시가 남아 있지 않아.

📖 quedar v. 남아 있다

Capítulo 13

☐☐☐ **desodorante**

n.m. 데오드란트

En verano me echo un poco de desodorante antes de salir.
여름에 나는 외출하기 전에 조금의 데오드란트를 뿌린다.

📋 echarse v. (자신의 신체에) 바르다, 뿌리다 | antes de~: ~하기 전에

💡 **Tip**
echarse와 동의 표현으로 ponerse도 있다.

☐☐☐ **cepillo de dientes**

n.m. 칫솔

Voy a tirar este cepillo de dientes, que está muy gastado.
칫솔이 너무 닳아서, 나는 이 칫솔을 버릴 것이다.

📋 tirar v. 버리다, 던지다 | estar muy gastado/a (무언가) 매우 닳은 상태이다

☐☐☐ **pasta de dientes**
sin. dentífrico
n.m. 치약

n.f. 치약

¿Has metido la pasta de dientes en la maleta?
너 치약 캐리어에 넣었어?

📋 meter algo en ~: ~를 ~에 넣다 | maleta n.f. 캐리어

☐☐☐ **afeitarse**

v. 면도하다

Mi novio se afeita cada tres días.
내 남자 친구는 3일에 한 번씩 면도를 한다.

📋 novio n.m. 남자 친구, 애인 | cada tres días 3일에 한 번씩

☐☐☐ **cepillarse los dientes**
sin. lavarse los dientes
이를 닦다

동사 표현 이를 닦다

¡Cepíllate bien los dientes!
너 이 좀 잘 닦아!

☐☐☐ **peine**

n.m. 빗

Siempre llevo un peine encima.
나는 항상 빗 하나를 가지고 다닌다.

📋 llevar algo encima ~를 가지고 다니다

colonia

n.f. 샤워코롱, 향수

A mi padre le encantan las colonias de esta marca.

나의 아버지는 이 브랜드의 향수들을 매우 좋아하신다.

📖 marca n.f. 브랜드

💡 **Tip**

colonia는 일반 향수보다 지속 기간이 짧고 은은한 향수를 지칭한다.

perfume

n.m. 향수

Este perfume dura todo el día.

이 향수는 하루 종일 지속된다.

📖 durar v. 지속되다 / todo el día 하루 종일

secador de pelo

n.m. 헤어 드라이어

No toques el secador de pelo, que todavía está caliente.

헤어 드라이어 건드리지 마, 아직 뜨거우니까.

📖 tocar v. 건들다, 만지다 | todavía adv. 아직, 여전히 | estar caliente 뜨거운 상태이다

zapatilla

n.f. 실내화, 슬리퍼

Estas zapatillas me están grandes.

이 실내화들은 나에게 크다.

📖 estar grande (몸에 걸치는 무언가가) 크다

💡 **Tip**

zapatillas는 zapatillas de estar en casa의 줄임말로 '실내화'를 가리킬 수도 있고, zapatillas deportivas의 줄임말로 '운동화'를 가리킬 수도 있다.

Capítulo 13

gorro de ducha
☐☐☐ sin. gorro de baño
n.m. 샤워 캡

n.m. 샤워 캡

¡Te llevas este gorro de ducha por compras superiores a cincuenta euros!
당신은 50유로 이상의 구매 대가로 이 샤워 캡을 얻을 수 있습니다!

📖 llevarse v. (자신의 것으로) 얻다, 획득하다, 갖다 | por compras superiores a ~: ~ 이상 구매의 대가로

espuma de afeitar
☐☐☐

n.f. 면도용 거품

Mi abuelo es bastante clásico y todavía usa la espuma de afeitar.
나의 할아버지는 꽤 클래식하시고 아직까지 면도용 폼을 사용하신다.

📖 clásico/a adj. 클래식한

💡 **Tip**

참고 어휘로 'gel de afeitar 면도용 젤'도 알아 두자.

maquinilla de afeitar
☐☐☐

n.f. 면도기

¿Me puedes dejar tu maquinilla de afeitar?
나에게 너의 면도기 좀 빌려줄래?

📖 dejar v. 빌려주다

💡 **Tip**

máquina는 비교적 큰 기계나 기기를 지칭하기 때문에 면도기에는 maquinilla를 사용하는 것이 자연스럽다.

cuchilla de afeitar
☐☐☐

n.f. 면도용 칼

Yo uso una cuchilla de afeitar para depilarme las piernas.
나는 다리털을 밀기 위해 면도용 칼을 사용한다.

📖 depilarse+정관사+신체 부위: ~를 왁싱하다, ~의 털을 밀다

💡 **Tip**

cuchilla와 chuchillo 모두 칼을 지칭하나 chuchilla는 작은 칼의 뉘앙스가 있다. 따라서 면도용 칼에는 cuchilla를 사용한다.

pastilla de jabón
☐☐☐

n.f. 비누

Solo queda una pastilla de jabón.

비누가 딱 하나 남아 있다.

> **Tip**
>
> jabón은 비누, pastilla de jabón은 고체 비누 한 조각을 지칭한다.

baño público
☐☐☐
sin. aseo público
n.m. 공중화장실

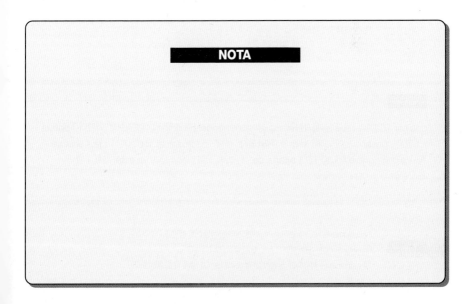

n.m. 공중화장실

Los baños públicos se deberían mantener limpios.

공중화장실들은 깨끗하게 유지되어야 한다.

📝 deber+동사원형: ~해야 한다 | mantenerse+형용사/부사: ~한 상태로 유지되다 | limpio/a adj. 깨끗한

> **Tip**
>
> 여기에서는 수동의 se가 사용되었다.

Capítulo 13

NOTA

¡Muéstrame lo que sabes!

실력을 보여 줘!

Capítulo 13의 필수 단어를 Gema와 Luis의 대화로 술술 말해 보세요.

Gema	Luis, ¿Te has hecho un corte *1 <u>o algo?</u>
Luis	Ayer me hice un corte en el pulgar *2 <u>cocinando</u>. Iba a trocear unas patatas y pasó lo que tú estás imaginando.
Gema	¿Has ido al médico?
Luis	Sí. Fui ayer, por si acaso. Me dijeron que no era nada grave.
Gema	¿Qué te hicieron? ¿Aparte de desinfectar la herida, *3 <u>algo más?</u>
Luis	Pues, me echaron en la herida agua oxigenada, me recetaron una pomada y ya está.
Gema	La próxima vez, ten más cuidado. ¡Siempre te pasan estas cosas!
Luis	¡Vale! Tendré más cuidado.

헤마	루이스, 뭐 베이거나 그런 거야?
루이스	어제 요리하면서 엄지손가락 베였어. 감자를 자르려고 했는데 네가 상상하는 그 일이 일어났지 뭐.
헤마	병원엔 가 봤어?
루이스	응, 어제, 혹시 몰라서. 병원에서 하나도 심각하지 않다고 말해 줬어.
헤마	병원에서 뭘 해 줬어? 네 상처 소독해 준 거 말고, 또 뭐 더 해 줬어?
루이스	음, 상처를 과산화수소로 소독해 주고, 연고 처방해 주고, 그렇게 끝났어.
헤마	다음번에는, 더 조심해. 너한테 항상 이런 일들이 일어나더라!
루이스	알았어! 더 조심할게.

VOCA

cocinar 요리하다 | **Iba a+동사원형:** ~할 참이었어 | **trocear** v. 조각내다, (조각으로) 자르다 | **patata** n.f. 감자 | **pasar** v. 일어나다 | **lo que 주어+동사:** ~하는 것 | **imaginar** v. 상상하다 | **por si acaso** 혹시 몰라서 | **grave** adj. 심각한 | **aparte de ~:** ~외에, ~뿐만 아니라 | **y ya está.** 그렇게 끝이야, 그게 전부야

 Tip

*1 o algo는 문장 끝에 붙여서 '뭐 그런 거'라는 뉘앙스를 풍긴다.

*2 cocinando는 '요리하면서'라는 동시 동작을 나타낸다.

*3 algo más는 직역하면 '무언가 더'의 뜻이지만, '그 밖에 뭐'로 해석한다.

Ejercicios del capítulo 13

연습문제

1 [보기]에서 빈칸에 알맞은 단어를 찾아 문장을 완성하세요.

보기	engordado alta culo régimen alergia
	cita oculista preferencia baja mareado

1 Tengo _____ al marisco.
나는 해산물에 알레르기가 있다.

2 Estoy de _____ por maternidad.
나는 육아 휴직 중이다.

3 Me he caído de _____ esta mañana.
나는 오늘 아침에 엉덩방아를 찧었다.

4 Me he puesto a _____ para adelgazar.
나는 날씬해지기 위해 식단 조절에 돌입했다.

Capítulo 13

2 [보기]에서 알맞은 단어를 골라 문장을 완성하세요.

보기	dura gastado de maravilla ponerse

1 Ana está en la ducha, así que no puede _____.
아나는 샤워실에 있다. 그래서 전화를 받을 수 없다.

2 Este champú huele _____.
이 샴푸는 매우 좋은 향기가 난다.

3 Voy a tirar este cepillo de dientes, que está muy _____.
칫솔이 너무 닳아서, 나는 이 칫솔을 버릴 것이다.

4 Este perfume _____ todo el día.
이 향수는 하루 종일 지속된다.

★ 오늘의 한 마디!

뜨거운 물이 안 나와! _____!

정답

1 ① alergia ② baja ③ culo ④ régimen
2 ① ponerse ② de maravilla ③ gastado ④ dura
☆ 오늘의 한 마디 - ¡No sale agua caliente!

보너스 단어

증상, 질병, 치료와 회복에 관련된 어휘들을 익혀 봅시다.

증상

B1	síntoma	n.m. 증상
B1	tener la tensión alta	혈압이 높다
B1	tener el colesterol alto	콜레스테롤 수치가 높다
B1	operación	n.f. 수술
B2	diagnóstico	n.m. 진단
B2	parálisis	n.f. 마비
B2	reacción alérgica	n.f. 알레르기 반응
B2	desmayo	n.m. 기절
B2	estar en coma	혼수상태이다
B2	tener una cicatriz	흉터를 갖다
B2	hacerse un esguince	(발목 등을) 접질리다
B2	tener náuseas	구역질을 하다
B2	tener arcadas	메슥거림을 갖다

질병

B1	depresión	n.f. 우울(증)
B2	diabetes	n.f. 당뇨병
B2	neumonía	n.f. 폐렴
B2	ataque	n.m. 발작
B2	ataque al corazón	n.m. 심장 발작
B2	ataque de ansiedad	n.m. 불안 발작
B2	enfermedad crónica	n.f. 만성 질환
B2	enfermedad terminal	n.f. 불치병
B2	enfermedad contagiosa	n.f. 전염병

B2 enfermedad hereditaria	n.f. 유전병
B2 contagiarse	v. 전염되다
B2 padecer una enfermedad	병에 걸리다

✥ 치료와 회복

B1 tratamiento	n.m. 치료
B2 chequeo	n.m. 건강 검진
B2 transfusión de sangre	n.f. 수혈
B2 ecografía	n.f. 초음파
B2 radiografía	n.f. 엑스레이
B2 cirugía	n.f. 수술
B2 quirófano	n.m. 수술실
B2 anestesiar	v. 마취시키다
B2 vendar	v. 붕대를 감아 주다
B2 escayolar	v. 깁스를 해 주다
B2 contraindicación*	n.f. 금기 사항
B2 efecto secundario*	n.m. 부작용
B2 dosis	n.f. 복용(량)
B2 recetar	v. 처방해 주다
B2 tomar la tensión	혈압을 측정하다
B2 reponer fuerzas	원기를 회복하다
B2 hacerse un empaste	이를 때우다

*표시 단어들은 보통 복수로 쓰인다.

◀ Dalt Vila, Ibiza
달트 빌라, 이비사

Unidad 01 여행 준비

¿Tienes el pasaporte?
여권 가져왔어?

A1

- **carné de identidad**

n.m. 신분증

Su carné de identidad, por favor.
당신의 신분증을 보여 주세요!

> 💡 **Tip**
> '명사, por favor'는 '~을 (보여/알려) 주세요, ~을 부탁합니다'의 뉘앙스를 갖는다.

- **pasaporte**

n.m. 여권

¿Tienes el pasaporte?
여권 가져왔어?

> 💡 **Tip**
> 단순히 여권의 소유 여부를 물을 때에는 정관사를 생략하여 '¿tienes pasaporte? 여권 있니?'라고 한다.

- **mapa**

n.m. 지도

Voy a comprar un mapa de América Latina para mi habitación.
나는 나의 방을 위해 라틴아메리카 지도를 구매할 것이다.

📝 ir a +동사원형: ~할 것이다 | comprar v. 사다 | América Latina 라틴아메리카(=Latinoamérica) | habitación n.f. 방

- **maleta**

n.f. 캐리어

Necesito una maleta de mano.
나는 기내용 캐리어 하나가 필요하다.

📝 maleta de mano n.f. 기내용 캐리어

> 💡 **Tip**
> 'equipaje de mano 기내용 수화물'도 알아 두자.

viajar	**v.** 여행하다

¿Te gusta viajar solo o con alguien?

너는 혼자서 여행하는 것을 좋아하니 아니면 누군가와 함께 여행하는 것을 좋아하니?

📖 solo/a adj. 혼자서 | alguien 누군가

---

turista — **n.m.f.** 관광객

En Barcelona hay turistas de todo el mundo.

바르셀로나에는 전 세계의 관광객들이 있다.

📖 de todo el mundo 전 세계의

---

oficina de turismo — **n.f.** 관광 사무실

La oficina de turismo es aquí, ¿verdad?

관광 사무실이 여기죠, 그렇죠?

> 💡 **Tip**
>
> 문장 끝에 넣는 ¿verdad?은 부가 의문문 역할을 하여, '그렇죠?, 그렇지?' 등 확인의 의미를 첨가한다.

Capítulo 14

---

oficina de información — **n.f.** 안내 사무실

¿Dónde está la oficina de información?

안내 사무실은 어디에 있나요?

> 💡 **Tip**
>
> 정관사를 동반한 사물의 위치는 estar와 함께 쓰인다.

A2 **guía turístico** — **n.m.** 관광 가이드

Mi tío trabaja de guía turístico en Guanajuato.

나의 삼촌은 과나후아토에서 관광 가이드로 일한다.

📖 trabajar de+무관사+명사: ~로서 일하다

> 💡 **Tip**
>
> '관광 가이드(여자)'는 guía turística라고 한다.

☐ **agencia de**
☐ **viajes**
☐

n.f. 여행사

Fui a una agencia de viajes a ver algunas ofertas para este verano.

나는 이번 여름을 위한 몇 가지 여행 상품들을 보러 어느 한 여행사에 갔다.

📑 oferta n.f. (여기서는) 여행 상품 | este verano 이번 여름

☐ **vuelo**
☐
☐

n.m. 비행, 항공편

Han cancelado mi vuelo por una tormenta.

(공항 측에서) 나의 항공편을 폭풍우 때문에 취소했다.

📑 cancelar v. 취소하다 | tormenta n.f. 폭풍우

💡 **Tip**

어떤 단체가 한 일을 말할 때에는 주어 없이 3인칭 복수형 동사를 사용한다.

☐ **billete de**
☐ **avión**
☐

n.m. 비행기표

He comprado un billete de avión para irme a España.

나는 스페인으로 떠나기 위한 비행기표 하나를 결제했다.

📑 irse a ~: ~로 떠나다

☐ **billete de ida**
☐
☐

n.m. 편도 표

Un billete de ida a Granada, por favor.

그라나다로 가는 편도 표 주세요.

💡 **Tip**

Granada는 스페인 남부에 있는 도시이며, 알함브라 궁전으로 유명하다.

☐ **billete de ida**
☐ **y vuelta**
☐

n.m. 왕복표

Los billetes de ida y vuelta son más baratos que los de ida.

왕복표들은 편도 표들보다 싸다.

📑 barato/a adj. 싼, 저렴한 | más ~ que A: A보다 ~한

💡 **Tip**

해당 문장에서 los de ida의 경우 los billetes de ida를 가리킨다. 한 문장 내에 같은 단어는 반복하지 않는 것이 좋고, 생략 할 때에는 관사를 남겨두어야 한다.

subir(se)

v. 타다

Se subió al tren sin mirar atrás.

그는 뒤를 돌아보지 않고 기차에 올랐다.

🔖 subir(se)+a+교통수단: ~에 오르다 | sin+동사원형: ~하는 것
없이 | mirar atrás 뒤를 돌아보다

bajar(se)

v. 내리다

¿Nos bajamos del autobús ahora?

지금 우리 버스에서 내려?

🔖 bajar(se)+de+교통수단: ~에서 내리다 | ahora adv. 지금

hacer la maleta

동사 표현 짐을 싸다

Voy a hacer la maleta.

나 짐 쌀 거야.

> **Tip**
> 짐이 여러 개일 경우, hacer las maletas라고 한다.

deshacer la maleta

동사 표현 짐을 풀다

Me da pereza deshacer la maleta.

나는 짐을 푸는 것이 귀찮다.

🔖 me da pereza+동사원형: ~하는 것이 나는 귀찮다

seguro de viaje

n.m. 여행자 보험

Necesitamos un seguro de viaje.

우리는 여행자 보험이 필요하다.

🔖 necesitar v. 필요하다

toalla

n.f. 수건

¿Tienes una toalla playera?

너 해변용 수건 있어?

🔖 toalla playera n.f. 해변용 수건, 해변에서 깔고 눕기 위한 큰
수건

Capítulo 14

mochila

n.f. 배낭

Me gusta viajar con mochila.
나는 배낭 메고 여행하는 것을 좋아한다.

B1

bolsa de aseo

sin. bolsa de viaje n.f.
neceser
n.m. 세면도구 세트

n.f. (여행용) 세면도구 세트

Cuando lleguemos, vamos a comprar una bolsa de aseo.
우리가 도착하면, 세면도구 세트 하나 사자.

📚 cuando+주어+접속법 동사: (미래에 있을 일에 대해) ~하면, ~할 때

ola

n.f. 물결, 파도

Escuchar las olas del mar me relaja mucho.
바다의 파도 소리를 듣는 것은 나를 매우 느긋하게 만든다.

📚 escuchar v. 듣다 | mar n.m. 바다 | relajar a alguien 느긋하게 만들다, 긴장을 풀게 하다

💡 **Tip**

escuchar las olas del mar는 직역하면 '파도를 듣다'이지만, '파도 소리를 듣다'로 해석하는 것이 자연스럽다.

arena

n.f. 모래

Tengo arena en todo el cuerpo.
나는 온몸에 모래가 묻었다.

📚 todo el cuerpo 온몸(에)

💡 **Tip**

arena는 불가산명사이기 때문에 복수 형태로 쓰이지 않는다.

sombrilla

n.f. 파라솔

Ponte bajo la sombrilla, si no lo haces vas a quemarte vivo.
파라솔 아래에 있어, 그러지 않으면 너 산 채로 다 타 버릴 거야!

📚 ponerse bajo ~: ~아래에 자리 잡다 | si no 그러지 않으면 | quemarse vivo/a 산 채로 타 버리다, 화상을 입다

☐ **bucear**
☐
☐

v. **잠수하다**

Si sabes bucear, vas a pasarlo muy bien
en Cebú.

네가 잠수할 줄 안다면, 세부에서 너는 아주 즐거운 시간을 보낼
거야.

📝 saber+동사원형: ~할 줄 알다 | pasarlo bien 즐거운 시간을 보내다

☐ **tomar el sol**
☐
☐

동사 표현 **해를 쬐다, 일광욕하다**

¡Cuánto me gusta tomar el sol!

나는 해를 쬐는 게 얼마나 좋은지 몰라!

📝 ¡Cuánto me gusta+동사원형!: 나는 ~가 얼마나 좋은지 몰라!

☐ **pasear por**
☐ **la orilla**
☐

동사 표현 **물가를 따라 산책하다**

Paseaba por la orilla cuando tenía tiempo
libre.

나는 빈 시간이 있을 때면 물가를 따라 산책을 했었다.

📝 tiempo libre n.m. 빈 시간, 자유 시간

☐ **jugar en la**
☐ **arena**
☐

동사 표현 **모래사장에서 놀다**

Deja que los niños jueguen en la arena.

아이들이 모래사장에서 놀게 내버려 둬.

📝 dejar que 주어+접속법 동사: ~가 ~하도록 허락하다, 내버려 두다

☐ **senderismo**
☐
☐

n.m. **하이킹, 도보 여행**

Dicen que hacer senderismo tiene muchos
beneficios para la salud.

하이킹을 하는 것은 건강을 위한 많은 이점들을 가지고 있다고
한다.

📝 dicen que ~: ~라고 보통 사람들이 말한다 | hacer senderismo
하이킹을 하다 | beneficio n.m. 이점 | salud n.f. 건강

☐ visado

n.m. 비자

¿Qué requisitos se necesitan para solicitar un visado de trabajo?

노동 비자를 신청하기 위해서 어떤 요구 사항들이 필요되나요?

📝 requisito n.m. 요구 사항(보통 복수로 쓰임) | solicitar v. 신청하다 | visado de trabajo n.m. 노동 비자

> **Tip 1**
>
> 예문에는 수동의 se가 사용되었다.
>
> **Tip 2**
>
> 중남미에서는 visa(여성명사)가 선호된다.

☐ billete electrónico

n.m. e-티켓

Si tienes un billete electrónico, puedes ir directamente al control de seguridad.

네가 e-티켓을 가지고 있다면, 너는 바로 보안 검색대로 가면 돼.

📝 directamente adv. 바로, 직접 / control de seguridad n.m. 보안 검색대

☐ vuelo de larga duración

n.m. 긴 시간의 비행

Cuando tengo un vuelo de larga duración, lo paso fatal.

나는 긴 시간의 비행이 있으면, 그 시간을 아주 불편하게 보낸다.

📝 pasarlo fatal 아주 불편하게 시간을 보내다

> **Tip**
>
> cuando 절에 쓰이는 직설법 현재시제는 '현재 습관, 자주 있는 일'을 의미한다.

☐ anular un/el billete

동사 표현 표를 취소하다

Para anular el billete, ¿hay comisiones?

표를 취소하기 위해서, 수수료가 있나요?

📝 comisión n.f. 수수료(보통 복수로 쓰임)

> **Tip**
>
> 이미 예약한 표를 취소할 때, 정관사 el을 사용한다.

☐ **cambiar un/el**
☐ **billete**

`동사 표현` 표를 바꾸다

¿Hasta cuándo me dejan cambiar el billete sin coste adicional?

언제까지 제가 추가 비용 없이 표를 바꿀 수 있게 해 주나요?

📝 hasta cuándo 언제까지 | dejar+사람+동사원형: ~가 ~하게 해 주다 | sin coste adicional 추가 비용 없이

💡 **Tip**

이미 예약한 표를 바꿀 때, 정관사 el을 사용한다.

☐ **mapa de**
☐ **carreteras**

`n.m.` 도로 지도

Llévate un mapa de carreteras por si acaso.

혹시 모르니까 도로 지도 하나 가져가.

📝 llevarse v. 가져가다, 챙겨 가다 | por si acaso 혹시 모르니까

☐ **plano**
☐ **turístico**

`n.m.` 관광 지도

En nuestro hostal ofrecemos un plano turístico de la ciudad a todos los viajeros.

우리 호스텔에서는 모든 여행객들에게 도시의 관광 지도를 제공해 드립니다.

📝 ofrecer v. 제공하다 | ciudad n.f. 도시 | viajero n.m 여행객(남자) | viajera n.f. 여행객(여자)

💡 **Tip**

'호스텔'은 hostel이 아닌 hostal이라는 사실에 유의하자.

☐ **mapa**
☐ **callejero**

`n.m.` 시가 지도

Con este mapa callejero puedes encontrar muchos lugares de interés.

이 시가 지도를 가지고 있으면 너는 많은 관광 명소들을 발견할 수 있다.

📝 encontrar v. 발견하다 | lugar de interés n.m. 관광 명소

Capítulo 14

mochilero

n.f. 배낭여행객

Viajar de mochilero es duro, pero tiene su encanto.

배낭여행객으로 여행하는 것은 고되다, 그러나 그만의 매력을 가지고 있다.

📝 viajar de mochilero/a 배낭여행객으로 여행하다 | duro/a adj. 고된, 힘든 | tener su encanto 그만의 매력을 가지다

> **Tip**
> '배낭여행객(여자)'은 mochilera라고 한다.

equipaje

n.m. 수화물

¿Tienen equipaje para facturar?

당신들은 비행기에 부칠 수화물을 가지고 있나요?

📝 facturar v. (위탁 수화물로) 부치다

exceso de equipaje

n.m. 수화물 초과

Tuve que pagar mucho dinero por el exceso de equipaje.

나는 수화물 초과로 인해 많은 돈을 내야 했다.

📝 pagar mucho dinero 많은 돈을 내다 | por ~로 인해

facturar el equipaje

sin. facturar la maleta
수화물을 부치다

동사 표현 수화물을 부치다

Para facturar el equipaje se recomienda llegar al aeropuerto tres horas antes de la salida del vuelo.

수화물을 부치기 위해서 비행기 출발 3시간 전에 공항에 도착하는 것을 일반적으로 권한다.

📝 se recomienda+동사원형: (일반적으로) ~하는 것을 권하다 | llegar a ~: ~에 도착하다 | antes de ~: ~ 전에 | salida n.f. 나가기, 출발, 출구

recoger el equipaje

sin. recoger la maleta
수화물을 찾아가다

동사 표현 수화물을 찾아가다

Vamos a recoger el equipaje, que ya están saliendo por la cinta.

수화물을 찾자, 벌써 벨트를 통해서 나오고 있으니까.

📝 salir por la cinta 벨트를 통해서 나오다

perder la maleta

sin. perder el equipaje
캐리어를 잃어버리다

동사 표현 캐리어를 잃어버리다

En caso de perder las maletas, ¿qué debo hacer?

캐리어들을 잃어버린 경우에, 내가 뭘 해야 하나요?

📖 en caso de+동사원형: ~할 경우에 | deber+동사원형: ~해야 한다

> **Tip**
> '캐리어 여러 개를 잃어버리다'는 perder las maletas라고 쓸 수 있다.

viaje de negocios

n.m. 출장, 비즈니스 여행

Tengo un viaje de negocios programado para este agosto.

나는 이번 8월에 잡혀 있는 출장을 하나 가지고 있다.

📖 programado/a para ~: ~에 스케줄 된, ~ 날짜에 잡혀 있는 | agosto n.m. 8월

> **Tip**
> viaje de negocios에서 negocios가 항상 복수로 쓰임에 유의하자.

viajero/a

adj. 여행을 좋아하는

En mi familia somos todos muy viajeros.

나의 가족은 모두 여행을 좋아하는 사람들이다.

> **Tip 1**
> todos는 todos nosotros, todos vosotros, todos ellos, todo ustedes 중 하나를 가리키며, 사용된 동사를 보고 해석을 한다. 예문의 동사는 somos이므로 예문에서 todos는 todos nosotros를 지칭한다.

> **Tip 2**
> viajero/a는 '여행자'라는 뜻도 있다.

hacer una escapada

동사 표현 바람 쐬러 가다

Necesito hacer una escapada para cambiar de aires.

나는 기분 전환을 위해서 바람을 쐬러 갈 필요가 있다.

📖 cambiar de aires 기분 전환하다

> **Tip**
> hacer una escapada는 '일상을 벗어나는 짧은 여행을 하다'라는 의미로, 한국어로 '바람 쐬러 가다' 정도에 해당한다.

Capítulo 14

□ **veranear**
□
□

v. 여름휴가를 보내다

Málaga es una ciudad recomendable para veranear.
말라가는 여름휴가를 보내기 위해 추천할 만한 도시이다.

📑 recomendable adj. 추천할 만한

Tip
피카소가 태어난 스페인 도시인 말라가는 1년 내내 온화한 기후로 유럽에서 유명한 도시이다.

□ **hacer un**
□ **crucero**
□

동사 표현 크루즈 여행을 하다

¿Alguna vez has hecho un crucero?
너는 크루즈 여행을 한 적이 있니?

📑 alguna vez 한 번이라도

Tip
alguna vez가 들어가면 '~해 본 적'이라는 의미가 첨가되며, 경험을 묻는 것으로 완료 형태와 함께 쓰인다.

□ **hacer un**
□ **safari**
□

동사 표현 사파리 투어를 하다

Uno de mis sueños es hacer un safari en un país de África.
나의 꿈 중에 하나는 아프리카의 한 나라에서 사파리 투어를 하는 것이다.

📑 sueño n.m. 꿈, 졸음 | país n.m. 나라

□ **viajar en**
□ **familia**
□

동사 표현 가족 단위로 여행을 하다

Intento viajar en familia por lo menos una vez al año.
나는 적어도 1년에 한 번은 가족 단위로 여행을 하려고 노력한다.

📑 intentar+동사원형: ~하려고 시도하다, 노력하다 | por lo menos 적어도 | una vez al año 1년에 한 번

□ **viajar en**
□ **grupo**
□

동사 표현 단체로 여행을 하다

¿Eres de viajar en grupo o de viajar solo?
너는 단체로 여행하는 스타일이니 아니면 혼자 하는 스타일이니?

📑 ser de+동사원형: ~하는 편이다

☐ ☐ ☐ irse de puente `동사 표현` 징검다리 휴가를 떠나다

sin. salir de puente
징검다리 휴가를 떠나다

Nos vamos de puente a Galicia a probar su famoso marisco.

우리는 갈리시아로 그 유명한 해산물을 맛보러 징검다리 휴가를 떠나.

📖 probar v. 먹어 보다, 맛보다 | famoso/a adj. 유명한 | marisco n.m. 해산물

💡 Tip 1
irse와 같은 왕래발착 동사의 뒤에 '~하러'를 추가한다면, 'para+동사원형' 보다 'a+동사원형'을 선호한다.

💡 Tip 2
스페인 갈리시아 지역은 해산물이 유명하다.

☐ ☐ ☐ irse de fin de semana `동사 표현` 주말 여행을 떠나다

sin. salir de fin de semana
주말 여행을 떠나다

Se han ido a Tenerife de fin de semana.
주말을 맞아 그들은 테네리페로 떠났다.

☐ ☐ ☐ hacer un viaje organizado `동사 표현` (가이드가 붙는) 패키지여행을 하다

Mis padres siempre hacen un viaje organizado porque les parece más cómodo.

나의 부모님에게는 패키지여행이 더 편해 보이기 때문에 항상 패키지여행을 하신다.

📖 siempre adv. 항상 | parecer+형용사: ~해 보이다 | cómodo/a adj. 편한

Unidad 02 숙박

Este es un hotel de cuatro estrellas.
이 호텔은 4성급 호텔이다.

A1

☐ **hotel**
☐
☐

n.m. 호텔

Este es un hotel de cuatro estrellas.
이 호텔은 4성급 호텔이다.

📖 estrella n.f. (천문) 별, (계급, 등급의) 별

☐ *camping*
☐
☐

n.m. 캠핑

A mi hijo le encanta ir de *camping*.
나의 아들은 캠핑 가는 것을 매우 좋아한다.

📖 encantar v. 매우 좋아하다(역구조 동사) | ir de *camping* 캠핑 가다

☐ **habitación**
☐ **doble**
☐

n.f. 더블룸

Quiero reservar una habitación doble.
나는 더블룸 하나를 예약하고 싶습니다.

📖 reservar v. 예약하다

☐ **habitación**
☐ **individual**
☐ **con baño**

n.f. 1인실

¿Hay habitaciones individuales con baño privado?
개별 욕실을 가지고 있는 1인실 방들이 있나요?

📖 privado/a adj. 개별의, 개인용의

💡 **Tip**

baño 자리에 teléfono, televisión, aire acondicionado 등을 넣어 '전화, 텔레비전, 에어컨을 가지고 있는'이라는 표현을 할 수 있다.

☐
☐
☐

pensión completa

n.f. 세 끼 식사 제공(조건)

En nuestro campamento de verano está incluida la pensión completa.

우리 여름 캠프에는 세 끼가 모두 포함되어 있습니다.

📝 campamento de verano n.m. 여름 캠프 | estar incluido/a 포함되어 있다

☐
☐
☐

media pensión

n.f. 두 끼 식사 제공(조건)

Una habitación doble con media pensión, por favor.

두 끼 식사 제공 조건의 더블룸 하나 주세요.

💡 **Tip**

두 끼 식사는 아침, 점심, 저녁 중에 자유롭게 선택도 가능하지만, 보통은 아침, 저녁을 포함한다.

☐
☐
☐

alojamiento y desayuno

n.m. 숙박과 아침 식사

Busco alojamiento y desayuno a un precio económico.

나는 경제적인 가격에 숙박과 아침 식사를 찾는다.

📝 a un precio económico 경제적인 가격에

Capítulo 14

☐
☐
☐

hacer una/la reserva

동사 표현 **예약하다**

Ya he hecho la reserva de una habitación doble.

이미 나는 하나의 더블룸을 예약했다.

💡 **Tip**

이미 한 예약에 대해서는 정관사 la를 사용한다.

☐
☐
☐

hostal

n.m. 호스텔

Hay hostales que tienen mejor calidad que un hotel.

호텔보다 더 좋은 질을 가지고 있는 호스텔들이 있다.

📝 mejor ~ que A: A보다 더 좋은 ~ | calidad n.f. 질

pensión

☐
☐
☐

n.f. 여관

Si no te puedes permitir un alojamiento caro, puedes optar por una pensión.

만약 네가 비싼 숙소를 감당할 수 없다면, 너는 저렴한 여관을 선택할 수도 있다.

📝 permitirse ~: ~를 감당하다 | caro/a adj. 비싼 | optar por ~: ~를 선택하다

💡 **Tip**

pensión은 한국의 '펜션' 개념이 아닌, 저렴한 숙소인 '여관' 정도에 해당한다.

tienda de campaña

☐
☐
☐

n.f. 텐트

Como a mi hijo le encanta ir de *camping*, hemos comprado una tienda de campaña.

나의 아들이 캠핑 가는 것을 매우 좋아해서, 우리는 텐트를 하나 구매했다.

📝 como+주어+직설법 동사: ~해서, ~하니까

💡 **Tip**

문맥에 따라서 tienda만으로도 '텐트'를 가리킬 수 있다.

recepción

☐
☐
☐

n.f. 리셉션

Han dicho que podemos recoger la llave en recepción.

우리가 열쇠를 리셉션에서 찾아갈 수 있다고 (숙소 측에서) 말했다.

📝 recoger v. 찾아가다, 픽업하다 | llave n.f. 열쇠

entrada

☐
☐
☐

n.f. 입구

No sé cuál es la entrada del hostal.

나는 무엇이 호스텔의 입구인지 모르겠다.

💡 **Tip**

손가락으로 셀 수 있는 옵션 중 무엇을 지칭할 때 cuál을 사용한다. 여기서 '눈에 보이는 몇몇 입구 중에 무엇이 내가 예약한 호스텔의 입구인지 모르겠다'라는 뉘앙스로 cuál이 쓰였다.

salida de emergencia

n.f. 비상 출구

Las salidas de emergencia están ubicadas enfrente de los ascensores.

비상 출구들은 승강기들의 맞은편에 위치해 있습니다.

📝 estar ubicado/a 위치해 있다 | enfrente de ~: ~ 맞은편에 | ascensor n.m. 승강기

recepcionista

n.m.f. 리셉션 직원

Los recepcionistas de este hotel son muy atentos.

이 호텔의 리셉션 직원들은 매우 친절하다.

📝 atento/a adj. 항상 주의를 기울이는, 친절한

saco de dormir

n.m. 침낭

Tienes que comprarte un saco de dormir para esta actividad.

너는 이 활동을 위해 침낭 하나를 구매해야 한다.

📝 actividad n.f. 활동

💡 **Tip**

자신이 쓸 목적으로, 한 번 쓰고 버리는 것이 아닌 상품을 구매하는 경우에는 comprarse를 주로 사용한다.

manta

n.f. 담요

En Corea las cafeterías disponen de mantas para los clientes.

한국에서 카페들은 고객들을 위한 담요들을 구비하고 있다.

📝 cafetería n.f. 카페 | disponer de ~: ~를 구비하고 있다, 가지고 있다 | cliente n.m. 고객(남자) | clienta n.f. 고객(여자)

nevera portátil

n.f. 이동식 냉장고

Mi padre es muy perfeccionista y por eso se compró una nevera portátil para el viaje.

나의 아버지는 매우 완벽주의자시다 그래서 여행을 위해 이동식 냉장고 하나를 구매하셨다.

📝 perfeccionista adj. 완벽주의자의

Capítulo 14

servicio de habitaciones

n.m. 룸서비스

En el hostal donde te alojaste, ¿había servicio de habitaciones?

네가 숙박했던 그 호스텔에는 룸서비스가 있었어?

📋 alojarse v. 숙박하다

instalación para minusválidos

n.f. 장애우를 위한 시설

Estoy buscando un hotel donde haya instalaciones para minusválidos.

나는 장애우들을 위한 시설들이 있는 호텔을 찾고 있습니다.

📋 buscar v. 찾다

> 💡 **Tip 1**
> 존재 여부를 모르는 선행사를 꾸며 줄 때에는, 관계대명사절에 동사의 접속법을 사용한다

> 💡 **Tip 2**
> '시설'이라는 뜻의 instalación은 복수로 쓰인다.

estar completo/a

동사 표현 만석이다

Todos los hoteles estaban completos por los sanfermines.

모든 호텔들은 산 페르민 축제 때문에 만석이었다.

> 💡 **Tip**
> 산 페르민은 스페인 팜플로나 지방에서 매년 7월 열리는 축제로, 공식 행사 중에 소몰이가 유명하다.

Unidad 03 교통

Hay un atasco horrible en la carretera.
도로에 극심한 교통 체증이 있다.

A1

□ **calle**
□
□

n.f. 거리

¿La calle Atocha, por favor?
아토차 거리 좀 알려 주세요?

□ **carretera**
□
□

n.f. 도로

Hay un atasco horrible en la carretera.
도로에 극심한 교통 체증이 있다.

📖 atasco n.m. 교통 체증 | horrible adj. 극심한, 끔찍한

□ **parada de**
□ **autobús**
□

n.f. 버스 정류장

Hay una parada de autobús enfrente de
mi casa.
나의 집 맞은편에 버스 정류장이 하나 있다.

📖 enfrente de ~: ~맞은편에

> 💡 **Tip**
> autobús 자리에 taxi 등의 교통수단을 넣어 '~의 정류장'이라는 표현을 할 수
> 있다.

□ **estación de**
□ **autobuses**
□

n.f. 버스 터미널

En esta ciudad hay dos estaciones de
autobuses.
이 도시에는 두 개의 버스 터미널이 있다.

📖 ciudad n.f. 도시

☐ **ir andando**
☐
☐

`동사 표현` **걸어서 가다**

Voy andando a la universidad.
나는 대학교에 걸어서 간다.

💡 **Tip**

'자신의 대학교'라고해서 ir a mi universidad로 쓰지 않는다는 점에 유의하자.

☐ **coche**
☐
☐

n.m. **자동차**

Voy en coche al trabajo.
나는 자동차로 직장에 간다.

📑 ir en 무관사+교통수단: ~를 타고 가다

☐ **metro**
☐
☐

n.m. **지하철**

Este es el plano de metro de Madrid.
이것은 마드리드의 지하철 지도이다.

📑 plano n.m. 평면 지도

☐ **tren**
☐
☐

n.m. **기차**

¿Dónde está la estación de tren?
기차역이 어디에 있나요?

📑 estación de tren n.f. 기차역

💡 **Tip**

특정한 것의 위치는 estar 동사로 묻는다.

☐ **autobús**
☐
☐

n.m. **버스**

Voy a coger el autobús 11.
나는 11번 버스를 탈 거야.

📑 coger v. (교통수단을) 잡다, 타다

☐ **taxi**
☐
☐

n.m. **택시**

Hay una parada de taxi abajo.
아래쪽에 택시 정류장이 하나 있다.

📑 abajo adv. 아래(쪽)에, 밑에

conductor

n.m. 운전사

Mi tío es conductor de camión.
나의 삼촌은 트럭 운전사이다.

📝 camión n.m. 트럭

> 💡 **Tip**
> '운전사(여자)'는 conductora라고 한다.

barco

n.m. 배

Vamos a coger el barco a las ocho.
우리는 8시에 배를 탈 것이다.

puerto

n.m. 항구

Algeciras tiene un puerto grande.
알헤시라스는 큰 항구를 가지고 있다.

📝 grande adj. 큰

avión

n.m. 비행기

Me encanta viajar en avión.
나는 비행기를 타고 여행하는 것을 매우 좋아한다.

aeropuerto

n.m. 공항

¿Para llegar al aeropuerto, por favor?
공항에 가기 위해서 어떻게 하면 되나요?

A2

azafata

sin. auxiliar de vuelo
n.m.f. 승무원

n.f. 승무원

Las azafatas de esta aerolínea son muy simpáticas.
이 항공사의 승무원들은 매우 친절하다

📝 aerolínea n.f. 항공사 | simpático/a adj. 친절한

> 💡 **Tip**
> azafata는 '여자 승무원'에 쓰이고, '남자 승무원'은 auxiliar de vuelo를 사용하는 것을 선호한다.

☐☐☐ **piloto**

n.m.f. 파일럿

Mi primo Jaime quiere ser piloto.
나의 사촌 하이메는 파일럿이 되기를 원한다.

📖 primo n.m. 사촌(남자)

☐☐☐ **rueda**

n.f. 바퀴, 타이어

Tengo una rueda pinchada.
나는 펑크 난 바퀴를 하나 가지고 있다.

📖 pinchado/a adj. 펑크 난

☐☐☐ **taller mecánico**

n.m. 자동차 정비소

He dejado el coche en un taller mecánico.
나는 자동차를 정비소에 맡겨 두었다.

💡 **Tip**

'나의 자동차를 맡겨 두다'라는 표현은 dejar el coche라고 한다. dejar mi coche로 쓰지 않음에 유의하자.

☐☐☐ **lavar el coche**

동사 표현 세차하다

Este domingo lavaré el coche.
이번 주 일요일에 나는 세차를 할 것이다.

📖 domingo n.m. 일요일

💡 **Tip**

'나의 차를 세차하다'라는 표현은 lavar el coche라고 한다. lavar mi coche 로 쓰지 않음에 유의하자.

☐☐☐ **ciclista**

n.m.f. 자전거 타는 사람, 사이클 선수

Los ciclistas pueden ir por las carreteras también.
자전거를 타는 사람들도 도로를 통해 다닐 수 있다.

📖 ir por ~: ~를 통해서 가다, 다니다

☐☐☐ **montar en bicicleta**

동사 표현 자전거를 타다

¿Sabes montar en bicicleta?
너는 자전거를 탈 줄 아니?

montar en moto

동사 표현 오토바이를 타다

Quiero aprender a montar en moto.
나는 오토바이 타는 것을 배우고 싶다.

🔖 aprender a+동사원형: ~하는 것을 배우다

boca de metro

n.f. 지하철 입구

¿Dónde está la boca de metro?
지하철 입구는 어디에 있나요?

Tip
특정한 것의 위치는 estar로 묻는다.

tranvía

n.m. 트램

Montar en tranvía en Lisboa y circular por la ciudad es un placer.
리스본에서 트램을 타고 도시 이곳저곳을 도는 것은 즐거운 일이다.

🔖 circular por ~: ~의 구석구석을 돌다 | Es un placer. 기쁜 일, 즐거운 일이다

vía

n.f. 길, 경로, 노선

Por favor, vaya a la vía 12 para coger el tren.
기차를 타기 위해, 12번으로 가 주세요.

Tip
vaya는 ir 동사의 usted에 대한 명령형이다.

andén

n.m. 승강장

El autobús que viene de Salamanca llega al andén 4.
살라망카에서 오는 버스는 4번 승강장으로 도착합니다.

🔖 venir de ~: ~에서 오다

Tip
이미 프로그램된 교통 시설 스케줄의 경우, 현재시제로 미래를 대체한다.

Capítulo 14

asiento

n.m. 좌석

He reservado dos asientos en primera clase.

나는 일등석으로 두 개의 좌석을 예약했다.

📖 en primera clase 일등석으로

ventanilla

n.f. 창가 자리, (자동차 등의) 작은 창문

¿Eres de pasillo o de ventanilla al viajar en avión?

너는 비행기로 여행을 할 때 복도 자리를 선택하는 편이니 창가 자리를 선택하는 편이니?

📖 pasillo n.m. 복도, 복도 자리 | al+동사원형: ~할 때

fila

n.f. 줄

Nos sentamos en la última fila en el avión.

비행기에서 우리는 마지막 줄에 앉았다.

📖 sentarse v. 앉다, 착석하다 | último/a adj. 마지막의

maletero

n.m. 트렁크

¿Quieres meter algo en el maletero?

너 트렁크에 뭐 넣고 싶니?

📖 meter v. 넣다

cinturón

n.m. 벨트

Abróchense el cinturón de seguridad.

여러분 안전벨트를 착용해 주세요.

📖 abrocharse v. (벨트 등을) 조이다 | cinturón de seguridad n.m. 안전벨트

policía de tráfico

n.m.f. 교통 경찰관

Unos policías de tráfico estaban haciendo un control de alcoholemia por la noche.

몇몇 교통 경찰관들은 밤에 음주 측정을 하고 있었다.

📖 control de alcoholemia n.m. 음주 측정 | por la noche 밤에

semáforo

n.m. 신호등

El semáforo está estropeado.
신호등이 고장 난 상태이다

📖 estar estropeado/a 고장 난 상태이다

paso de cebra

sin. paso de peatones
n.m. 횡단보도

n.m. 횡단보도

Cuando cruzas un paso de cebra, tienes que mirar a ambos lados.
횡단보도를 건널 때, 양쪽을 다 봐야 해.

📖 cruzar v. 건너다 | mirar a ~: ~를 향하여 보다 | ambos/as adj. 두 개의(명사 앞에 위치) | lado n.m. 측, 면, 쪽

parar

v. 멈추다

Vamos a parar en esta área de descanso.
이 휴게소에서 멈추자.

📖 vamos a 동사원형: ~하자 | área de descanso n.f. 휴게소

conducir

v. 운전하다

¿Tienes carné de conducir?
너 운전 면허증 있니?

📖 carné de conducir n.m. 운전 면허증

aparcar

v. 주차하다

He aparcado el coche en un *parking* de pago.
나는 내 자동차를 유료 주차장에 주차했다.

📖 *parking* de pago n.m. 유료 주차장

💡 Tip

'나의 자동차를 주차하다'라는 표현으로는 aparcar mi coche 보다 aparcar el coche를 사용한다.

Capítulo 14

girar

v. 돌다

Tienes que girar en la tercera calle a la derecha.

너는 세 번째 거리에서 오른쪽으로 돌아야 해.

calle n.f. 거리 | a la derecha 오른쪽으로

carril bici

n.m. 자전거 전용 도로

Hay carril bici en las principales calles de mi ciudad, así que ir en bici es fácil.

나의 도시의 주요 거리들에는 자전거 도로가 있다, 그래서 자전거로 다니는 것이 쉽다.

principal adj. 주요한 | ir en bici 자전거로 다니다 | fácil adj. 쉬운

carril bus

n.m. 버스 전용 차선

Me parece fatal que algunos conduzcan por el carril bus.

몇몇 사람들이 버스 전용 차선으로 운전하는 것이 나에게는 매우 나쁘게 보인다.

Me parece fatal que 주어+접속법 동사: 나에게 ~가 ~하는 것이 매우 나쁘게 보인다 | conducir por ~: ~의 길로 운전하다

autopista

n.f. 고속도로

Iremos por la autopista y así llegaremos antes.

우리는 고속도로를 통해서 갈 거야 그리고 그렇게 하면 더 일찍 도착할 거야.

ir por ~: ~를 통해서 가다 | así 그렇게 하면 | antes adv. (예정보다) 더 일찍

autovía

n.f. **고속도로, 국도**

La autovía está cortada por obras, así que buscaré otro camino.

국도는 공사들로 인해 막혀 있어, 그래서 나는 다른 길을 찾을 거야.

📝 estar cortado/a 막혀 있다, 차단되어 있다 | por obras 공사들로 인해 | así que 그래서 | camino n.m. 길

💡 Tip
autopista는 유료 고속도로, autovía는 무료 고속도로의 개념이다.

túnel

n.m. **터널**

Me da miedo pasar por un túnel.

나는 터널을 통과하는 것이 무섭다.

📝 me da miedo+동사원형: ~하는 것이 나는 무섭다 | pasar por ~: ~를 통과하다

circulación

n.f. **주행, 통행**

Está prohibida la circulación de vehículos por esa zona.

그 구역으로의 차량들의 주행은 금지되어 있다.

📝 estar prohibido/a 금지되어 있다 | circulación por ~: ~로의 주행, 통행 | vehículo n.m. 차량 | zona n.f. 구역

tráfico

n.m. **교통, 교통 체증**

Desde que tuvo un accidente de tráfico, no ha vuelto a conducir.

그는 교통사고를 당한 이래로, 다시 운전대를 잡지 않았다.

📝 desde que 주어+동사: ~한 이래로 | accidente de tráfico n.m. 교통사고 | volver a 동사원형: 다시 ~ 하다

Capítulo 14

gasolinera

☐
☐
☐

n.f. 주유소

En esta gasolinera podemos picar algo porque tienen una cafetería.

이 주유소에서 우리는 뭔가를 가볍게 먹을 수 있다 왜냐하면 매점 하나를 가지고 있기 때문이다.

📖 picar algo 가볍게 무언가를 먹다 | cafetería n.f. 매점, 카페

gasolina

☐
☐
☐

n.f. 가솔린, 기름

Vamos a echar gasolina en la siguiente gasolinera.

다음에 나오는 주유소에서 기름을 넣자.

📖 echar v. 넣다 | siguiente adj. 다음의

seguro del coche

☐
☐
☐

n.m. 자동차 보험

Si usted no tiene seguro del coche, le va a costar bastante el arreglo.

당신이 자동차 보험을 가지고 있지 않다면, 수리 비용이 제법 들 것입니다.

📖 costar bastante 제법 비용이 들다(역구조 표현) | arreglo n.m. 수리

seguro obligatorio

☐
☐
☐

n.m. 의무 보험

Cuando compramos un vehículo, tenemos que contratar un seguro obligatorio.

우리가 차량 한 대를 구매할 때, 우리는 의무 보험을 체결해야 한다.

📖 contratar v. 계약하다, 체결하다

arreglar el coche

☐
☐
☐

동사 표현 차를 고치다

Te van a arreglar el coche en un día.

(정비소 측에서) 너에게 차를 하루 만에 고쳐 줄 것이다.

📖 en un día 하루 만에

☐ **haber**
☐ **caravana**
☐

동사 표현 **차들의 긴 행렬이 있다, 교통 체증이 있다**

En agosto, vayas donde vayas, hay
caravana en la carretera.

8월에는 네가 어디를 가든, 도로에 차들이 길게 늘어서 있다.

📝 vayas donde vayas 네가 어디를 가든

> 💡 **Tip**
> caravana는 '캠핑카'라는 의미도 있지만 hay 동사와 쓰일 경우, '길게 늘어
> 진 차들, 교통 체증'의 의미를 갖는다.

☐ **haber (un)**
☐ **atasco**
☐

동사 표현 **교통 체증이 있다**

Hay un atasco increíble y llegaré con
retraso.

봐도 믿을 수 없을 정도의 교통 체증이 있어 그래서 나는 늦게 도
착할 거야.

📝 increíble adj. 믿을 수 없는, 놀라운 | llegar con retraso 늦게 도
착하다

> 💡 **Tip**
> y는 '(당연히 기대가 되는 이유의) 그래서'의 뉘앙스를 갖는다.

☐ **haber un**
☐ **embotella-**
☐ **miento**

동사 표현 **병목 현상이 있다**

A estas horas siempre hay un
embotellamiento en esta carretera.

이 시간대에 이 도로에는 항상 병목 현상이 있다.

📝 a estas horas 이 시간대에

☐ **perder el tren**
☐
☐

동사 표현 **기차를 놓치다**

Perdimos el tren porque salimos tarde del
hotel.

우리는 기차를 놓쳤다 왜냐하면 호텔에서 늦게 나왔기 때문이다.

📝 salir de ~: ~에서 나오다 | tarde adv. 늦게

> 💡 **Tip**
> tren의 자리에 autobús, avión 등을 넣어 '버스를 놓치다, 비행기를 놓치
> 다' 등을 표현할 수 있다.

Capítulo 14

barca

n.f. 나룻배, 작은 배

En este lago podemos montar en barca.

이 호수에서 우리는 나룻배를 탈 수 있다.

📑 lago n.m. 호수

piragua

n.f. 통나무의 속을 파내서 만드는 카누, 쪽배

Aprendimos a navegar en piragua con un monitor.

우리는 한 명의 코치와 함께 통나무 카누를 타고 물 위를 다니는 법을 배웠다.

📑 navegar v. 항해하다, 물 위를 다니다 | monitor n.m. 코치, 강사, 모니터

marinero

n.m. 선원

En este crucero hay unos cien marineros.

이 크루즈 배에는 약 100명의 선원이 있다.

📑 unos/unas+숫자: 약, 대략

💡 **Tip**

'선원(여자)'은 marinera라고 한다.

capitán

n.m. 선장

El capitán lleva más de diez años navegando por el Mediterráneo.

그 선장은 10년 이상째 지중해 구석구석을 항해하고 있다.

📑 más de+숫자: ~ 이상 | navegar por ~: ~ 구석구석을 항해하다

💡 **Tip 1**

'선장(여자)'은 capitana라고 한다.

💡 **Tip 2**

'지중해 Mediterráneo'는 정관사를 수반하고, 항상 대문자로 시작한다.

☐
☐ **helicóptero**
☐

n.m. 헬리콥터

Uno de mis sueños es aprender a pilotar un helicóptero.

나의 꿈 중에 하나는 헬리콥터를 조종하는 것을 배우는 것이다.

📖 pilotar v. (비행기 등을) 조종하다, 운전하다

☐
☐ **globo**
☐

n.m. 기구

Volar en globo por Capadocia fue una experiencia única.

카파도키아 구석구석을 기구를 타고 나는 것은 아주 특별한 경험 이었다.

📖 volar v. 날다 | experiencia n.f. 경험 | único/a adj. 아주 특별한

☐
☐ **ala delta**
☐

n.f. 행글라이딩

El ala delta no es lo mismo que el parapente.

행글라이딩은 패러글라이딩과 같지 않다.

📖 no es lo mismo que A: A와 같지 않다 | parapente n.m. 패러 글라이딩

☐
☐ **terminal**
☐

n.f. 터미널

La terminal 1 está en obras por la ampliación del aeropuerto.

1번 터미널은 공항의 확장으로 인해 공사 중이다.

📖 estar en obras 공사 중이다 | ampliación n.f. 확장, 증축

☐
☐ **punto de**
☐ **encuentro**

n.m. 만나는 지점

Vamos a tomar la zona D como punto de encuentro, ¿vale?

우리는 D구역을 만나는 지점으로 삼자, 알았지?

📖 tomar A como B: A를 B로 삼다

PUNTO DE
ENCUENTRO

Capítulo 14

tarjeta de embarque

n.f. 탑승 카드

Usted tiene que enseñar la tarjeta de embarque a la azafata.

당신은 승무원에게 탑승 카드를 보여 줘야 합니다.

📑 enseñar v. 보여 주다, 가르치다

puerta de embarque

n.f. 탑승구

Usted tiene que comprobar la puerta de embarque en Ámsterdam.

당신은 암스테르담에서 탑승구를 확인하셔야 합니다.

📑 comprobar v. 확인하다

sala de llegadas

n.f. 입국장

La sala de llegadas está en la planta baja.

입국장은 지상층에 있습니다.

📑 planta baja n.f. 지상층, 한국의 1층

despegar

v. 이륙하다

El avión tardó mucho en despegar por un pasajero que montó una escena.

그 비행기는 소동을 부린 한 승객 때문에 이륙하는 데 많은 시간이 걸렸다.

📑 tardar mucho en+동사원형: ~하는 데 많은 시간이 걸리다 | pasajero n.m. 승객 | montar una escena 소동을 부리다

aterrizar

v. 착륙하다

Señores pasajeros, en media hora aterrizaremos en el aeropuerto de Barcelona.

승객 여러분, 30분 후면 우리는 바르셀로나 공항에 착륙합니다.

📑 media hora 30분

☐ **hacer**
☐ **transbordo**
☐

동사 표현 갈아타다

Como no hay un tren directo a Valencia, hay que hacer transbordo.

발렌시아로 가는 직행 열차가 없어서, 갈아타야 한다.

📖 tren directo n.m. 직행 열차 | hay que+동사원형: ~해야 한다

☐ **hacer escala**
☐
☐

동사 표현 경유하다

Esta vez hago dos escalas, en Ámsterdam y en Moscú.

이번에 나는 암스테르담과 모스크바에서, 두 번의 경유를 한다.

💡 **Tip**

esta vez는 그 자체로 '이번에'라는 의미를 가지기 때문에 en esta vez라고 쓰지 않도록 주의해야 한다.

Capítulo 14

NOTA

¡Muéstrame lo que sabes!

실력을 보여 줘!

Capítulo 14의 필수 단어를 Pedro와 Juana의 대화로 술술 말해 보세요.

Pedro	¿Qué hacemos este puente?
Juana	Pues, ¿vamos al norte de España?
Pedro	¿Al norte de España? *1 <u>Ya he estado allí muchas veces</u>. A mí me apetece viajar a un lugar más cercano, como por ejemplo a Sevilla o a Córdoba.
Juana	*2 <u>Por mí</u>, no hay problema.
Pedro	Además, tengo un amigo que trabaja en un hostal y nos va a hacer un descuento.
Juana	¿Un hostal?
Pedro	Mira estas fotos. Aquí trabaja mi amigo, Jaime.
Juana	¡Hum! No sé. Ni fu ni fa. Aquí pone que hay que compartir el baño...
Pedro	¡Vale! Entonces, ¿miramos también hoteles?
Juana	*3 <u>Sí, ¡por favor!</u>

페드로	우리 이번 징검다리 휴가 때 뭐 할까?
후아나	음, 스페인 북쪽으로 가 볼까?
페드로	스페인 북쪽? 나는 벌써 거기에 여러 번 가 봤어. 나는 기차로 가까운 곳에 가는 게 당기는데, 예를 들어 세비야나 코르도바로.
후아나	내 쪽에선, 문제는 없어.
페드로	게다가, 한 호스텔에서 일하는 친구가 있어 그 친구가 우리에게 할인을 해 줄 거야.
후아나	호스텔?
페드로	이 사진 봐 봐. 여기서 내 친구 하이메가 일하는 거야.
후아나	음... 모르겠어. 그저 그래. 여기 화장실을 공유해야 한다고 쓰여 있네.
페드로	알았어. 그러면, 호텔도 볼까?
후아나	응, 그렇게 하자!

VOCA

apetecer v. ~가 당기다, 하고 싶다(역구조 표현) | cercano/a adj. 가까운 | hacer un descuento 할인을 해 주다 | Ni fu ni fa. 그저 그래, 별로야 | pone que ~: ~라고 쓰여 있다 | compartir v. 공유하다

Tip

*1 Ya he estado allí muchas veces는 직역하면 '나는 거기에 여러 번 있었다'지만, '여러 번 가 본 적이 있다'로 자연스럽게 해석한다.

*2 por mí는 두 명 이상이 결정을 내릴 때 쓰는 표현으로, '나에게는' '내 편에서는'으로 해석하면 자연스럽다.

*3 Sí, ¡por favor!는 상대가 기대했던 답변을 했을 때 '응, 그럼 좋지, 그렇게 하자!'의 뉘앙스를 갖는다.

394   GO! 독학 스페인어 단어장

Ejercicios del capítulo 14

연습문제

1 [보기]에서 빈칸에 알맞은 단어를 찾아 문장을 완성하세요.

> **보기** averiado   hostal   mochilero   disponen   garaje
> parar   pensión   atasco   alojamiento   familia

1 Viajar de _____ es duro, pero tiene su encanto.
배낭여행객으로 여행하는 것은 고되다, 그러나 그만의 매력을 가지고 있다.

2 Intento viajar en _____ por lo menos una vez al año.
나는 적어도 1년에 한 번은 가족 단위로 여행을 하려고 노력한다.

3 Busco _____ y desayuno a un precio económico.
나는 경제적인 가격에 숙박과 아침 식사를 찾는다.

4 Si no te puedes permitir un alojamiento caro, puedes optar por una

_____.
만약 네가 비싼 숙소를 감당할 수 없다면, 너는 저렴한 여관을 선택할 수도 있다.

2 [보기]에서 알맞은 단어를 골라 문장을 완성하세요.

> **보기** transbordo   gasolinera   despegar   tranvía

1 Montar en _____ en Lisboa y circular por la ciudad es un placer.
리스본에서 트램을 타고 도시 이곳저곳을 도는 것은 즐거운 일이다.

2 Como no hay un tren directo a Valencia, hay que hacer _____.
발렌시아로 가는 직행 열차가 없어서, 갈아타야 한다.

3 El avión tardó mucho en _____ por un pasajero que montó una escena.
그 비행기는 소동을 부린 한 승객 때문에 이륙하는 데 많은 시간이 걸렸다.

4 Vamos a echar gasolina en la siguiente _____.
다음에 나오는 주유소에서 기름을 넣자.

★ 오늘의 한 마디!

너 운전 면허증 있니?   _____.

정답

1 ① mochilero ② familia ③ alojamiento ④ pensión
2 ① tranvía ② transbordo ③ despegar ④ gasolinera
☆ 오늘의 한 마디 - **¿Tienes carné de conducir?**

Capítulo 14

보너스 단어

관광, 숙소, 교통과 관련된 어휘들을 익혀 봅시다.

관광

B1	turismo rural	n.m. 전원 관광
B1	turismo de sol y playa	n.m. 해변 관광
B1	turismo cultural	n.m. 문화 관광
B1	turismo responsable	n.m. 책임 여행
B1	playa nudista	n.f. 누드 비치
B2	turismo de masas	대중 관광
B2	hamaca	n.f. 해먹
B2	flotador	n.m. 튜브
B2	itinerario	n.m. 여정, 여행 스케줄
B2	declarar	v. (세관에서) 신고하다
B2	cruzar la frontera	국경을 넘다
B2	pasar la aduana	세관을 통과하다

숙소

B1	albergue juvenil	n.m. 유스호스텔
B2	cabaña	n.f. 오두막
B2	bungaló	n.m. 방갈로
B2	parador	n.m. 파라도르 (성이나 요새 등을 개조하여 만들어진 호텔)
B2	registrarse	v. 체크인하다

🗺️ 교통

B1 vuelo internacional	n.m. 국제선 여객기
B1 vuelo nacional	n.m. 국내선 여객기
B1 llegar con retraso	n.m. 연착하다
B1 pasajero	n.m. 승객
B1 vuelo directo	n.m. 직항편
B2 vuelo con escalas	n.m. 경유편
B2 embarcar	v. 탑승하다
B2 desembarcar	v. 내리다
B2 vuelo chárter	n.m. 전세기
B2 registrar las maletas	캐리어들을 등록하다(맡기다)
B2 extraviar las maletas	(항공사 측에서) 캐리어들을 분실하다
B2 consigna	n.f. 짐 보관소
B2 clase turista	n.f. 3등석
B2 clase preferente	n.f. 비즈니스 클래스
B2 primera clase	n.f. 일등석
B2 turbulencia*	n.f. 난기류
B2 área de descanso	n.f. 운전자 쉼터, 휴게소
B2 área de servicio	n.f. 휴게소
B2 alquilar un coche	자동차를 렌트하다
B2 pinchazo	n.m. 타이어 펑크
B2 grúa	n.f. 견인차

*표시 단어들은 보통 복수로 쓰인다.

Capítulo

15

Economía e industria
경제와 산업

MP3 바로 듣기

◀ Cuatro Torres Business Area, Madrid
콰트로 토레스 비즈니스 지구, 마드리드

Unidad 01 상업

Pago con tarjeta.
나는 카드로 지불할게요.

A1

☐☐☐ **caro/a**

adj. 비싼

Los coches alemanes son muy caros.
독일 차들은 매우 비싸다.

📘 coche n.m. 자동차, 차 | alemán/alemana adj. 독일의

Tip
셀 수 있는 명사가 주어로 올 경우, 명사 전체를 가리키려면 '정관사+복수'를 사용해야 한다.

☐☐☐ **barato/a**

adj. 저렴한

Busco un ordenador más barato.
나는 더 저렴한 컴퓨터를 찾는다.

📘 buscar v. 찾다 | ordenador n.m. 컴퓨터

A2

☐☐☐ **rico/a**

adj. 부유한

Alemania es uno de los países más ricos de Europa.
독일은 유럽에서 가장 부유한 나라들 중 하나이다.

📘 Alemania 독일 | uno de 복수 명사: ~ 중 하나 | país n.m. 나라 | rico/a adj. 부유한 | Europa 유럽

Tip 1
'riqueza 부유함, 풍요'라는 rico의 명사형도 알아 두자.

Tip 2
최상급은 '정관사+명사+más+형용사'로 표현한다.

pobre

adj. 가난한

Todavía hay muchos países pobres en el mundo.
아직 세상에는 많은 가난한 나라들이 있다.

📖 todavía adv. 아직, 여전히 | mundo n.m. 세상, 세계

💡 **Tip**
'pobreza 가난함, 빈곤'이라는 pobre의 명사형도 알아 두자.

gastar

v. 소비하다

Gasto la mayoría de mi sueldo en ropa.
나는 내 월급의 대부분을 옷에 쓴다.

📖 gastar A en B: A를 B에 소비하다 | la mayoría de ~: ~의 대부분 | sueldo n.m. 월급 | ropa n.f. 옷

empleado

n.m. 직원

Mi hermana menor está enamorada de un empleado de este supermercado.
나의 여동생은 이 슈퍼의 한 직원에게 사랑에 빠져 있다.

📖 estar enamorado/a de ~: ~에게 사랑에 빠져 있다 | supermercado n.m. 슈퍼마켓

💡 **Tip**
'직원(여자)'은 empleada라고 한다.

B1 economía

n.f. 경제

La economía tiende a mejorar poco a poco.
경제는 조금씩 나아지는 경향을 띤다.

📖 tender+a+동사원형: ~하는 경향이 있다 | mejorar v. 나아지다 | poco a poco adv. 조금씩

economista

n.m.f. 경제학자

Los economistas dicen que pronto el país se recuperará de la crisis.
경제학자들은 곧 그 나라는 경제 위기에서 회복할 것이라고 말한다.

📖 recuperarse de la crisis 경제 위기에서 회복하다

ayuda económica

☐
☐
☐

n.f. 경제 원조

El Gobierno ofrece una ayuda económica a los más necesitados del país.

정부는 나라에서 가장 도움의 손길이 필요한 사람들에게 경제적인 원조를 제공한다.

📖 ofrecer v. 제공하다 | necesitado/a adj. 가난한, 빈곤한

Tercer Mundo

☐
☐
☐

n.m. 제3세계

Hay que mejorar las condiciones sanitarias del Tercer Mundo.

제3세계의 공중 보건 상태들을 나아지게 해야 한다.

📖 hay que+동사원형: ~해야 한다 | mejorar v. 나아지게 하다 | condición n.f. 상태, 상황 | sanitario/a adj. 위생의, 공중 보건의

> 💡 **Tip**
> '제3세계'란 2차 세계대전 후 아시아, 아프리카, 라틴 아메리카의 개발 도상국을 이르는 말이다

país rico

☐
☐ ant. país pobre
☐ n.m. 가난한 나라

n.m. 부유한 나라

Los países ricos deberían ayudar económicamente a los países pobres.

부유한 나라들은 가난한 나라들을 경제적으로 도와야 한다.

📖 debería+동사원형: 마땅히 ~해야 한다 | ayudar v. 돕다 | económicamente adv. 경제적으로

país en (vías de) desarrollo

☐
☐
☐

n.m. 개발 도상국

En algunos países en (vías de) desarrollo faltan alimentos para vivir el día a día.

몇몇 개발 도상국에는 하루하루를 살아가기 위한 식품들이 부족하다.

📖 algunos/as 몇몇의 | faltar v. 부족하다 | alimento n.m. 식품 | vivir el día a día 하루하루를 살아가다

subir los intereses
☐☐☐ ant. bajar los intereses
이자를 내리다

이자를 올리다

El banco quiere subir los intereses a los que tienen una hipoteca sobre su casa.

그 은행은 자신의 집에 대한 주택 대출금을 가지고 있는 사람들에게 이자를 올리고 싶어한다.

🗒 los que+3인칭 복수 동사: ~하는 사람들 | hipoteca n.f. 주택 대출금

Tip
interés가 '이자'의 뜻일 때 주로 복수로 쓰인다.

compra
☐☐☐

n.f. 구매, 구입

Para cualquier cambio tiene que traer el tique de compra.

어떤 이유의 교환이라도, 당신은 구매 영수증을 가져오셔야 합니다.

🗒 cualquier+남성 단수 명사 혹은 여성 단수 명사: 어떤 ~ | cambio n.m. 교환 | traer v. 가져오다

Tip
el tique de compra (= el tíquet de compra) 구매 영수증

venta
☐☐☐

n.f. 판매

Su casa está en venta desde hace mucho tiempo.

그 집은 오래 전부터 판매하려고 내놓은 상태이다.

🗒 estar en venta 판매하려 내놓은 상태이다 | desde hace mucho tiempo 오래 전부터

Capítulo 15

comercio
☐☐☐

n.m. 상업

¿Crees que el comercio electrónico sustituirá al tradicional?

전자상거래가 기존의 상업을 대체하게 될 것이라고 생각하니?

🗒 creer que 주어+동사: ~라고 생각하다 | sustituir a ~: ~를 대체하다 | tradicional adj. 전통적인, 기존 방식의

Tip
여기서 el tradicional는 el comercio tradicional에서 comercio가 생략된 것이다.

deber dinero

동사 표현 **돈을 빚지다**

Juan me debe dinero y siempre me da largas.

후안은 나에게 돈을 빚지고 있다 그리고 항상 나에게 핑계를 대며 늦장을 부린다.

📋 siempre adv. 항상 | dar largas a alguien ~에게 핑계를 대며 늦장을 부리다

tener (un) descuento

동사 표현 **할인을 가지다**

Este ordenador tiene un descuento del diez por ciento por ser un modelo del año pasado.

이 컴퓨터는 작년 모델이라는 이유로 10퍼센트의 할인율을 갖고 있다.

📋 por ~로 인해 | modelo n.m. 모델 | año pasado n.m. 작년

💡 Tip

퍼센트 앞에는 항상 정관사(el) 혹은 부정관사(un) 중 하나를 써 줘야 한다. 정관사는 정확한 퍼센트를, 부정관사는 '약 ~퍼센트'의 의미를 갖는다.

hacer (un) descuento

동사 표현 **할인을 해 주다**

Me hicieron un descuento del cincuenta por ciento, así que me salió muy barato el ordenador.

(가게 측에서) 나에게 50퍼센트의 할인을 해 줬다, 그래서 컴퓨터가 나에게 매우 싸게 들었다.

📋 así que 그래서 | salir barato/a 싸게 들다

💡 Tip

어떤 단체가 하는 행동은 주어 없이 동사만 3인칭 복수로 사용한다

subir el precio

ant. bajar el precio
가격을 내리다

동사 표현 **가격을 올리다**

Han subido el precio de las cosas por la subida del salario mínimo.

최저임금의 상승으로 (정부 측에서) 물건의 값을(=물가를) 올렸다

📋 subida n.f. 상승 | salario mínimo n.m. 최저임금

importación

n.f. 수입

Los productos de importación suelen ser más caros que los de fabricación nacional.

보통 수입 상품들은 국내 생산 상품들보다 더 비싸다.

producto n.m. 상품 | soler+동사원형: 보통 ~하다 | de fabricación nacional 국내 생산의

Tip

los (productos) de fabricación nacional와 같이 한 문장 내에 같은 단어의 반복을 피하기 위해 정관사만 남기고 productos를 생략해 주는 것이 더 좋은 스페인어 문장이다.

exportación

n.f. 수출

Hay países que consiguen la mayor parte de sus ingresos de la exportación.

수출로부터 자신들의 수입의 대부분을 얻는 나라들이 있다.

conseguir A de B: B로부터 A를 얻다 | la mayor parte de 정관사+복수 명사: ~의 대부분, 대부분의 ~

Tip

ingreso는 복수로 쓰였을 때 '수입'이라는 뜻을 갖는다.

importar

v. 수입하다

España importa gas de Argelia.

스페인은 알제리로부터 가스를 수입한다.

importar A de B: B에서 A를 수입하다 | Argelia 알제리

exportar

v. 수출하다

Las empresas españolas exportan muchos productos a Sudamérica.

스페인 회사들은 많은 상품들을 남미로 수출한다.

empresa n.f. 회사 | español(a) adj. 스페인의 | exportar A a B: A를 B로 수출하다

Tip

Sudamérica는 '남미'를 뜻한다. Suramérica가 아님에 주의하자.

Capítulo 15

Unidad 02 광고와 마케팅

Mañana vamos a lanzar una nueva línea de electrodomésticos.
내일 우리는 새로운 가전제품 라인을 런칭할 거예요.

A2 ☐ **anuncio**
☐
☐

n.m. 광고

He visto su anuncio en una página web.
나는 어느 한 웹페이지에서 그의 광고를 보았다.

📖 página web n.f. 웹페이지

💡 **Tip**
anuncio는 셀 수 있는 명사로, 문장에 따라서 복수로 사용할 수 있다.

☐ **publicidad**
☐
☐

n.f. 광고

En los cines de Corea ponen demasiada publicidad.
한국의 영화관들에서 (영화관 측들은) 너무 많은 광고를 틀어 준다.

📖 cine n.m. 영화관 | poner v. 상영하다, 내보내다 | demasiado/a adj. 너무 많은

💡 **Tip**
publicidad은 집합명사로, 복수로 쓰이지 않음에 유의한다.

☐ **de regalo**
☐
☐

adv. 증정품으로

Por compras superiores a cincuenta euros, te llevas un estuche de regalo.
50유로 이상의 구매의 대가로, 당신은 증정품으로 파우치 하나를 갖게 됩니다.

📖 por compras superiores a ~: ~ 이상의 구매의 대가로 | llevarse v. 가지다 | estuche n.m. 파우치

💡 **Tip**
de regalo는 문맥에 따라 '증정품으로' 또는 '선물로'라는 의미를 갖는다.

punto

n.m. 포인트

¿Se puede pagar con los puntos acumulados?

적립된 포인트로 지불이 가능한가요?

📑 acumulado/a adj. 적립된, 쌓인

> **Tip**
> 예문에는 '어느 누구나'를 지칭할 수 있는 무인칭의 se가 쓰였다.

marca

n.f. 브랜드, 상표

Me gusta la ropa de marca.

나는 브랜드 옷들을 좋아한다.

> **Tip**
> ropa는 집합명사로, ropas로 쓰지 않음에 유의하자.

marca blanca

n.f. 자사 브랜드

Los productos de marca blanca suelen ser más baratos.

자사 브랜드 상품들은 보통 더 저렴하다.

tarjeta de cliente

sin. tarjeta de fidelidad
n.f. 포인트 적립 카드

n.f. 포인트 적립 카드

Quiero hacerme una tarjeta de cliente.

저는 포인트 적립 카드 하나 만들고 싶어요.

📑 hacerse una tarjeta de cliente 포인트 적립 카드를 만들다

> **Tip**
> 여기서 hacerse는 '신청해서 받다'라는 뉘앙스로 쓰였다. 해석은 '만들다' 정도로 자연스럽게 한다.

lanzar

v. 런칭하다

Mañana vamos a lanzar una nueva línea de electrodomésticos.

내일 우리는 새로운 가전제품 라인을 런칭할 것입니다.

📑 nuevo/a adj. 새로운 | línea n.f. 라인 | electrodoméstico n.m. 가전제품

estudio de mercado

n.m. 시장 조사

Hay que realizar un estudio de mercado antes de lanzar un producto.

어느 한 상품을 런칭하기 전에 시장 조사를 해야 한다.

📑 hay que+동사원형: ~해야 한다 | realizar v. 실행하다, 하다 | antes de ~: ~ 전에

márquetin

n.m. 마케팅

Me han trasladado al Departamento de Márquetin en la empresa.

(회사 측 사람들이) 나를 회사에서 마케팅 부서로 전임시켰다.

📑 trasladar a alguien: ~를 전임시키다 | Departamento de Márquetin n.m. 마케팅 부서

cartel

n.m. 포스터

No fijar carteles.

포스터 붙이지 마세요!

📑 fijar v. 붙이다, 부착하다

💡 **Tip**

해당 문구는 길에서 자주 마주칠 수 있으며, 동사원형에는 불특정 다수에게 하는 명령의 의미가 있다.

folleto

n.m. 팸플릿

Primero, vamos a ver el folleto para ver qué actividades culturales podemos hacer.

우리 먼저, 우리가 어떤 문화 활동들을 할 수 있는지 보기 위해 팸플릿을 보자.

📑 actividad cultural n.f. 문화 활동

💡 **Tip**

'먼저'라는 의미의 primero는 부사이기 때문에 성수 변화를 하지 않는다.

catálogo

n.m. 카탈로그

Pueden ver más modelos en nuestro catálogo.

우리 회사의 카탈로그에서 더 많은 모델들을 보실 수 있어요.

📘 modelo n.m. 모델

exhibición

n.f. 전시회

Un amigo mío acaba de inaugurar una exhibición de fotografía.

내 친구 한 명이 막 사진 전시회를 열었다.

📘 acabar de+동사원형: 막 ~하다 | inaugurar v. ~를 열다, ~를 시작하다 | exhibición de fotografía n.f. 사진전

publicitario

adj. 광고의　**n.m.** 광고 업자

En este curso vamos a aprender a crear una buena campaña publicitaria.

이 코스에서 우리는 좋은 광고 캠페인을 만드는 것을 배울 것입니다.

📘 curso n.m. 코스, 강좌 | aprender a+동사원형: ~하는 것을 배우다 | crear v. 만들다 | campaña publicitaria n.f. 광고 캠페인

Tip

'광고업자(여자)'는 publicitaria라고 한다

Capítulo 15

NOTA

Unidad 03 건축업·공업

Me gustaría reformar la cocina.
나는 부엌을 리모델링하고 싶어.

A2

☐
☐
☐ **arquitecto**

n.m. 건축가

Mi abuelo fue arquitecto.
나의 할아버지는 건축가셨다.

📑 abuelo n.m. 할아버지

> 💡 **Tip**
> '건축가(여자)'는 arquitecta라고 한다.

☐
☐
☐ **construir**

v. 건축하다, 짓다

Van a construir una biblioteca en mi barrio.
내 동네에 도서관 하나를 지을 것이다.

📑 biblioteca n.f. 도서관 | barrio n.m. 동네

B1

☐
☐
☐ **arquitectura**

n.f. 건축학, 건축업

Mi marido se dedica a la arquitectura.
나의 남편은 건축에 종사한다.

📑 marido n.m. 남편 | dedicarse a 정관사+명사/동사원형: ~에 종사하다, ~하는 일에 종사하다

☐
☐
☐ **construcción**

n.f. 건축, 건설, 건설공사

En este distrito hay muchas viviendas de nueva construcción.
이 지구에는 새로 건축된 많은 주거지들이 있다.

📑 distrito n.m 지구, 구역 | vivienda n.f. 주거지, 거주지 | de nueva construcción 신축 건설의

---

distribución   n.f. 배치, (건물 내의) 구조

La casa de Juan tiene buena distribución.
후안의 집은 구조가 좋다.

📝 tener buena distribución 구조가 좋다

reformar   v. 리모델링하다

Me gustaría reformar la cocina.
나는 부엌을 리모델링하고 싶다.

📝 cocina n.f. 부엌

pintar   v. (페인트로) 칠하다, 그리다

Voy a pintar las paredes de blanco.
나는 벽을 흰색으로 칠할 거야.

📝 pintar ~ de 색깔: ~을 ~색으로 칠하다 | pared n.f. 벽 | blanco/a
adj. 흰

enchufe   n.m. 콘센트

Por lo menos hay que poner un enchufe
en cada habitación.
적어도 각 방에 콘센트 하나는 설치해야 합니다.

📝 por lo menos 적어도 | poner v. 놓다, 설치하다 | cada adj. 각
각의

interruptor   n.m. 스위치

Con este interruptor puedes apagar todas
las luces de la casa.
이 스위치를 가지고 당신은 집의 모든 등을 끌 수 있습니다.

📝 apagar v. 끄다 | luz n.f. 형광등, 등, 빛

bombilla   n.f. 전구

Estos días están de moda las bombillas
de bajo consumo.
요즘은 저소비 전구들이 유행하고 있다.

📝 estos días adv. 요즘 | estar de moda 유행하고 있다 | de bajo
consumo 저소비의, 에너지 효율이 좋은

cable

n.m. 전선

Los cables no se ven porque están detrás de los muebles.

전선들은 가구들 뒤에 있기 때문에 보이지 않아요.

📑 verse v. 보이다 | detrás de ~: ~의 뒤에 | mueble n.m. 가구

fontanero

n.m. 배관공, 수도 수리공

Tengo que llamar a un fontanero para arreglar la tubería de la cocina.

나는 부엌의 수도관을 고치기 위해서 배관공에게 연락을 해야 한다.

📑 llamar v. 연락하다, 전화하다 | arreglar v. 고치다, 수리하다 | tubería n.f. 수도관

💡 **Tip**

'배관공(여자)'은 fontanera라고 한다.

electricista

n.m.f. 전기공, 전기 기사

El electricista llegará en media hora.

전기 기사는 30분 후에 도착할 거예요.

📑 llegar v. 도착하다 | en media hora 30분 후에

industria

n.f. 산업

La industria alimentaria juega un papel importante en nuestra salud.

식품 산업은 우리의 건강에 중요한 역할을 한다.

📑 alimentario/a adj. 식품의 | jugar un papel importante en ~: ~에 있어서 중요한 역할을 수행하다 | salud n.f. 건강

transporte

n.m. 운송

El transporte de mercancías peligrosas solo está permitido por la red ferroviaria.

위험한 화물의 운송은 철도망을 통해서만 허용된다.

📑 mercancía n.f. 상품, 화물 | peligroso/a adj. 위험한 | estar permitido/a 허용되다 | red ferroviaria n.f. 철도망

materia prima n.f. 원자재

Las empresas coreanas necesitan comprar materias primas del extranjero.

한국 회사들은 외국의 원자재들을 살 필요가 있다.

📝 necesitar+동사원형: ~할 필요가 있다 | extranjero n.m. 외국

producción n.f. 생산

La producción en serie permite abaratar costes.

대량 생산은 가격을 인하시키는 것을 가능하게 해 준다.

📝 en serie 대량의 | permitir+동사원형: ~을 허용하다, 가능하게 해 주다 | abaratar costes 가격들을 인하시키다

producir v. 생산하다

Mi empresa produce piezas para móviles.

내 회사는 휴대폰 부품들을 생산한다.

📝 pieza n.f. 부품 | móvil n.m. 휴대폰

fabricación n.f. 제조

La fabricación de un coche tiene varias fases complicadas.

자동차 한 대의 제조는 복잡한 여러 단계를 가지고 있다.

📝 fase n.f. 단계 | complicado/a adj. 복잡한

Tip

varios/as는 복수 명사 앞에 쓰여 '다양한'의 의미를 추가한다.

fabricar v. 제조하다

Algunas empresas fabrican coches eléctricos.

몇몇 회사들은 전기 차를 제조한다.

📝 coche eléctrico n.m. 전기 차

Capítulo 15

Unidad 04 · 농업·축산업·수산업

Mi abuelo fue agricultor toda su vida.
나의 할아버지는 평생 농부셨어.

A1 ☐ campo

n.m. 시골, 초원, 분야

Voy al campo los domingos.
나는 매주 일요일마다 시골에 간다.

📖 domingo n.m. 일요일

> **💡 Tip 1**
> campo가 '시골'이라는 의미로 쓰일 때에는 항상 정관사와 함께 단수로 쓰인다.

> **💡 Tip 2**
> 요일명이 정관사와 함께 복수로 쓰이면 '매주 ~마다'라는 뜻을 갖는다.

☐ pescado

n.m. 생선

Me encanta el pescado.
나는 생선을 매우 좋아한다.

📖 encantar v. ~를 매우 좋아하다(역구조 동사)

A2 ☐ agricultor

n.m. 농부

Mi abuelo fue agricultor toda su vida.
나의 할아버지는 평생 농부였다.

📖 toda su vida 그 사람의 평생 동안

> **💡 Tip**
> '농부(여자)'는 agricultora라고 한다.

gallo

n.m. 수탉

Los gallos no pueden poner huevos.
수탉은 알을 낳을 수 없다.

📝 poner huevos 알을 낳다

💡 **Tip**
'암탉'은 gallina라고 한다.

oveja

n.f. 양

Las ovejas son animales tranquilos.
양들은 온순한 동물들이다.

📝 animal n.m. 동물 | tranquilo/a adj. 온순한, 침착한, 평온한

💡 **Tip**
양은 암컷, 수컷 모두 oveja를 사용한다.

cordero

n.m. 양

En Nochevieja siempre cenamos cordero.
12월 31일 밤에 우리는 항상 양고기를 저녁으로 먹는다.

📝 Nochevieja 12월 31일 밤 | cenar ~: ~을 저녁으로 먹다

💡 **Tip**
양이라는 동물을 언급할 때는 oveja를, 양고기를 말할 때는 cordero를 쓴다.

cabra

n.f. 염소

El queso de cabra está muy bueno.
염소 치즈는 매우 맛있다.

📝 queso n.m. 치즈 | estar bueno/a 맛있다

💡 **Tip**
염소는 암컷, 수컷 모두 cabra를 사용한다.

cerdo

n.m. 돼지

Mis abuelos crían cincuenta cerdos.
나의 조부모님은 50마리의 돼지를 키우신다.

📝 criar v. 키우다, 양육하다

burro

☐
☐
☐

sin. asno
n.m. 당나귀

n.m. 당나귀

En mi casa había unos burros.
내 집에는 전에 몇 마리의 당나귀가 있었다.

💡 **Tip**
'암탕나귀'는 burra라고 한다.

caballo

☐
☐
☐

n.m. 말

Quiero aprender a montar a caballo.
나는 말을 타는 것을 배우고 싶다.

📑 montar a caballo 말을 타다

💡 **Tip**
'암말'은 yegua라고 한다.

toro

☐
☐
☐

n.m. 황소, 수소

¿Has visto alguna vez una corrida de toros?
너는 투우 경기를 한 번이라도 본 적이 있니?

📑 alguna vez 한 번이라도 | corrida de toros n.f. 투우 경기

💡 **Tip**
'암소'는 vaca라고 한다.

pescadería

☐
☐
☐

n.f. 생선 가게

Hay una pescadería en la esquina.
모퉁이에 생선 가게가 하나 있어요.

📑 esquina n.f. 모퉁이

agricultura

n.f. 농업

Cada vez hay menos personas que
quieran dedicarse a la agricultura.
농업에 종사하고 싶어하는 사람들이 매번 더 적다.

cada vez 매번 | dedicarse a ~: ~에 종사하다

Tip
'menos+명사'를 꾸며 주는 관계대명사절은 보통 접속법으로 쓴다.

granja

n.f. 농장

De pequeño, vivía en una granja con
muchos animales.
나는 어릴 적에, 많은 동물들과 함께 농장에서 살았다.

de pequeño/a 어릴 적에 | animal n.m. 동물

huerta

n.f. 밭, 과수원

Mi tío tiene una huerta de manzanas.
나의 삼촌은 사과 밭을 가지고 있다.

tío n.m. 삼촌 | manzana n.f. 사과

Tip
'텃밭'을 의미하는 유의어 huerto도 함께 알아 두자.

prado

n.m. 목초지, 초원

Hay un rebaño de ovejas en el prado.
초원에 한 무리의 양들이 있다.

un rebaño de ~: 한 떼의 ~, 한 무리의 ~

cultivo

n.m. 재배

El cultivo de naranjas es típico de aquí.
오렌지 재배는 여기서 일반적이다.

naranja n.f. 오렌지 | típico/a adj. 일반적인, 전형적인, 대표적인

Capítulo 15

☐☐☐ **plantar**

v. 심다

Mi padre plantó un árbol en el jardín.

내 아버지는 정원에 나무 하나를 심었다.

📖 padre n.m. 아버지 | jardín n.m. 정원

☐☐☐ **cultivar**

v. 경작하다, 재배하다

Mi abuelo cultiva muchas plantas.

나의 할아버지는 많은 식물들을 재배하신다.

📖 planta n.f. 식물

☐☐☐ **regar**

v. 물 주다

Tienes que regar las plantas cada día.

너는 매일 식물들에 물을 줘야 해.

📖 tener que+동사원형: ~해야 한다 | cada día 매일

☐☐☐ **ganadería**

n.f. 목축업

En algunos países de Asia la economía depende mucho de su ganadería.

아시아의 몇몇 나라들에서 경제는 그 나라의 목축업에 (의해) 많이 좌우된다.

📖 depender de ~: ~에 (의해) 좌우되다, ~에 의지하다

☐☐☐ **ganado**

n.m. 가축

No es fácil cuidar del ganado.

가축을 돌보는 것은 쉽지 않다.

📖 fácil adj. 쉬운 | cuidar de ~: ~를 돌보다

☐☐☐ **ave**

n.f. 조류, 가금류

Las gallinas pertenecen a las aves.

암탉들은 가금류에 속한다.

📖 pertenecer a ~: ~에 속하다

💡 **Tip**

'가금류'를 뜻할 때는 aves와 같이 복수로 쓰임에 유의하자.

corral

n.m. 우리, 축사

En el corral hay más de veinte vacas.
우리에는 20마리 이상의 암소가 있다.

> **Tip**
> corral은 동물의 종류와 관계없이 가장 넓게 쓰이는 '우리'이다.

gallinero

n.m. 닭장

En este gallinero solo caben diez gallinas.
이 닭장에는 10마리의 암탉만 들어갈 수 있다.

📖 caber v. ~가 들어갈 수 있다

pocilga

n.f. 돼지우리

La habitación de mi hermano mayor está como una pocilga.
내 형의 방은 돼지우리 같다.

📖 estar como una pocilga 돼지우리 같다, 돼지우리처럼 지저분하다

cuadra

n.f. 마구간

Un caballo (se) ha escapado de la cuadra.
말 한 마리가 마구간에서 탈출했다.

📖 escapar(se) de ~: ~에서 탈출하다

> **Tip**
> cuadra는 마구간 외에, 외양간에도 쓰일 수 있으나, 마구간에 더 많이 쓰인다.

pesca

n.f. 어업, 수산업

El sector de la pesca es muy importante en Galicia.
어업 분야는 갈리시아에서 매우 중요하다.

📖 sector n.m. 분야, 부분, ~계 | importante adj. 중요한

> **Tip**
> 스페인 갈리시아 지역은 어업이 중요하고, 맛있는 생선과 해산물로 유명하다

Capítulo 15

pescado azul

☐☐☐

n.m. 등 푸른 생선

El pescado azul es bueno para mejorar la vista.

등 푸른 생선은 시력을 개선하는 데에 좋다.

📖 ser bueno/a para ~: ~하는 데에 좋다 | mejorar v. ~를 개선시키다 | vista n.f. 시력

> 💡 **Tip**
> 참고로 'pescado blanco 흰 살 생선'도 같이 알아 두자.

marisco

☐☐☐

n.m. 해산물

Yo nací en un pueblo pesquero y por eso me encanta todo tipo de marisco.

나는 어촌에서 태어났다 그래서 모든 종류의 해산물을 좋아한다.

📖 pueblo pesquero n.m. 어촌 | todo tipo de ~: 모든 종류의~

pescador

☐☐☐

n.m. 어부

Como mi padre era pescador, siempre comíamos pescado fresco.

나의 아버지가 어부였기 때문에, 우리는 항상 신선한 생선들을 먹었다.

📖 fresco/a adj. 신선한

> 💡 **Tip**
> '어부(여자)'는 pescadora라고 한다.

barco de pesca

☐☐☐

n.m. 고기잡이 배

Mi novio cogió el gusto a pescar y ahora quiere comprarse un barco de pesca.

나의 남자 친구는 낚시하는 것에 맛이 들려서 지금은 고기잡이 배를 사고 싶어한다.

📖 coger el gusto a+동사원형: ~에 맛이 들리다, ~를 좋아하게 되다

> 💡 **Tip**
> 스스로를 위한 구매에는 보통 comprarse, 재귀동사로 사용한다.

실력을 보여 줘!

Capítulo 15의 필수 단어를 Ana와 Juan의 대화로 술술 말해 보세요.

Juan	*1 ¿Pasa algo? ¿Qué ha pasado?
Ana	*2 Que se me ha olvidado traer la tarjeta de cliente.
Juan	¿Qué haces con esa tarjeta?
Ana	Acumular puntos. ¿No la tienes?
Juan	No. No me parecía tan importante.
Ana	Te vas a arrepentir. Si gastas 100 euros, te dan un punto, que es igual que 1 euro.
Juan	No lo sabía. Aparte de eso, ¿se puede hacer algo más con la tarjeta?
Ana	Pues, te mandan un catálogo cada mes para avisarte de las novedades. A veces, te dan algo de regalo *3 por tener la tarjeta.

후안	뭔 일 있는 거야? 무슨 일이야?
아나	적립 카드 가져오는 거 깜빡했어!
후안	그 카드 가지고 뭐 하는데?
아나	포인트 적립하는 거. 너 카드 없어?
후안	없어. 나한테는 그다지 중요해 보이지 않아서.
아나	너 후회할 거야. 네가 만약 100유로를 쓰면 1유로와 다름없는 1점을 줘.
후안	몰랐네. 그거 말고도, 카드 가지고 다른 거 더 할 수 있어?
아나	음, 새 상품에 대해서 알려주려고 매달 너한테 카탈로그를 보내. 카드를 소지하고 있으면 증정품으로 가끔, 뭔가 주기도 하고.

VOCA

traer v. 가져오다 | arrepentirse v. 후회하다 | gastar v. 소비하다, 쓰다 | ser igual que ~: ~와 같다 | aparte de ~: ~뿐만 아니라, ~외에도 | mandar v. 보내다 | avisar a alguien de ~: ~에게 ~를 알리다 | novedad n.f. 새 소식, 새 상품

Tip

*1 ¿Pasa algo?는 '뭔 일 있는 거야?'로 자연스럽게 해석한다.

*2 'Se me ha olvidado'에서 무의지의 se가 쓰였다.

*3 'por tener la tarjeta'는 '카드를 소지한 것의 대가로, 카드를 소지한 것 때문에'로 자연스럽게 해석한다.

연습문제

1 [보기]에서 빈칸에 알맞은 단어를 찾아 문장을 완성하세요.

> **보기**
>
> tienda   vuelta   cambiar   dinero   riqueza
> barato   montar   debe   venta   vías

1 En algunos países en _____ de desarrollo faltan alimentos para vivir el día a día.

몇몇 개발 도상국에는 하루하루를 살아가기 위한 식품들이 부족하다.

2 Busco un ordenador más _____.

나는 더 저렴한 컴퓨터를 찾는다.

3 Su casa está en _____ desde hace mucho tiempo.

그 집은 오래 전부터 판매하려고 내놓은 상태이다.

4 Juan me _____ dinero y siempre me da largas.

후안은 나에게 돈을 빚지고 있다 그리고 항상 나에게 핑계를 대며 늦장을 부린다.

2 [보기]에서 알맞은 단어를 골라 문장을 완성하세요.

> **보기**
>
> caballo   gusto   cordero   empleado

1 En Nochevieja siempre cenamos _____.

12월 31일 밤에 우리는 항상 양고기를 저녁으로 먹습니다.

2 Quiero aprender a montar a _____.

나는 말을 타는 것을 배우고 싶다.

3 Mi hermana está enamorada de un _____ de este supermercado.

나의 자매는 이 슈퍼의 한 직원에게 사랑에 빠져 있다.

4 Mi novio cogió el _____ a pescar y ahora quiere comprarse un barco de pesca.

나의 남자친구는 낚시하는 것에 맛이 들려서, 지금은 고기잡이 배를 사고 싶어한다.

★ 오늘의 한 마디!

나는 브랜드 옷들을 좋아한다. _____.

Capítulo 15

정답

1 ① vías ② barato ③ venta ④ debe
2 ① cordero ② caballo ③ empleado ④ gusto
☆ 오늘의 한 마디 - Me gusta la ropa de marca.

보너스 단어

경제, 산업과 관련된 어휘들을 익혀 봅시다.

💰 경제 관련 어휘

B2 consumo	n.m. 소비
B2 demanda	n.f. 수요
B2 oferta	n.f. 공급
B2 moneda extranjera	n.f. 외화
B2 bolsa	n.f. 증권 거래소
B2 inversión	n.f. 투자
B2 acción	n.f. 주식
B2 accionista	n.m.f. 주주
B2 interés fijo	n.m. 고정 금리
B2 interés variable	n.m. 변동 금리
B2 cheque de viaje	n.m. 여행자 수표
B2 cheque al portador	n.m. 자기앞 수표
B2 crisis financiera	n.f. 재정 위기
B2 crisis económica	n.f. 경제 위기
B2 declaración de la renta	n.f. 소득 신고
B2 delito fiscal	n.m. 조세 범죄
B2 pagar a plazos	할부로 지불하다
B2 pagar al contado	일시불로 지불하다

산업 관련 용어

B1 carbón	n.m. 석탄
B1 petróleo	n.m. 석유
B1 energía solar	n.f. 태양 에너지
B2 sector primario	n.m. 1차 산업
B2 sector secundario	n.m. 2차 산업
B2 sector terciario	n.m. 3차 산업
B2 industria agropecuaria	n.f. 농목업
B2 industria textil	n.f. 섬유산업
B2 industria siderúrgica	n.f. 철강업
B2 industria artesanal	n.f. 가내 수공업
B2 industria ligera	n.f. 경공업
B2 industria pesada	n.f. 중공업
B2 industria automovilística	n.f. 자동차 산업
B2 industria petrolífera	n.f. 석유 산업
B2 energía nuclear	n.f. 핵 에너지
B2 energía eléctrica	n.f. 전기 에너지
B2 energía eólica	n.f. 풍력
B2 central de energía	n.f. 발전소
B2 central térmica	n.f. 화력 발전소
B2 central hidroeléctrica	n.f. 수력 발전소
B2 central eólica	n.f. 풍력 발전소

Capítulo 15

Capítulo

16

Ciencia y tecnología
과학과 기술

MP3 바로 듣기

◀ Ciudad de las Artes y las
Ciencias, Valencia
예술과 과학의 도시, 발렌시아

Unidad 01 과학·기술 일반

Lucas es el científico más joven del mundo.
루카스는 세계에서 가장 젊은 과학자야.

A2 ☐ **ciencia**
☐
☐

n.f. **과학**

Me interesa mucho la ciencia.
나는 과학에 매우 흥미를 가지고 있다.

📝 interesar v. ~에 흥미가 있다(역구조 동사)

☐ **científico**
☐
☐

n.m. **과학자**

Lucas es el científico más joven del mundo.
루카스는 세계에서 가장 젊은 과학자이다.

📝 joven adj. 젊은 | mundo n.m. 세계, 세상

💡 **Tip 1**
최상급은 '정관사+명사+más+형용사+de+단체나 집단'으로 표현하며, '~에서 가장 ~한 ~'로 해석한다.

💡 **Tip 2**
'과학자(여자)'는 científica라고 한다.

☐ **tecnología**
☐
☐

n.f. **기술**

Gracias al desarrollo de la tecnología, ahora tenemos teléfonos inteligentes.
기술의 발전 덕분에, 우리는 지금 스마트폰이라는 것을 가지고 있다.

📝 gracias a ~: ~ 덕분에 | desarrollo de la tecnología n.m 기술의 발전 | ahora adv. 지금, 현재 | teléfono inteligente n.m. 스마트폰

B1 ☐ **método**
☐
☐

n.m. **방법**

Hay varios métodos de aprendizaje de un idioma.
한 언어의 학습에는 다양한 방법이 있다.

📝 varios/as adj. 다양한 | aprendizaje n.m 학습 | idioma n.m. 언어

estudio

n.m. 연구

Según un estudio realizado en EE.UU., aprender idiomas ayuda a mejorar la memoria.

미국에서 행해진 한 연구에 따르면, 외국어들을 배우는 것이 기억력을 개선하는 데 도움을 준다.

📖 según ~에 따르면 | realizado/a adj. 행해진 | EE.UU.: (Estados Unidos의 축약형) 미국 | ayudar a+동사원형: ~하는 것을 돕다, ~에 일조하다 | mejorar la memoria 기억력을 개선하다, 나아지게 하다

experimento

n.m. 실험

Se llevó a cabo un experimento relacionado con el continuo consumo de comida rápida.

패스트푸드의 계속적인 소비와 관련된 실험 하나가 실행되었다.

📖 llevarse a cabo 실행되다 | relacionado/a con+(보통) 정관사+명사: ~와 관련된 | continuo/a adj. 계속된 | consumo n.m. 소비 | comida rápida n.f. 패스트푸드

laboratorio

n.m. 연구소

Mi hijo trabaja en un laboratorio y se pasa el día encerrado.

나의 아들은 어느 한 연구소에서 일하고 하루 종일 연구소에 갇힌 채로 보낸다.

📖 trabajar en ~: ~에서 일하다 | pasarse+기간: ~를 보내다 | encerrado/a adj. 갇힌

materia

n.f. 물질, 물체

Los estados de la materia son tres: el sólido, el líquido y el gaseoso.

물질의 상태는 세 가지이다: 고체, 액체 그리고 기체 상태.

📖 estado n.m. 상태 | sólido/a adj. 고체의 | líquido/a adj. 액체의 | gaseoso/a adj. 기체의

💡 Tip

el estado sólido, el estado líquido y el estado gaseoso에서 한 문장 안의 같은 명사의 반복을 피하기 위해 estado가 생략되었다.

descubri- miento

n.m. 발견

Gracias al descubrimiento de la penicilina podemos salvar a muchas personas.

페니실린의 발견 덕분에 우리는 많은 사람들을 구할 수 있다.

📖 salvar v. ~를 구하다, 살리다

> **Tip**
> '페니실린'은 푸른곰팡이를 배양하여 얻은 항생 물질을 뜻한다.

analizar

v. 분석하다

Mi trabajo consiste en analizar los resultados de los experimentos.

내 일은 실험들의 결과들을 분석하는 데에 있다.

📖 consistir en+동사원형: ~하는 데에 있다 | resultado n.m. 결과

invento

n.m. 발명품

Internet es uno de los inventos más revolucionarios del siglo XX.

인터넷은 20세기의 가장 혁신적인 발명품 중 하나이다.

📖 revolucionario/a adj. 혁신적인 | siglo XX 20세기

> **Tip 1**
> Internet은 문장 어디에 위치해도 대문자로 시작하며 무관사로 쓰인다.

> **Tip 2**
> invento는 '발명품'이고, invención은 '발명'이라는 행위를 가리킴에 유의하자.

inventar

v. 발명하다

Me gustaría inventar una máquina del tiempo para poder viajar al pasado.

나는 과거로 여행 갈 수 있도록 타임머신을 발명하고 싶다.

📖 me gustaría+동사원형: 나는 ~하고 싶다 | máquina del tiempo n.f. 타임머신 | viajar al pasado 과거로 여행 가다

Unidad 02 생물학

Cada vez hay más gente interesada en la ecología.
매번 더 많은 사람들이 생태학에 관심을 가져.

B1 ☐ ecología

n.f. 생태학

Cada vez hay más gente interesada en la ecología.
매번 더 많은 사람들이 생태학에 관심을 갖는다.

📖 cada vez 매번 | gente n.f. 사람들 | interesado/a en ~: ~에 관심이 있는

Tip
gente의 의미는 '사람들'로 복수이나, 문법적으로는 단수로 취급한다.

☐ biología

n.f. 생물학

La biología es un campo fascinante de las ciencias naturales.
생물학은 자연 과학 중에서도 매우 매력적인 분야이다.

📖 campo n.m. 분야 | fascinante adj. 매우 매력적인(최상급)

Tip
las ciencias naturales은 '자연 과학'이라는 뜻으로 다양한 과학 분야를 지칭하기 때문에 복수로 사용된다.

☐ biólogo

n.m. 생물학자

En mi empresa, han contratado a un biólogo para trabajar en el laboratorio.
나의 회사에서(회사 측 사람들은) 연구소에서, 일하기 위한 생물학자 한 명을 고용했다.

📖 empresa n.f. 회사 | contratar a alguien ~을 고용하다

Tip
어떤 단체가 하는 행동은 주어 없이 동사만 3인칭 복수로 사용하며, '생물학자(여자)'는 bióloga라고 한다.

veterinario

n.m. 수의사, 동물 병원 **adj.** 수의학의

Ayer llevé a mi perro al veterinario.

어제 나는 내 개를 동물 병원에 데리고 갔다.

📝 ayer adv. 어제 | perro n.m. 개

> 💡 **Tip 1**
> 'llevar a+동물'은 '~를 데리고 가다'라는 뜻으로 동물을 사람처럼 여겨 동사 뒤에 a를 붙여야 한다.

> 💡 **Tip 2**
> '수의사(여자)'는 veterinaria라고 한다. 다만 대학교 전공명으로 사용될 경우 Veterinaria로, 관사 없이 대문자로 시작하는 여성형을 써야 한다.

genética

n.f. 유전학

En el futuro va a haber muchos avances en el campo de la genética.

미래에 유전학 분야에서는 많은 발전들이 있을 것이다.

📝 en el futuro 미래에 | avance n.m. 발전

> 💡 **Tip**
> haber는 hay의 원형으로 쓰였다.

ecológico/a

adj. 생태의, 생태 환경적인

Los productos ecológicos están de moda.

생태 환경적인 상품들은 유행 중이다.

📝 producto n.m. 상품 | estar de moda 유행 중이다

Unidad 03 수학 연산

Dos más dos suman cuatro.
2 더하기 2는 4가 돼.

A1 ☐ **número**
☐
☐

n.m. 수

Vamos a aprender los nombres de los números en español.
스페인어로 숫자들의 이름들을 배웁시다.

📖 vamos a+동사원형: ~하자 | aprender v. 배우다 | nombre n.m. 이름

A2 ☐ **matemática**
☐
☐

n.f. 수학

Me encanta el profesor de matemáticas porque es muy divertido.
나는 수학 선생님이 매우 좋다, 왜냐하면 매우 즐겁기 때문에.

📖 profesor n.m. 선생님(남자) | divertido/a adj. 즐거운, 재미있는

💡 **Tip**
수학은 분야가 여러 가지이므로 복수로 쓴다.

B1 ☐ **sumar**
☐
☐

v. 더하다, (합이) ~가 되다

Dos más dos suman cuatro.
2 더하기 2는 4가 된다.

☐ **restar**
☐
☐

v. 빼다

Si le restas cuatro a diez, ¿cuánto queda?
네가 10에서 4를 빼면, 얼마가 남지?

📖 quedar v. (결과물로서 무언가가) 남다

💡 **Tip**
여기서 le는 'a diez'와 같다.

multiplicar

v. 곱하다

Multiplica tres por tres.
3을 3으로 곱해라.

dividir

v. 나누다

Divide diez entre dos.
10을 2로 나눠라.

milímetro

n.m. 밀리미터

Un centímetro tiene diez milímetros.
1센티미터는 10밀리미터를 갖는다.

centímetro

n.m. 센티미터

Esta regla tiene veinte centímetros.
이 자는 20센티미터의 길이를 갖고 있다.

📝 regla n.f. 자

metro

n.m. 미터

¿Cuántos metros hay entre el hospital y la casa?
(수학 문제에서) 집과 병원 사이에는 몇 미터가 있습니까?

📝 entre A y B: A와 B사이에 | hospital n.m. 병원

kilómetro

n.m. 킬로미터

La tienda está a un kilómetro de aquí.
그 가게는 여기에서 1킬로미터 떨어진 곳에 있다.

📝 tienda n.f. 가게 | estar a 거리 de ~: ~로부터 ~만큼 떨어진 곳에 있다 | aquí 여기

☐
☐ **círculo**
☐

n.m. 원

Dibuja un círculo en el centro del papel.

종이의 중앙에 원 하나를 그려라.

📖 dibujar v. 그리다 | centro n.m. 중앙 | papel n.m. 종이

☐
☐ **triángulo**
☐

n.m. 삼각형

¿Cuántos lados tiene un triángulo?

삼각형은 몇 개의 변을 가지고 있죠?

📖 lado n.m. 측면, 면, (수학에서) 변

☐
☐ **cuadrado**
☐

n.m. 정사각형

Localiza en el dibujo tres cuadrados.

종이에 정사각형 세 개를 찾아내라.

📖 localizar v. 찾아내다 | dibujo n.m. 그림

☐
☐ **rectángulo**
☐

n.m. 직사각형

Un rectángulo no tiene cuatro lados iguales.

직사각형은 똑같은 네 변을 가지고 있지 않다.

📖 igual adj. 똑같은

NOTA

Unidad 04 물리와 화학

¿A qué temperatura se congela el agua?
몇 도에서 물이 얼지?

B1

símbolo químico

n.m. 화학 기호

El símbolo químico del oxígeno es O.
산소의 화학 기호는 O이다.

📖 oxígeno n.m. 산소

elemento químico

n.m. 화학 원소

Entre los elementos químicos, el más ligero es el hidrógeno.
화학 원소들 사이에서, 가장 가벼운 원소는 수소이다.

📖 entre ~ 사이에서 | ligero/a adj. 가벼운 | hidrógeno n.m. 수소

Tip 1
한 문장 내에 반복되는 어휘의 사용을 피하기 위해 el elemento más ligero 에서 elemento가 생략되었다.

Tip 2
최상급은 '정관사+명사+más+형용사'로 표현한다.

físico

n.m. 물리학자 **adj.** 물리학의

Albert Einstein es uno de los físicos más importantes de todos los tiempos.
알버트 아인슈타인은 역대의 가장 중요한 물리학자 중 한 명이다.

📖 importante adj. 중요한 | de todos los tiempos 전 시대들의, 역대의

Tip
'물리학자(여자)'는 física라고 한다. 다만 대학교 전공명으로 사용될 경우 Física로, 관사 없이 대문자로 시작하는 여성형을 써야 한다.

☐ **químico**

n.m. 화학자　**adj.** 화학의

Los químicos necesitan hacer experimentos en un laboratorio.
화학자들은 연구실에서 실험을 할 필요가 있다.

🗣 necesitar+동사원형: ~할 필요가 있다

> **Tip**
> '화학자(여자)'는 química라고 한다. 다만 대학교 전공명으로 사용될 경우 Química로, 관사 없이 대문자로 시작하는 여성형을 써야 한다.

☐ **electricidad**

n.f. 전기

¿Qué sería de nosotros sin electricidad?
전기가 없으면 우리는 어떻게 될까?

🗣 ¿qué sería de ~?: ~는 어떻게 될까?

☐ **electrónico/a**

adj. 전자의

Hoy en día se realizan muchas compras por comercio electrónico.
오늘날 전자 상거래를 통해 많은 구매들이 이뤄진다.

🗣 hoy en día 오늘날 | compra n.f. 구매 | comercio electrónico n.m. 전자 상거래

☐ **energía**

n.f. 에너지

La energía solar podría ser una solución a la contaminación de la Tierra.
태양 에너지는 지구 오염에 대한 하나의 해결책이 될 수도 있다.

🗣 solar adj. 태양의 | una solución a ~: ~에 대한 하나의 해결책 | contaminación n.f. 오염 | Tierra n.f. 지구

> **Tip 1**
> podría는 poder 동사의 가능법 형태로, 추측의 뉘앙스를 더한다.

> **Tip 2**
> 'Tierra 지구'는 대문자로 시작하고, 정관사와 함께 쓰인다.

Capítulo 16

oro

n.m. 금

El oro es un metal que no se oxida.
금은 녹슬지 않는 금속이다.

📖 metal n.m. 금속 | oxidarse v. 녹이 슬다

plata

n.f. 은

Es mejor guardar los productos de plata
en un lugar cerrado.
은으로 된 제품들을 밀폐된 공간에 보관하는 것이 더 좋다.

📖 guardar v. 보관하다 | lugar cerrado n.m. 밀폐된 공간

hierro

n.m. 철

Juan tiene una salud de hierro. ¿Qué
hará?
후안은 매우 건강하다. 뭘 할까?

💡 Tip 1

tener una salud de hierro는 직역하면 '강철 건강을 가지다'라는 뜻이지만, '매우
건강하다'로 자연스럽게 해석한다.

💡 Tip 2

단순 미래는 현재의 추측을 나타낼 때에도 쓸 수 있다.

acero

n.m. 스테인리스 스틸, 써지컬 스틸

El acero es muy barato.
스테인리스 스틸은 매우 저렴하다.

📖 barato/a adj. 저렴한

sólido

adj. 고체의, 단단한 **n.m.** 고체

El estado sólido del agua se llama hielo.
물의 고체 상태는 얼음이라고 불린다.

📖 llamarse v. ~라고 불리다 | hielo n.m. 얼음

💡 Tip

형용사 sólido의 여성형은 sólida이다.

☐ **congelar**
☐
☐

v. 얼리다

¿A qué temperatura se congela el agua?
몇 도에서 물이 얼지?

📑 temperatura n.f. 온도 | congelarse v. 얼다

☐ **evaporar**
☐
☐

v. 증발시키다

La ola de calor terminó por evaporar el
agua del lago.
폭염이 결국 그 호수의 물을 증발시켰다.

📑 ola de calor n.f. 폭염 | terminar por 동사원형: 결국 ~하게 되다
| lago n.m. 호수

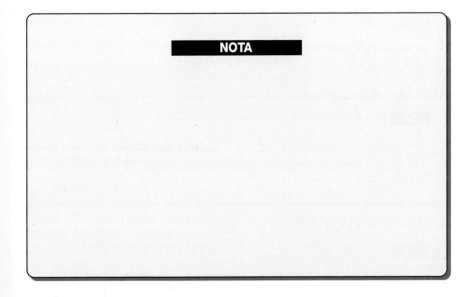

NOTA

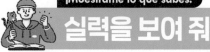

실력을 보여 줘!

Capítulo 16의 필수 단어를 Marcos와 Gema의 대화로 술술 말해 보세요.

Marcos	¿Y ahora quieres ser científica? ¿Por qué te gustaría ser científica?
Gema	Porque los científicos hacen grandes descubrimientos para la humanidad.
Marcos	*1 ¡Qué bien suena! ¡Grandes descubrimientos! Y, *2 ¿no te importaría estar encerrada todo el día en un laboratorio?
Gema	No, *3 ¡qué va! Me parece estupendo trabajar en un laboratorio.
Marcos	Creo que estás un poco equivocada con lo que hacen los científicos.
Gema	No, no estoy equivocada. Sé perfectamente lo que hacen. Por eso, estoy leyendo biografías de algunos biólogos y químicos.
Marcos	Creo que lo que tienes que hacer es estudiar. *4 No sé yo...

마르코스	그런데 지금은 과학자가 되고 싶다고? 왜 과학자가 되고 싶은데?
헤마	왜냐하면 과학자들은 인류를 위해 위대한 발견들을 하잖아.
마르코스	이야, 근사하게 들린다! 위대한 발명이라니! 그러면, 하루 종일 연구실에 갇혀 있는 거 너 괜찮겠어?
헤마	괜찮고 말고, 뭔 소리야! 연구소에서 일하는 게 나한테 너무 멋져 보이는걸!
마르코스	내 생각엔 넌 과학자들이 하는 것을 조금 잘못 알고 있는 것 같아.
헤마	아니야, 잘못 알고 있는 게 아니야. 그들이 하는 일을 완벽하게 알아. 그래서, 몇몇 생물학자와 화학자들의 전기를 읽고 있다고.
마르코스	내 생각엔 네가 해야 하는 건 공부인데. 글쎄 난 말이야...

VOCA

humanidad n.f. 인류 | sonar+형용사/부사: ~하게 들리다 | estar equivocado/a 잘못 알고 있다, 착각하고 있다 | saber perfectamente ~: ~를 완벽하게 알다 | lo que 주어+동사: ~하는 것 | biografía n.f. 전기

Tip

*1 ¡Qué bien suena!는 '근사하게 들린다!'로 자연스럽게 해석한다.

*2 ¿No te importaría+동사원형?은 '너 ~하는 것은 괜찮겠어?'로 해석하고, 괜찮다면 'No'로 답한다.

*3 ¡Qué va!는 '무슨 소리야!'로 자연스럽게 해석한다.

*4 No sé yo... '글쎄 난 말이야...'라는 표현이다.

Ejercicios del capítulo 16

연습문제

1 [보기]에서 빈칸에 알맞은 단어를 찾아 문장을 완성하세요.

> **보기**
> tecla redes veterinario inventar ciencia
> inalámbrico pulgadas instalar inventos triángulo

1 Me interesa mucho la _____ .
나는 과학에 매우 흥미를 가지고 있다.

2 Internet es uno de los _____ más revolucionarios del siglo XX.
인터넷은 20세기의 가장 혁신적인 발명품 중 하나이다.

3 Me gustaría _____ una máquina del tiempo para poder viajar al pasado.
나는 과거로 여행 갈 수 있도록 타임머신을 발명하고 싶다.

4 Ayer llevé a mi perro al _____ .
어제 나는 내 개를 동물 병원에 데리고 갔다.

2 [보기]에서 알맞은 단어를 골라 문장을 완성하세요.

> **보기**
> profesorado evaporar oro sería

1 El _____ es un metal que no se oxida.
금은 녹슬지 않는 금속이다.

2 El _____ de Química de mi universidad es famoso a nivel mundial.
나의 대학교의 화학 교수진 세계적인 수준으로 유명하다.

3 ¿Qué _____ de nosotros sin electricidad?
전기가 없으면 우리는 어떻게 될까?

4 La ola de calor terminó por _____ el agua del lago.
폭염이 결국 그 호수의 물을 증발시켰다.

★ 오늘의 한 마디!

후안은 매우 건강하다. 뭘 할까? _____ .

정답

1 ① ciencia ② inventos ③ inventar ④ veterinario
2 ① oro ② profesorado ③ sería ④ evaporar
☆ 오늘의 한 마디 - Juan tiene una salud de hierro. ¿Qué hará?

보너스 단어

기초 연산, 수학과 관련된 어휘들을 익혀 봅시다.

💰 스페인어로 배우는 기초 연산

B1 5 + 2 = 7	
ej Cinco más dos suman siete. / Cinco más dos es igual a siete.	5 더하기 2는 7이다.
B1 10 - 2 = 8	
ej Diez menos dos es igual a ocho.	10 빼기 2는 8이다.
B1 2 x 2 = 4	
ej Dos por dos es igual a cuatro.	2 곱하기 2는 4이다.
B1 10 ÷ 2 = 5	
ej Diez dividido por / entre dos es igual a cinco.	10 나누기 2는 5이다.

📊 그 외 수학 용어

B1 suma	n.f. 덧셈
B1 resta	n.f. 뺄셈
B1 multiplicación	n.f. 곱셈
B1 división	n.f. 나눗셈
B1 tabla de multiplicación	n.f. 구구단
B1 ~ por ciento	~ 퍼센트
B1 porcentaje	n.m. 퍼센티지
B1 ángulo	n.m. 각도
B2 ecuación	n.f. 방정식
B2 función	n.f. 함수
B2 infinito	n.m. 무한대
B2 álgebra	n.f. 대수
B2 raíz	n.f. 루트

B2 área	n.f. 면적
B2 número par	n.m. 짝수
B2 número impar	n.m. 홀수
B2 diámetro	n.m. 지름
B2 radio	n.m. 반지름
B2 circunferencia	n.f. 원주
B2 conjunto	n.m. 집합
B2 fracción	n.f. 분수

스페인어로 분수 읽기

분자가 1일 경우, 1/2을 제외하고 **'un+서수'**로 읽는다.

B1 1/2	un medio
B1 1/3	un tercio
B1 1/4	un cuarto
B1 1/5	un quinto
B1 1/6	un sexto
B1 1/7	un séptimo
B1 1/8	un octavo
B1 1/9	un noveno
B1 1/10	un décimo

분자가 2 이상일 경우 분모를 복수로 쓰며, **분자는 기수·분모는 서수**로 읽는다.

B2 2/3	dos tercios
B2 3/4	tres cuartos
B2 4/5	cuatro quintos

Capítulo

17

Estado
국가

MP3 바로 듣기

◀ Alcázar de Segovia, Segovia
알카사르 궁전, 세고비아

Unidad 01 사회

Mis abuelos viven en un pueblo de Málaga.
나의 조부모님들은 말라가의 어느 한 마을에 사셔.

A1

☐☐☐ **pueblo**

n.m. 마을, 민족, 소도시

Mis abuelos viven en un pueblo de Málaga.
나의 조부모님들은 말라가의 어느 한 마을에 사신다.

📝 abuelo n.m. 할아버지 | abuela n.f. 할머니 | vivir en ~: ~에 살다

☐☐☐ **ciudad**

n.f. 도시

Mi ciudad no es muy grande.
내가 사는 도시는 매우 크지는 않다.

📝 grande adj. 큰

A2

☐☐☐ **región**

n.f. 지역

Te recomiendo visitar esa región.
나는 너에게 그 지역을 방문할 것을 추천한다.

📝 recomendar a+사람+동사원형: ~에게 ~할 것을 추천하다 | visitar v. 방문하다

☐☐☐ **habitante**

n.m.f. 거주자

El pueblo de mis abuelos solo tiene mil habitantes.
나의 조부모님의 마을은 1000명의 거주민만을 가지고 있다.

📝 solo adv. ~만, 오직, 단지

☐ **ciudadano**
☐
☐

n.m. 시민

Los ciudadanos no deberían renunciar a
su derecho a votar.
시민들은 그들이 투표할 권리를 포기해서는 안 된다.

📖 deber+동사원형: ~해야 한다 | renunciar a ~: ~를 포기하다 |
derecho a 동사원형: ~할 권리 | votar v. 투표하다

> 💡 **Tip 1**
> '시민(여자)'은 ciudadana라고 한다.
> ‥‥‥‥‥‥‥‥‥‥‥‥‥‥‥‥‥‥‥‥‥‥‥‥‥‥
> 💡 **Tip 2**
> deberían은 deber 동사의 가능법으로, '마땅히 ~해야 한다, 해서는 안 된다'
> 의 뉘앙스가 추가된다.

☐ **población**
☐
☐

n.f. 인구

La población mundial está creciendo.
세계의 인구는 증가하고 있다.

📖 mundial adj. 세계의 | crecer v. 증가하다, 성장하다, 자라다

☐ **emigrante**
☐
☐

n.m.f. (다른 나라로 가는) 이민자

En los años sesenta, hubo muchos
emigrantes españoles en Alemania.
60년대에 독일에는 많은 스페인 이민자들이 있었다.

📖 en los años 60: 60년대에 | español(a) adj. 스페인의 |
Alemania 독일

☐ **inmigrante**
☐
☐

n.m.f. (다른 나라로 온) 이민자

Muchos inmigrantes africanos llegan a
Europa por mar.
많은 아프리카 이민자들은 바다를 통해 유럽에 도착한다.

📖 africano/a adj. 아프리카의 | llegar a ~: ~에 도착하다 | por
mar 바다를 통해

☐ **servicio**
☐ **social**
☐

n.m. 사회적 서비스

Dinamarca es un país famoso por sus
servicios sociales.
덴마크는 사회적 서비스로 유명한 나라이다.

📖 Dinamarca 덴마크 | país n.m. 나라 | famoso/a por~: ~로
유명한

☐☐☐ **comunidad**

n.f. 공동체

España tiene diecisiete comunidades autónomas y dos ciudades autónomas.
스페인은 17개의 자치주와 2개의 자치시를 가지고 있다.

📖 comunidad autónoma n.f. 자치주, 자치 지방 | ciudad n.f. 도시 | autónomo/a adj. 자치의, 자치권이 있는

☐☐☐ **club**

n.m. 동호회, 클럽

Me he hecho socio de un club de lectura.
나는 어느 한 독서 동호회의 회원이 되었다.

📖 hacerse socio/a 회원이 되다 | lectura n.f. 독서

☐☐☐ **derecho**

n.m. 권리

Votar es uno de los derechos que tenemos los ciudadanos.
투표하는 것은 우리 시민들이 가진 권리들 중 하나이다.

📖 uno de ~: ~ 중 하나

> 💡 **Tip**
> 여기서 los ciudadanos는 nosotros los ciudadanos의 줄임말이다.

☐☐☐ **deber**

n.m. 의무

Los policías tienen que cumplir con su deber.
경찰들은 그들의 의무를 이행하여야 한다.

📖 policía n.m.f. 경찰 | tener que+동사원형: ~해야 한다 | cumplir con ~: (의무, 약속, 직무 등)을 다하다, 이행하다

☐☐☐ **colaboración**

n.f. 협조

Para realizar este proyecto es imprescindible la colaboración de algunos personajes públicos.
이 프로젝트를 실행하기 위해서 몇몇 공인들의 협조가 필수 불가결하다.

📖 realizar v. 실행하다 | proyecto n.m. 프로젝트 | imprescindible adj. 필수 불가결한 | personaje público n.m. 공인, 유명인

crisis

n.f. 위기

La crisis económica está afectando a muchos autónomos.

경제 위기가 많은 자영업자들에게 영향을 끼치고 있다.

📖 económico/a adj. 경제의 | afectar v. (나쁜 쪽으로) 영향을 끼치다 | autónomo n.m 자영업자

> 💡 **Tip**
> 수식어 없이 crisis만으로도 '경제 위기'를 지칭할 수 있다.

progreso

n.m. 발전

El progreso de nuestro pueblo ha sido espectacular y ahora parece una ciudad.

우리 마을의 발전은 굉장했고 지금은 도시처럼 보인다.

📖 espectacular adj. 굉장한, 장관인 | parecer+명사/형용사: ~처럼 보이다

público/a

adj. 공공의

Está prohibido fumar en lugares públicos.

공공장소들에서 흡연하는 것은 금지되어 있다.

📖 estar prohibido/a 금지되어 있다 | fumar v. 흡연하다 | lugar n.m. 장소

privado/a

adj. 사립의

Mis hijos estudian en un colegio privado.

나의 자식들은 어느 한 사립 학교에서 공부한다.

> 💡 **Tip**
> colegio는 주로 스페인에서 '초등학교와 중학교'를 뜻하지만, 지역/국가적으로 초등 교육 기관에 대한 명칭이 다를 수 있다.

historia medieval

n.f. 중세 역사

Este semestre he cogido Historia Medieval de España.

이번 학기에 나는 스페인의 중세 역사 과목을 택했어.

📖 semestre n.m. 학기 | coger v. 택하다, 집다

Capítulo 17

☐ **historia**
☐ **antigua**
☐

n.f. 고대 역사

Me gustaría profundizar en la historia antigua, así que me he comprado este libro.

나는 고대 역사를 깊게 파고들고 싶어, 그래서 이 책을 샀어.

📖 me gustaría+동사원형: 나는 ~하고 싶다 | profundizar en ~: ~를 깊게 파고들다 | así que 그래서 | libro n.m. 책

💡 **Tip**
스스로를 위한 구매에는 보통 comprarse, 재귀동사로 사용한다.

☐ **historia del**
☐ **arte**
☐

n.f. 예술의 역사

Como te gusta el arte, te he preparado un libro de historia del arte de regalo.

네가 예술을 좋아하니까, 내가 예술 역사 책 한 권을 너에게 선물로 준비했어.

📖 como+주어+동사: ~하니까 | preparar v. 준비하다

💡 **Tip 1**
de regalo는 '선물로(써)'라는 뜻으로, como regalo와 동일한 표현이다.

💡 **Tip 2**
'historia universal 세계의 역사', 'historia contemporánea 근대의 역사'도 함께 알아 두자.

☐ **sociología**
☐
☐

n.f. 사회학

Estudio Sociología en la universidad.

나는 대학교에서 사회학을 공부한다.

📖 estudiar v. 공부하다 | universidad n.f. 대학교

💡 **Tip**
대학교 전공명은 관사 없이 대문자로 시작한다.

☐ sociólogo

n.m. 사회학자

El padre de mi mejor amigo es un sociólogo famoso a nivel internacional.

나의 가장 친한 친구의 아버지는 국제적으로 유명한 사회학자이다.

📑 mi mejor amigo/a 나의 가장 친한 친구 | famoso/a adj. 유명한 | a nivel internacional 국제적으로

> 💡 **Tip**
> '사회학자(여자)'는 socióloga라고 한다.

☐ historiador

n.m. 역사가

Los historiadores tienen diferentes opiniones sobre la conquista española de América.

역사가들은 스페인의 신대륙 정복에 대해 다른 의견들을 가지고 있다.

📑 diferente adj. 다른 | opinión n.f. 의견 | sobre ~에 대해 | conquista española de América n.f. 스페인의 신대륙 정복

> 💡 **Tip**
> '역사가(여자)'는 historiadora라고 한다.

☐ político

n.m. 정치가 **adj.** 정치학의

Los políticos hacen promesas que no van a cumplir en el futuro.

정치가들은 미래에 지키지 않을 약속들을 한다.

📑 promesa n.f. 약속, 공약 | cumplir v. 지키다 | en el futuro 미래에

> 💡 **Tip**
> '정치가(여자)'와 '정치, 정치학'은 política라고 한다. 다만 과목명, 전공명으로 사용될 경우 Política의 형태로, 관사 없이 대문자로 시작하는 여성형을 쓴다.

Unidad 02 조직과 단체

Corea del Sur es un país democrático.
한국은 민주주의 국가야.

A1

☐☐☐ **país**

n.m. 국가, 나라

Corea del Sur es un país democrático.
한국은 민주주의 국가이다.

📑 Corea del Sur 남한 | democrático/a adj. 민주주의의

💡 **Tip**
'북한'은 Corea del Norte라고 한다.

☐☐☐ **capital**

n.f. 수도

Seúl es la capital de Corea.
서울은 한국의 수도이다.

📑 Seúl 서울

💡 **Tip**
한 개밖에 없는 특정한 것에는 정관사를 사용하여 la capital과 같이 표현한다.

☐☐☐ **presidente**

n.m. 대통령

El presidente de Corea visitará Pekín el mes que viene.
한국의 대통령은 다음 달에 베이징을 방문할 것이다.

📑 Pekín 베이징 | el mes que viene 다음 달에

💡 **Tip 1**
'대통령(여자)'은 presidenta라고 한다.

💡 **Tip 2**
visitar는 사람 목적어와 함께 쓰일 때 전치사 a를 동반하지만, 장소와 관련된 목적어와 쓰일 때에는 a를 쓰지 않는다.

| | **rey** | **n.m.** 왕 |

Todavía hay reyes en algunos países.
아직 몇몇 나라에서는 왕들이 존재한다.

📝 todavía adv. 아직 | algunos/as 몇몇의

reina   **n.f.** 여왕

Isabel la Católica fue la reina más importante de España.
이사벨은 스페인에서 가장 중요한 여왕이었다.

📝 importante adj. 중요한

💡 **Tip 1**
Isabel la Católica는 이사벨 여왕의 별칭이며, 그녀는 카톨릭 여왕으로 1492년 레콩키스타를 마무리지었다.

💡 **Tip 2**
최상급은 '정관사+명사+más+형용사+de+단체나 집단'으로 표현하며, '~에서 가장 ~한 ~'로 해석한다.

A2   **príncipe**   **n.m.** 왕자

El protagonista del cuento es un príncipe que tiene que salvar a una princesa.
그 이야기의 주인공은 어느 한 공주를 구해야 하는 왕자이다.

📝 protagonista n.m.f. 주인공 | cuento n.m 이야기 | salvar v. 구하다

💡 **Tip**
'공주'는 princesa라고 한다.

juez   **n.m.** 판사

El acusado no está de acuerdo con la sentencia del juez.
피의자는 판사의 판결에 동의하지 않는다.

📝 acusado n.m. 피의자(남자) | estar de acuerdo con ~: ~에 동의하다 | sentencia n.f. 판결, 선고

💡 **Tip**
'판사(여자)'는 jueza라고 한다.

Capítulo 17

☐ **primer**
☐ **ministro**
☐

n.m. 수상, 국무 총리

El primer ministro británico se quedará unos días en Roma.

영국의 국무총리는 며칠 동안을 로마에 머물 것이다.

📝 británico/a adj. 영국의 | quedarse v. 머물다 | unos días 며칠 | Roma 로마

💡 **Tip**

'수상, 국무총리(여자)'는 primera ministra라고 한다.

☐ **política**
☐
☐

n.f. 정치

Yo no entiendo nada de política.

나는 정치에 대해 전혀 이해하지 못한다.

📝 entender v. 이해하다 | nada de ~: ~에 대해 전혀, 아무것도

☐ **gobierno**
☐
☐

n.m. 정부

El Gobierno argentino aprobó una nueva ley educativa.

아르헨티나 정부는 새로운 교육법을 통과시켰다.

📝 argentino/a adj. 아르헨티나의 | aprobar v. 통과시키다, 승인하다 | nuevo/a adj. 새로운 | ley n.f. 법률 | educativo/a adj. 교육의

💡 **Tip**

특정 나라의 정부를 가리킬 때에는 대문자로 단어를 시작한다.

☐ **partido**
☐ **político**
☐

n.m. 정당

Los partidos políticos pierden mucho tiempo discutiendo entre ellos.

정당들은 그들끼리 말다툼하면서 많은 시간을 잃는다.

📝 perder v. 잃다 | tiempo n.m. 시간 | discutir v. 말다툼하다 | entre ellos 그들끼리

☐ **ayunta-**
☐ **miento**
☐

n.m. 시청

El ayuntamiento organizó una exposición de un pintor local.
시청은 지역 화가의 전시회 하나를 준비했다.

📖 organizar ~: ~를 준비하다, 조직하다 | exposición n.f. 전시회 | pintor n.m. 화가 | local adj. 지역의, 고장의

💡 **Tip**
특정 도시의 시청을 지칭하는 경우에는 첫 글자를 대문자로 쓴다.

B1 ☐ **alcalde**
☐
☐

n.m. 시장

El alcalde va a reunirse con unos vecinos de mi barrio.
시장은 내 동네의 몇몇 이웃 주민들과 만날 것이다.

📖 reunirse con ~: ~와 만나다, 회동을 갖다 | vecino n.m. 이웃(남자) | vecina n.f. 이웃(여자) | barrio n.m. 동네

💡 **Tip**
'시장(여자)'은 alcaldesa라고 한다.

☐ **vice-**
☐ **presidente**
☐

n.m. 부통령

El vicepresidente visitará a las víctimas de la catástrofe.
부통령은 그 대참사의 피해자들을 방문할 것이다.

📖 visitar v. 방문하다 | víctima n.f. 피해자 | catástrofe n.f. 대참사, 대재앙, 큰 이변

💡 **Tip**
'부통령(여자)'은 vicepresidenta라고 한다.

☐ **embajador**
☐
☐

n.m. 대사

El nuevo embajador se reunió con el ministro de Defensa.
새로운 대사는 국방부 장관과 회동을 가졌다.

📖 ministro de Defensa n.m. 국방부 장관

💡 **Tip**
'대사(여자)'는 embajadora라고 한다.

☐ **embajada**
☐
☐

n.f. 대사관(건물)

En caso de perder el pasaporte, hay que acudir a la embajada.

여권을 분실할 경우에는 대사관에 찾아가야 한다.

📋 en caso de+동사원형: ~할 경우에는 | perder v. 잃다, 분실하다 | pasaporte n.m. 여권 | hay que+동사원형: ~해야 한다

💡 **Tip**

acudir a ~는 '~로 찾아가다'라는 뜻으로, 보통 도움을 요청하러 갈 때 사용한다.

☐ **autoridad**
☐ **competente**
☐

n.f. 관할 기관

Este asunto debe ser tratado por la autoridad competente.

이 문제는 관할 기관에 의해 다뤄져야 한다.

📋 asunto n.m. 문제 | deber+동사원형: ~해야 한다 | ser tratado/a 다뤄지다

☐ **nación**
☐
☐

n.f. 나라

La nación coreana es muy antigua.

한민족은 매우 오래되었다.

📋 antiguo/a adj. 오래된

💡 **Tip**

nación은 한 언어를 사용하고, 역사, 정서 및 문화적인 결속을 공유하는 '민족, 겨레'의 뉘앙스를 갖고, estado는 정치적 뉘앙스가 강조된 '나라', país는 지도상 구분된 영토로 나눠지는 '국가'의 개념이다.

☐ **estado**
☐
☐

n.m. 국가, 주, 정부

Esta vivienda pertenece al Estado.

이 주택은 국가의 소유이다.

📋 vivienda n.f. 주택 | pertenecer a ~: ~의 소유이다

💡 **Tip**

estado는 특정 국가, 자신의 나라를 지칭하는 의미로 쓰일 때 대문자로 시작한다.

provincia

n.f. 주

En Andalucía hay ocho provincias.
안달루시아에는 8개의 자치주가 있다.

> **Tip**
> 안달루시아는 스페인 남부의 자치행정구역이다.

distrito

n.m. 지구, 구역

Tienes que empadronarte en la oficina municipal de tu distrito.
너는 네가 살고 있는 지구의 구청에 거주 등록을 해야 한다.

📖 empadronarse v. 거주 등록을 하다 | oficina municipal n.f. 구청, 동사무소 등의 사무실

parlamento

sin. congreso
n.m. 회의,국회

n.m. 의회, 국회

El Parlamento Europeo está en Bruselas.
유럽 의회는 브뤼셀에 있다.

📖 Bruselas 브뤼셀

> **Tip**
> '유럽 의회'를 뜻하는 Parlamento Europeo는 첫 글자를 대문자로 쓴다.

constitución

n.f. 헌법

La Constitución española se aprobó en 1978.
스페인 헌법은 1987년에 통과되었다.

📖 aprobarse (법률 등이) 통과되다

> **Tip 1**
> 예문에서는 수동의 se가 쓰였다.

> **Tip 2**
> constitución이 '헌법'이라는 뜻일 때는 항상 Constitución의 형태로 맨 앞 글자를 대문자로 쓴다.

☐ ley
☐
☐

n.f. 법률

Los legisladores crean leyes.
입법자들이 법률들을 만든다.

📋️ legislador n.m. 입법자(남자) | legisladora n.f. 입법자(여자)
| crear v. 만들다

☐ ser ilegal
☐
☐ ant. ser legal 합법이다

동사 표현 불법이다

Es ilegal trabajar en España con el visado
de estudiante.
학생 비자를 가지고 스페인에서 일하는 것은 불법이다.

📋️ visado de estudiante n.m. 학생 비자

> 💡 **Tip**
> trabajar부터 문장 끝까지가 주어 부분이다.

☐ organi-
☐ zación no
☐ guberna-
mental

n.f. 비정부 기구

Me gustaría colaborar en una ONG algún
día.
나는 언젠가 어느 비정부기구에서 일하고 싶어.

📋️ colaborar v. (공동으로) 일하다, 협조하다 | algún día (미래
의) 언젠가

> 💡 **Tip**
> organización no gubernamental은 보통 ONG라고 줄여 쓴다.

☐ Unión
☐ Europea
☐

n.f. 유럽연합

La mayoría de los países europeos
pertenecen a la UE.
대부분의 유럽 국가들은 유럽연합에 속한다.

📋️ la mayoría de ~: 대부분의 ~ | europeo/a adj. 유럽의 |
pertenecer a ~: ~에 속하다

> 💡 **Tip**
> Unión Europea는 보통 UE라고 줄여 쓰며, 여성 명사인 unión에 맞춰 정관사 la
> 와 함께 쓰인다. 이는 세계에서 하나밖에 없는 기구이기으로 정관사와 쓰인다.

◻ **Organi-**
◻ **zación**
◻ **de las**
Naciones
Unidas

n.f. 유엔, 국제 연합

La ONU representa a todos los países del mundo.

유엔은 세계의 모든 나라들을 대표한다.

📖 representar v. 대표하다 | mundo n.m. 세계

💡 **Tip 1**

Organización de las Naciones Unidas는 보통 ONU라고 줄여 쓰며, 여성 명사인 organización에 맞춰 정관사 la와 함께 쓰인다.

💡 **Tip 2**

나라나 단체가 동사의 목적어로 올 때는 이를 사람 목적어 취급하며, 전치사 a와 함께 쓴다.

Capítulo 17

◻ **comunismo**
◻
◻

n.m. 공산주의

Todavía en algunos países del mundo existe el comunismo.

아직 세계의 몇몇 나라에는 공산주의가 존재한다.

📖 existir v. 존재하다

◻ **democracia**
◻
◻

n.f. 민주주의

En democracia, la participación ciudadana es fundamental.

민주주의에서, 시민의 참여는 근본적으로 중요하다.

📖 participación n.f. 참여 | ciudadano/a adj. 시민의 | fundamental adj. 근본적으로 중요한

◻ **dictadura**
◻
◻

n.f. 독재

La dictadura en España terminó en 1975.

스페인에서 독재는 1975년에 끝났다.

📖 terminar v. 끝나다

💡 **Tip**

스페인은 1939년에서 1975년까지 Francisco Franco Bahamonde의 독재 기간을 겪었다.

Unidad 03 군대

Me gustaría entrar en el Ejército.
나는 육군에 들어가고 싶어.

A2

☐ **ejército**
☐
☐

n.m. 육군, 군대

Me gustaría entrar en el Ejército.
나는 육군에 들어가고 싶다.

📘 entrar en ~: ~에 들어가다

> **Tip**
> ejército는 특정 부대가 아닌 '육군 조직'을 의미할 때 첫 글자를 대문자로 쓴다.

☐ **guerra**
☐
☐

n.f. 전쟁

Durante el siglo XX hubo muchas guerras en el mundo.
20세기 동안에 세계에는 많은 전쟁들이 있었다.

📘 durante ~: ~ 동안 | siglo XX 20세기

☐ **paz**
☐
☐

n.f. 평화, 평화 조약

La paz todavía no se ha firmado.
평화 조약은 아직 체결되지 않았다.

📘 firmarse 체결되다

> **Tip**
> 예문에서는 수동의 se가 쓰였다.

B1

☐ **terrorista**
☐
☐

n.m.f. 테러리스트

Los terroristas fueron condenados a cadena perpetua.
테러리스트들은 무기징역을 선고받았다.

📘 ser condenado/a a ~: ~의 선고를 받다 | cadena perpetua n.f. 무기징역

grupo terrorista

n.m. 테러리스트 그룹

Es horrible que todavía existan grupos terroristas.

아직까지 테러리스트 그룹들이 존재한다는 것이 끔찍하다.

📝 es horrible que 주어+접속법 동사: ~하는 것이 끔찍하다

terrorismo

n.m. 테러리즘

Hay que luchar contra el terrorismo.

테러리즘에 대항하여 투쟁해야 한다.

📝 luchar contra ~: ~에 대항하여 투쟁하다

atentado terrorista

n.m. 테러 행위

Por un atentado terrorista, se han cancelado todos los vuelos.

어느 한 테러 행위로 인해 모든 비행편이 취소되었다.

📝 vuelo n.m. 비행편 | cancelarse v. 취소되다

💡 **Tip**

예문에서는 수동의 se가 쓰였다.

ir a la cárcel

동사 표현 감옥에 가다

Al final, la mayoría de los políticos de ese partido fueron a la cárcel por corrupción.

결국, 그 정당의 다수의 정치가들은 부정부패로 인해 감옥에 갔다.

📝 al final adv.결국 | la mayoría de 정관사+복수 명사: 대부분의 ~들 | por corrupción 부정부패로 인해

💡 **Tip**

'la mayoría de 정관사+복수 명사'가 주어로 쓰일 경우, 일반적으로 동사를 복수 명사의 수에 맞춘다.

cohete

n.m. 로켓

Se han disparado tres cohetes.

세 대의 로켓이 발사되었다.

📝 dispararse v. 발사되다

☐☐☐ **misil**

n.m. 미사일

La guerra empezó por un misil.

그 전쟁은 미사일 하나로 때문에 시작되었다.

📖 empezar v. 시작되다 | por ~로 인해, ~ 때문에

☐☐☐ **satélite**

n.m. 위성

Los satélites artificiales sirven para muchas cosas.

인공위성들은 많은 것들에 사용된다

📖 artificial adj. 인공의 | servir para+명사/동사원형: ~을 위해 사용 되다, ~에 유용하다

☐☐☐ **vida**

n.f. 목숨, 생명

Los médicos que trabajan en urgencias salvan la vida de muchas personas.

응급실에서 일하는 의사들은 많은 사람들의 생명을 구한다.

📖 médico n.m. 의사(남자) | médica n.f. 의사(여자)

💡 **Tip**

urgencias은 '응급실'이라는 뜻으로 관사 없이 복수로 사용된다.

☐☐☐ **capitán**

n.m. 대위

El teniente fue ascendido a capitán.

중위는 대위로 승진되었다.

📖 teniente n.m. 중위

💡 **Tip**

'ser ascendido/a a ~'는 '~로 승진되다'라는 뜻이다. 이때 직위명 앞에는 관사가 붙지 않는다.

☐☐☐ **general**

n.m.f. 장군

El general visitó a las tropas antes de la batalla.

그 장군은 전투 전에 군 부대들을 방문했다.

📖 tropa n.f. 군 부대 | antes de ~: ~ 이전에 | batalla n.f. 전투

☐ **militar**
☐
☐

n.m.f. 직업 군인, 군인 **adj.** 군대의, 군사의

Ser militar conlleva muchos sacrificios en todos los aspectos.

직업 군인이 되는 것은 모든 면에서 많은 희생들을 수반한다.

📑 conllevar v. 수반하다, ~이 따르다 | sacrificio n.m. 희생 | en todos los aspectos 모든 면에서

☐ **soldado**
☐
☐

n.m. 군인, 사병

Los soldados deben obedecer a su superior.

군인들은 그들의 상관에게 복종해야 한다.

📑 obedecer v. 복종하다 | superior n.m. 상사, 상관

☐ **Guerra Civil**
☐
☐

n.f. 시민 전쟁

La Guerra Civil española duró tres años.

스페인 시민 전쟁은 3년간 지속되었다.

📑 durar+기간: ~의 기간이 지속되다

💡 **Tip**

역사적인 사건은 보통 대문자로 쓴다.

☐ **guerra mundial**
☐
☐

n.f. 세계 전쟁

La Segunda Guerra Mundial empezó en 1939.

제2차 세계 대전은 1939년에 시작되었다.

📑 empezar v. 시작되다

☐ **guerra de indepen-dencia**
☐
☐

n.f. 독립 전쟁

La invasión de Napoleón provocó la guerra de independencia española.

나폴레옹의 침략은 스페인 독립 전쟁을 유발시켰다.

📑 invasión n.f. 침략 | provocar v. 자극하다, 유도하다, 유발하다 | guerra de independencia n.f. 독립 전쟁

pistola

n.f. 권총

El policía apuntó al ladrón con una pistola.
그 남자 경찰관은 권총을 가지고 그 도둑을 조준했다.

📑 apuntar v. 겨냥하다, 조준하다, 가리키다 | ladrón n.m. 도둑(남자)

bomba

n.f. 폭탄

La primera bomba atómica se lanzó en Hiroshima.
첫 원자 폭탄이 히로시마에 발사되었다.

📑 primero/a adj. 첫, 첫 번째의 | bomba atómica n.f. 원자 폭탄

💡 **Tip**
예문에서는 수동의 se가 쓰였다.

hacer el servicio militar

동사 표현 군 복무를 하다

Mi hermano mayor está haciendo el servicio militar.
나의 형은 군 복무를 하고 있다.

estar en guerra

동사 표현 전쟁 중이다

Su país todavía está en guerra.
그의 나라는 아직 전쟁 중이다.

NOTA

¡Muéstrame lo que sabes!

실력을 보여 줘!

Capítulo 17의 필수 단어를 Marta와 José의 대화로 술술 말해 보세요.

Marta	¿José? ¿Qué haces por aquí? Al final, ¿no fuiste a Londres?
José	Debería estar en Londres ahora, pero se cancelaron todos los vuelos.
Marta	Pero, ¿qué pasó?
José	Hubo un atentado terrorista en el aeropuerto y ya sabes... un caos total. ¡No te imaginas *1 <u>lo asustado que estaba</u>!
Marta	*2 <u>¡Qué fuerte!</u> ¿Qué es lo que pasó exactamente?
José	Pues, justo antes de que despegara mi vuelo, encontraron unas pistolas en un baño y se enteraron de que había subido a bordo uno que llevaba una bomba.
Marta	¡Uf! *3 <u>¡qué mal rollo!</u>
José	En fin, ya tengo miedo a coger un vuelo.

마르타	너 여기서 뭐 해? 결국은 런던에 안 간 거야?
호세	지금쯤 런던에 있어야 하지. 그런데 모든 비행편이 취소되었어.
마르타	무슨 일이 있었길래?
호세	공항에 테러 행위가 있었어 그리고 너도 이미 알겠지만... 완전 혼돈 상태였어. 내가 얼마나 겁먹었는지 넌 모를 거야!
마르타	이럴 수가! 정확히 무슨 일이 일어난 거야?
호세	음, 딱 내 비행편이 이륙하기 전에, 화장실에서 몇 개의 총이 발견되었고 폭탄을 소지한 누군가가 탑승한 걸 승무원들이 알게 되었어.
마르타	으 이런, 생각만 해도 기분이 안 좋다!
호세	어쨌든, 나 벌써 비행기 타는 게 무서워졌어.

VOCA

por aquí 여기서, 여기 주변에서 | **al final** adv. 결국 | **cancelarse** v. 취소되다 | **vuelo** n.m. 비행편 | **caos** n.m. 혼돈 | **total** adv. 완전한, 전부의 | **exactamente** adv. 정확히 | **justo antes de que** | 주어+접속법 동사: 딱 ~하기 전에 | **despegar** v. 이륙하다 | **enterarse de ~** ~를 알게 되다 | **subir a bordo** 탑승하다 | **llevar** v. 가지고 있다, 지니다 | **en fin** adv. 어쨌든 | **tener miedo a 동사원형**: ~하는 데 두려움을 갖다

Tip

*1 'lo+형용사/부사+que 동사+주어'는 '얼마나 ~한지'로 해석한다

*2 ¡Qué fuerte!는 '강하네!'가 아니라 '이럴 수가!, 장난 아니다!'정도로 해석한다

*3 ¡Qué mal rollo!는 '생각만 해도 기분 안 좋아지네!'라는 표현이다.

연습문제

1 [보기]에서 빈칸에 알맞은 단어를 찾아 문장을 완성하세요.

> **보기**
>
> estado   atentado   bufete   asesino
> embajada   socio   públicos   crisis   derechos

1 Me he hecho _____ de un club de lectura.
나는 어느 한 독서 동호회의 회원이 되었다.

2 Votar es uno de los _____ que tenemos los ciudadanos.
투표하는 것은 우리 시민들이 가진 권리들 중 하나이다.

3 La _____ económica está afectando a muchos autónomos.
경제 위기가 많은 자영업자들에게 영향을 끼치고 있다.

4 Está prohibido fumar en lugares _____.
공공장소들에서 흡연하는 것은 금지되어 있다.

2 [보기]에서 알맞은 단어를 골라 문장을 완성하세요.

> **보기**
>
> juez   militar   pistola   ilegal

1 Es _____ trabajar en España con el visado de estudiante.
학생 비자를 가지고 스페인에서 일하는 것은 불법이다.

2 El acusado no está de acuerdo con la sentencia del _____.
피의자는 판사의 판결에 동의하지 않는다.

3 Ser _____ conlleva muchos sacrificios en todos los aspectos.
직업 군인이 되는 것은 모든 면에서 많은 희생들을 수반한다.

4 El policía apuntó al ladrón con una _____.
그 남자 경찰관은 권총을 가지고 그 도둑을 조준했다.

★ 오늘의 한 마디!

나의 형은 군 복무를 하고 있다. _____.

정답

1 ① socio ② derechos ③ crisis ④ públicos
2 ① ilegal ② juez ③ militar ④ pistola
☆ **오늘의 한 마디 - Mi hermano mayor está haciendo el servicio militar.**

보너스 단어

국가 기관, 군대와 관련된 어휘들을 익혀 봅시다.

🏛 국가 기관

B1 Ministerio del Interior	n.m. 내무부	
B1 Ministerio de Defensa	n.m. 국방부	
B1 Ministerio de Educación	n.m. 교육부	
B1 Ministerio de Asuntos Exteriores	n.m. 외무부	
B1 jefe de Estado	n.m. 국가의 수장	
B1 senado	n.m. 상원	
B1 cónsul	n.m. 영사	
B1 consulado	n.m. 영사관	
B1 república	n.f. 공화국	
B1 monarquía	n.f. 군주국	
B1 partido de izquierdas	n.m. 좌파	
B1 partido de derechas	n.m. 우파	
B1 partido de centro	n.m. 중도파	
B1 partido de la oposición	n.m. 야당	
B1 comunista	adj. 공산주의의	
B1 socialista	adj. 사회주의의	
B1 conservador(a)	adj. 보주주의의	
B1 demócrata	adj. 민주주의의	
B1 liberal	adj. 자유주의의	
B1 republicano/a	adj. 공화주의의	
B1 gobernar	v. 다스리다	

🪖 군대 관련 용어

B1 bala	n.f. 총알	
B1 arma	n.f. 무기	
B1 ataque	n.m. 공격	
B1 defensa	n.f. 방어	
B2 cañón	n.m. 대포	
B2 granada	n.f. 수류탄	
B2 declarar la guerra	전쟁을 선포하다	
B2 firmar la paz	평화 조약을 체결하다	
B2 tratado de paz	n.m. 평화 조약	
B2 coche blindado	n.m. 장갑차	
B2 tanque	n.m. 탱크	
B2 Fuerza Aérea*	n.f. 공군	
B2 Marina	n.f. 해군	
B2 Ejército de Tierra	n.m. 육군	
B2 Fuerza Armada*	n.f. 육해공군	
B2 abrir fuego	발포하다, 사격을 시작하다	
B2 desertar	v. 탈영하다	
B2 alistarse en el Ejército	육군에 입대하다	
B2 alto el fuego	사격 중지	
B2 armisticio	n.m. 휴전	
B2 tregua	n.f. 정전	

*표시 단어들은 보통 복수로 쓰인다.

Capítulo

18

Actividades artísticas
예술

MP3 바로 듣기

◀ Plaza de España, Madrid
스페인 광장, 마드리드

Unidad 01 음악과 무용

A mi padre le gusta la música clásica.
나의 아버지는 클래식 음악을 좋아하셔.

A1 ☐ música

n.f. 음악

A mi padre le gusta la música clásica.
나의 아버지는 클래식 음악을 좋아하신다.

clásico/a adj. 클래식의

Tip
gustar 동사는 역구조 동사이므로, 주어에는 관사를 붙여 la música clásica 라고 한다.

☐ cantante

n.m.f. 가수

Shakira es una cantante colombiana.
샤키라는 콜롬비아 출신의 가수이다.

colombiano/a adj. 콜롬비아의, 콜롬비아 출신의

Tip
플라멩코 가수에는 cantaor, cantaora를 사용한다.

A2 ☐ arte

n.m. 예술

Me interesa mucho la historia del arte.
나는 예술의 역사에 많은 흥미를 가지고 있다.

historia n.f. 역사, 이야기

Tip 1
interesar는 gustar와 같은 역구조 동사로, 이 문장에서의 주어는 la historia del arte가 된다.

Tip 2
me interesa A mucho보다, me interesa mucho A가 더 자연스러운 구조 이다. 역구조 동사에서 mucho와 같은 부사는 동사 뒤에 쓰는 것이 자연스럽다.

□ **músico**
□
□

n.m.f. 음악가

Los músicos suelen ser muy sensibles.
음악가들은 보통 감수성이 굉장히 예민하다.

📖 soler+동사원형: 보통 ~하다 / sensible adj. 감수성이 예민한, 감각이 예리한

💡 **Tip**

여성 음악가도 músico라고 하며, 관사만 여성형을 써 준다.

□ **canción**
□
□

n.f. 노래

Escucho todas las canciones de Shakira.
나는 샤키라의 모든 노래들을 듣는다.

📖 escuchar v. 듣다

💡 **Tip**

todas canciones라고 하지 않음에 유의한다.

□ **instrumento**
□ **musical**
□

n.m. 악기

¿Sabes tocar algún instrumento musical?
어떤 악기를 연주할 줄 아니?

📖 saber+동사원형: ~할 줄 알다 | tocar+정관사+악기명: ~를 연주하다, 치다

💡 **Tip**

alguno/a는 '어떤'이라는 뜻의 형용사로, 남성 단수 명사 앞에서는 algún의 형태로 쓴다.

□ **guitarra**
□
□

n.f. 기타

Mi padre me enseñó a tocar la guitarra.
나의 아버지는 나에게 기타를 치는 것을 가르쳐 주셨다.

📖 enseñar a alguien a 동사원형: ~에게 ~하는 것을 가르쳐 주다

💡 **Tip**

'기타리스트'는 guitarrista라고 한다.

piano

n.m. 피아노

Sé tocar el piano gracias a mi hermana mayor.

나는 나의 언니 덕분에 피아노를 칠 줄 안다.

📖 gracias a ~: ~ 덕분에 | hermana mayor n.f. 언니, 누나

> 💡 **Tip**
> '피아니스트'는 pianista라고 한다.

violín

n.m. 바이올린

¿Sabes tocar el violín?

너는 바이올린을 연주할 줄 아니?

> 💡 **Tip**
> '바이올리니스트'는 violinista라고 한다.

rock

n.m. 록

Me gusta el *rock*.

나는 록을 좋아한다.

pop

n.m. 팝

El *k-pop* está teniendo mucho éxito en el extranjero.

케이 팝은 외국에서 큰 성공을 거두고 있다.

📖 tener mucho éxito 큰 성공을 거두다 | extranjero n.m. 외국

jazz

n.m. 재즈

Soy muy aficionado al *jazz*.

나는 재즈를 매우 좋아한다.

📖 ser aficionado/a a+정관사+명사: ~를 매우 좋아하다, ~의 애호가이다

flamenco

n.m. 플라멩코

En un futuro cercano, me gustaría aprender a bailar flamenco.

가까운 미래에 나는 플라멩코 추는 것을 배우고 싶다.

📖 en un futuro cercano 가까운 미래에 | aprender a+동사원형: ~하는 것을 배우다 | bailar v. 춤추다

☐ **tango**

☐

☐

n.m. **탱고**

El tango me parece muy pasional.

탱고는 나에게 매우 열정적으로 보인다.

📑 parecer v. ~하게 보이다 | pasional adj. 열정적인

☐ **salsa**

☐

☐

n.f. **살사**

El verano pasado aprendí a bailar salsa.

지난 여름에 나는 살사 추는 것을 배웠다.

💡 **Tip**

'지난 여름에'는 el verano pasado라고 하며, en el verano pasado라고 하지 않음에 유의하자.

B1 ☐ *ballet*

☐

☐

n.m. **발레**

Mi hija va a clases de *ballet* cada miércoles.

나의 딸은 매주 수요일에 발레 수업에 간다.

📑 hija n.f. 딸 | clase n.f. 수업 | cada miércoles 매주 수요일에

💡 **Tip**

영어식 ballet와 더불어 balé라는 스페인식 표현도 사용된다.

☐ **baile**

☐

☐

n.m. **무용**

Me he apuntado a un curso de baile para este verano.

나는 이번 여름을 위해 댄스 수업 하나를 신청했다.

📑 apuntarse a ~: ~를 신청하다, ~에 가입하다 | curso de baile n.m. 댄스 수업

☐ **bailarín**

☐

☐

n.m. **무용수**

Mi hermano mayor es bailarín profesional y también es coreógrafo.

나의 오빠는 전문 무용수이고 또한 안무가이다.

📑 profesional adj. 전문의, 전문가의 | coreógrafo n.m. 안무가

💡 **Tip 1**

'무용수(여자)'는 bailarina라고 한다.

💡 **Tip 2**

'플라멩코 무용수'는 bailaor, bailaora를 사용한다

☐ **grupo**
☐ **(musical)**
☐

n.m. (음악) 그룹

Mi grupo favorito es BTS.
내가 가장 좋아하는 그룹은 BTS이다.

📖 favorito/a adj. 가장 좋아하는

☐ **cantar** *rap*
☐
☐

v. 랩 하다

Mi hermano menor canta *rap* y se va a
presentar a un concurso.
나의 남동생은 랩을 해서 경연 대회에 출전할 것이다.

📖 hermano menor n.m. 남동생 | presentarse a ~: ~에 출전
하다 | concurso n.m. 대회

☐ **letra (de una**
☐ **canción)**
☐

n.f. (노래의) 가사

No me sé la letra de esa canción.
나는 그 노래의 가사를 모른다.

📖 canción n.f. 노래

💡 **Tip 1**
'가사를 알다'라는 의미를 나타낼 때에는 재귀동사 saberse를 사용하여
saberse la letra라고 한다.

💡 **Tip 2**
한 곡의 가사는 letras가 아닌 letra임에 유의하자.

☐ **compositor**
☐
☐

n.m. 작곡가

El compositor de esta canción tuvo
tanto éxito que se hizo famoso a nivel
internacional.
이 노래의 작곡가는 너무 큰 성공을 거둬서 국제적인 규모로 유명
해졌다.

📖 tanto/a/os/as+명사+que 주어+직설법 동사: 너무 ~해서 ~하다 |
hacerse famoso/a 유명해지다 | a nivel internacional 국제적
인 규모로

💡 **Tip**
'작곡가(여자)'는 compositora라고 한다.

cantautor

n.m. 싱어송라이터

Hoy en día hay muchos cantautores.

오늘날에는 싱어송라이터가 많다.

📝 hoy en día 오늘날

💡 **Tip**

'싱어송라이터(여자)'는 cantautora라고 한다.

orquesta

n.f. 오케스트라

El público, silencioso, escuchó la actuación de la orquesta.

청중은, 말없이, 오케스트라의 공연을 들었다.

📝 público n.m. 관객, 청중, 대중 | escuchar v. 듣다 | actuación n.f. 공연

💡 **Tip**

silencioso는 '침묵하는, 말없는'이라는 뜻이지만, 여기서는 자연스럽게 '말없이, 침묵한 상태로' 정도로 해석한다.

director de orquesta

n.m. 오케스트라 지휘자

Para ser director de orquesta es fundamental tener grandes conocimientos de música.

오케스트라의 지휘자가 되기 위해서는 음악에 대한 대단한 지식들을 가지는 것이 근본적으로 중요하다.

📝 fundamental adj. 근본적인, 근본적으로 중요한 | grande adj. 대단한, 위대한 | conocimiento n.m. 지식

💡 **Tip**

'오케스트라 지휘자(여자)'는 directora de orquesta 라고 한다.

Unidad 02 건축물·조각·회화

Me gusta visitar museos y aprender cosas nuevas.
나는 박물관들을 방문하고 새로운 것을 배우는 것을 좋아해.

A1

☐☐☐ **museo**

n.m. 박물관

Me gusta visitar museos y aprender cosas nuevas.
나는 박물관들을 방문하고 새로운 것을 배우는 것을 좋아한다.

📝 visitar v. 방문하다

> 💡 **Tip 1**
> visitar는 사람 목적어와 함께 쓰일 때 전치사 a를 동반하지만, 장소와 관련된 목적어와 쓰일 때에는 a를 쓰지 않는다.

> 💡 **Tip 2**
> 역구조 동사인 gustar의 주어로 2개의 동사가 사용되어도 'me gustan~' 이라고 하지 않음에 유의한다.

☐☐☐ **monumento**

n.m. 기념물

Los monumentos más famosos están en el centro.
가장 유명한 기념물들은 시내에 있다.

📝 famoso/a adj. 유명한 | centro n.m. 시내, 중심지

> 💡 **Tip**
> 최상급은 '정관사+명사+más+형용사'로 표현한다.

A2

☐☐☐ **cuadro**

n.m. 그림

Mi abuelo pintaba cuadros y los vendía.
나의 할아버지는 그림을 그리고 그것들을 팔곤 하셨다.

📝 pintar cuadros (그림 물감으로) 그림을 그리다 | vender v. 팔다

> 💡 **Tip**
> cuadro는 색이 칠해진 그림을 뜻하여, 보통 우리가 박물관에서 보는 그림은 cuadro라고 부른다.

☐ **dibujo**
☐
☐

n.m. **(색칠을 하지 않은) 그림, 만화**

De pequeña, veía dibujos animados
después de comer.

어릴 적에, 나는 점심을 먹은 후 만화영화를 보곤 했다.

📖 de pequeño/a 어릴 적에 | dibujo animado n.m. 만화영화(항상
복수로 사용) | después de ~: ~ 후에

> **Tip**
> comer 자체에는 '먹다' 외에 '점심을 먹다'라는 뜻도 있다.

☐ **dibujar**
☐
☐

v. **그리다**

¡Dibújame en este papel!

이 종이에 나를 그려 줘!

📖 papel n.m. 종이

> **Tip**
> dibujar는 색을 칠하지 않고 그리는 것을 지칭한다.

☐ **pintor**
☐
☐

n.m. **화가**

Salvador Dalí es un pintor español.

살바도르 달리는 스페인 화가이다.

📖 español(a) adj. 스페인의, 스페인 출신의

> **Tip**
> '화가(여자)'는 pintora라고 한다.

☐ **estatua**
☐
☐

n.f. **조각상**

El museo tiene una colección de estatuas
griegas.

그 박물관은 그리스 조각상들의 컬렉션을 가지고 있다.

📖 colección n.f. 컬렉션 | griego/a adj. 그리스의

palacio

n.m. 궁전

En Seúl se puede hacer una visita
nocturna a algunos palacios.

서울에서는 몇몇 궁전들에 야간 방문을 할 수 있다.

📑 una visita a ~: ~로의 방문 | nocturno/a adj. 야간의, 밤의

Tip 1
'se puede+동사원형'은 '(보통 누구나, 일반적으로) ~할 수 있다'라는 뜻이며, 무
인칭의 se를 사용한다.

Tip 2
visitar 동사는 장소와 함께 쓰일 때 전치사를 수반하지 않으나, 그의 명사형인
visita(방문)는 전치사 a와 쓰인다.

castillo

n.m. 성

Me gustaba hacer castillos de arena de
pequeño.

나는 어릴 적에 모래성을 만드는 것을 좋아했다.

📑 castillo de arena n.m. 모래성

B1 retrato

n.m. 초상화

Mi bisabuelo se dedicó a pintar retratos.

나의 증조할아버지는 초상화를 그리는 것에 종사하셨다.

📑 dedicarse a ~: ~에 종사하다

Tip
증조할아버지는 bisabuelo, 고조할아버지는 tatarabuelo라고 한다.

artístico/a

adj. 예술적인

El valor artístico de sus cuadros es
incalculable.

그의 그림들의 예술적 가치는 헤아릴 수 없다.

📑 valor n.m. 가치 | incalculable adj. 계산할 수 없는, 헤아릴 수
없는, 엄청난

original

adj. 독창적인

Los cuadros de Picasso son muy
originales.

피카소의 그림들은 매우 독창적이다.

obra de arte

n.f. 예술 작품

En esta exposición se podrán ver más de mil obras de arte de todo el mundo.

이 전시회에서는 1000개 이상의 전 세계 예술 작품들을 관람할 수 있다.

📖 exposición n.f. 전시회 | más de+숫자: ~ 이상의 | mil adj. 1000개의 | todo el mundo 전 세계, 모든 사람들

> 💡 **Tip**
>
> 여기서 주어는 más de mil obras de arte de todo el mundo이며, 수동의 se가 쓰였다. 따라서 직역은 '1000개 이상의 작품들이 관람될 수 있다'이지만, '1000개 이상의 작품을 관람할 수 있다'로 자연스럽게 해석한다.

genio

n.m. 천재

Picasso fue un genio.

피카소는 천재였다.

diseñador

n.m. 디자이너

Sueño con ser diseñador.

나는 디자이너가 되는 것을 꿈꾼다.

📖 soñar con 동사원형: ~하는 것을 꿈꾸다

> 💡 **Tip**
>
> '디자이너(여자)'는 diseñadora라고 한다.

escultura

n.f. 조각

PLAZA DE SOL

La planta baja está dedicada a las obras de escultura.

지상층은 조각 작품들 전용입니다.

📖 planta baja n.f. 지상층, 한국의 1층 | estar dedicado/a a+명사: ~를 위해 바쳐져 있다, ~를 대상으로 하다, ~의 전용이다 | obra n.f. 작품

☐ **escultor**
☐
☐

n.m. 조각가

Miguel Ángel es considerado uno de los más grandes escultores de la historia.
미켈란젤로는 역사상 가장 위대한 조각가들 중 한 명으로 여겨진다.

📑 ser considerado/a ~: ~로 여겨지다 | historia n.f. 역사

> **Tip 1**
> grande는 명사 앞에서 주로 '위대한'의 의미를 갖는다.
> --
> **Tip 2**
> '조각가(여자)'는 escultora라고 한다.

☐ **acueducto**
☐
☐

n.m. 수도교

El acueducto de Segovia es famoso a nivel mundial.
세고비아의 수도교는 전 세계적으로 유명하다.

📑 a nivel mundial 전 세계적으로, 세계적인 규모로

☐ **muralla**
☐
☐

n.f. 성벽

Esta muralla se construyó en la Edad Media.
이 성벽은 중세 시대에 건축되었다.

📑 construirse v. 건축되다 | Edad Media n.f. 중세 시대

NOTA

Unidad 03 문학

Me gusta escribir poemas.
나는 시들을 쓰는 것을 좋아해.

A1 ☐ **libro**
☐
☐

n.m. 책

Leo dos libros al mes.
나는 한 달에 두 권의 책을 읽는다.

📖 leer v. 읽다 | al mes 한 달에

💡 **Tip**
mes는 남성 명사이기 때문에 a+el이 축약되어 al이 되었다.

☐ **escribir**
☐
☐

v. 쓰다

Me gusta escribir poemas.
나는 시들을 쓰는 것을 좋아한다.

📖 poema n.m. 시

A2 ☐ **librería**
☐
☐

n.f. 서점

¿Hay una librería por aquí?
이 근처에 서점이 하나 있나요?

📖 por aquí 이 근처에

💡 **Tip**
부정관사를 동반한 사물의 위치는 hay와 함께 쓴다.

☐ **literatura**
☐
☐

n.f. 문학

Me gustaría estudiar Literatura en la universidad.
나는 대학에서 문학을 공부했으면 한다.

📖 me gustaría+동사원형: ~했으면 하다, ~하고 싶다 | estudiar v. 공부하다 | universidad n.f. 대학(교)

novela

n.f. 소설

Yo suelo leer novelas románticas en mi tiempo libre.

나는 나의 자유 시간에 보통 로맨틱 소설들을 읽는다.

📑 romántico/a adj. 로맨틱한 | tiempo libre n.m. 자유 시간, 한가한 시간

poesía

n.f. 시

Mi novio me ha regalado un libro de poesía por mi cumpleaños.

내 남자 친구는 내 생일을 맞아 나에게 시집을 하나 선물해 줬다.

📑 novio n.m. 남자 친구 | regalar v. 선물하다 | por mi cumpleaños 내 생일을 맞아

💡 Tip 1

'시집'은 un libro de poesía 혹은 un libro de poemas라고 한다.

💡 Tip 2

poema는 가산명사, poesía는 집합명사이다.

cuento

n.m. 동화, 이야기

En la biblioteca municipal abrieron talleres de cuentos infantiles

시립 도서관에서는 동화 워크숍을 열었다.

📑 biblioteca n.f. 도서관 | municipal adj. 시의, 시립의 | abrir v. 열다 | taller n.m. 워크숍, (예술가의) 작업장, 자동차 정비소 | infantil adj. 유아의

💡 Tip

어떤 단체에서 하는 행위는 주어를 살리지 않고 동사만 3인칭 복수로 쓴다.

escritor

n.m. 작가

Mi escritor favorito acaba de sacar un nuevo libro.

내가 가장 좋아하는 작가는 막 새로운 책을 출간했다.

📑 acabar de+동사원형: 막 ~하다, 방금 ~하다 | sacar v. 꺼내다, 출간하다 | nuevo/a adj. 새로운

B1

poeta

n.m. 시인

Un buen poeta debería saber llegar al corazón de la gente.

좋은 시인이라면 사람들의 마음에 닿을 줄 알아야 한다.

📋 llegar al corazón de ~: ~의 마음에 도달하다, 닿다 | gente n.f. 사람들

Tip 1
debería는 deber 동사의 기능법으로, '마땅히 ~해야 한다'라는 뉘앙스를 첨가한다.

Tip 2
'시인(여자)'은 poetisa라고 한다.

novelista

n.m.f. 소설가

A pesar de ser el novelista más famoso de su país, tuvo muchos problemas económicos.

자신의 나라에서 가장 유명한 소설가임에도 불구하고, 그는 많은 경제적인 문제들을 가졌다.

📋 a pesar de+명사/동사원형: ~에도 불구하고 | país n.m. 나라 | problema n.m. 문제 | económico/a adj. 경제적인

traductor

n.m. 번역가

Para ser traductor hay que tener conocimientos culturales.

번역가가 되기 위해서는 문화적인 지식들을 가져야 한다.

📋 hay que+동사원형: (일반적으로) ~해야 한다 | cultural adj. 문화적인

Tip
'번역가(여자)'는 traductora라고 한다.

lectura

n.f. 독서

La lectura nos ayuda a mejorar la expresión oral.

독서는 우리가 구두의 표현력이 나아지도록 도와준다.

📋 ayudar a alguien+a+동사원형: ~가 ~하도록 돕다 | mejorar v. ~를 나아지게 하다 | expresión oral n.f. 구두의 표현력

Capítulo 18

□ **(auto)**
□ **biografía**
□

전기(자서전)

Su autobiografía es uno de los libros más vendidos del año.

그의 자서전은 올해 가장 많이 팔린 도서 중 하나이다.

📖 uno de ~: ~ 중 하나 | vendido/a adj. 팔린 | del año 올해의

□ **tratar de ~**
□
□

동사 표현 **~에 대해 다루다**

Este libro trata de las obras maestras de Diego Velázquez.

이 도서는 벨라스케스의 걸작들에 대해 다룬다.

📖 obra maestra n.f. 걸작

NOTA

Unidad 04 사진

Me gusta hacer fotos.
나는 사진을 찍는 것을 좋아해.

A1 ☐ **foto**
☐
☐

n.f. 사진

Me gusta hacer fotos.
나는 사진을 찍는 것을 좋아한다.

> 💡 **Tip 1**
> foto는 fotografía의 줄임말이다.
>
> 💡 **Tip 2**
> hacer fotos, sacar fotos, tomar fotos는 '사진을 찍다'라는 표현이다.

A2 ☐ **fotógrafo**
☐
☐

n.m. 사진가

Vamos a contratar a un fotógrafo para la boda.
우리는 결혼식을 위해 사진가 한 분을 고용할 것이다.

📝 ir a+동사원형: ~할 것이다 | contratar v.고용하다 | boda n.f. 결혼식

> 💡 **Tip**
> '사진가(여자)'는 fotógrafa라고 한다.

☐ **cámara**
☐
☐

n.f. 카메라

Quiero comprar una cámara digital para mi hermano mayor.
나는 나의 형을 위해 디지털카메라 한 대를 구매하고 싶다.

📝 querer+동사원형: ~하기를 원하다, ~를 하고 싶다 | comprar v. 구매하다 | cámara digital n.f. 디지털카메라

☐☐☐ *flash*

n.m. 플래시

En la oscuridad hay que activar el *flash* para sacar fotos.

어둠 속에서는 사진을 찍기 위해서 플래시를 작동시켜야 한다.

📖 en la oscuridad 어둠 속에서(는) | activar v. 작동시키다

☐☐☐ *zoom*

n.m. 줌

El *zoom* de mi cámara funciona regular.

내 카메라의 줌은 작동이 그저 그렇다.

> 💡 **Tip 1**
> 'funcionar 작동하다'와 'regular 그저 그렇게'가 결합하여 '작동이 그저 그렇다, 작동이 시원찮다'라는 의미를 나타낸다.
>
> 💡 **Tip 2**
> zoom은 zum이라는 스페인식 표기법으로 쓰기도 한다.

☐☐☐ **trípode**

n.m. 삼각대

Ayer pedí un trípode plegable por Internet y ya está de camino.

어제 나는 인터넷상으로 접이식 삼각대를 주문했고, 벌써 배송 중이다.

📖 ayer adv. 어제 | pedir v. 주문하다 | plegable adj. 접을 수 있는, 접이식의 | por Internet 인터넷상으로 | estar de camino 배송 중이다

☐☐☐ **fotografiar**

v. ~의 사진을 찍다

Uno de mis sueños es fotografiar animales salvajes en África.

나의 꿈 중 하나는 아프리카에서 야생 동물들의 사진을 찍는 것이다.

📖 sueño n.m. 꿈 | animal salvaje n.m. 야생 동물

foto(grafía) en blanco y negro

ant. foto(grafía) en color
n.f. 컬러 사진

n.f. 흑백 사진

En la época de mis abuelos, solo había fotos en blanco y negro.

나의 조부모님의 시절에는, 오직 흑백 사진들만 있었다.

📑 época n.f. 시대, 시절

> **Tip**
> época가 들어가는 문장은 일반적으로 불완료 과거와 쓰인다.

álbum (de fotos)

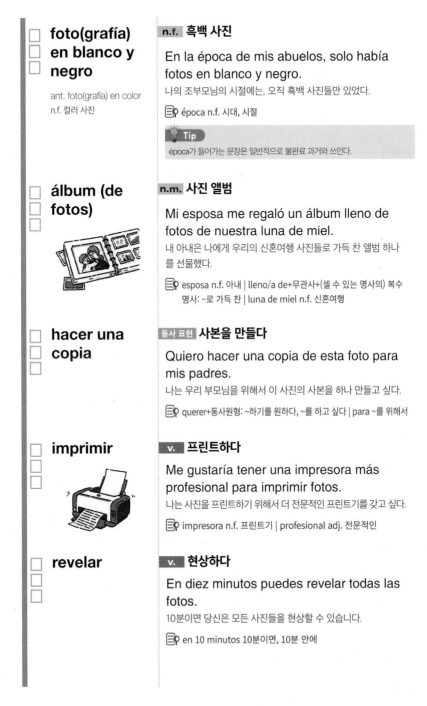

n.m. 사진 앨범

Mi esposa me regaló un álbum lleno de fotos de nuestra luna de miel.

내 아내는 나에게 우리의 신혼여행 사진들로 가득 찬 앨범 하나를 선물했다.

📑 esposa n.f. 아내 | lleno/a de+무관사+(셀 수 있는 명사의) 복수 명사: ~로 가득 찬 | luna de miel n.f. 신혼여행

hacer una copia

동사 표현 사본을 만들다

Quiero hacer una copia de esta foto para mis padres.

나는 우리 부모님을 위해서 이 사진의 사본을 하나 만들고 싶다.

📑 querer+동사원형: ~하기를 원하다, ~를 하고 싶다 | para ~를 위해서

imprimir

v. 프린트하다

Me gustaría tener una impresora más profesional para imprimir fotos.

나는 사진을 프린트하기 위해서 더 전문적인 프린트기를 갖고 싶다.

📑 impresora n.f. 프린트기 | profesional adj. 전문적인

revelar

v. 현상하다

En diez minutos puedes revelar todas las fotos.

10분이면 당신은 모든 사진들을 현상할 수 있습니다.

📑 en 10 minutos 10분이면, 10분 안에

Unidad 05 · 영화와 연극

Estoy viendo una película en casa.
나는 집에서 영화 한 편을 보는 중이야.

A1

☐ **película**

`n.f.` **영화**

Estoy viendo una película en casa.
나는 집에서 영화 한 편을 보는 중이야.

📖 ver v. 보다

☐ **cine**

`n.m.` **영화관, 영화**

¿Vamos al cine esta tarde?
오늘 오후에 우리 영화관에 갈까?

📖 ir al cine 영화관에 가다 | esta tarde 오늘 오후에

> **Tip**
> cine가 '영화관'을 뜻한 경우에는 가산명사, '영화'를 뜻할 경우에는 집합명사로 쓰임에 유의하자.

☐ **teatro**

`n.m.` **연극**

Voy al teatro una vez a la semana.
나는 일주일에 한 번 극장에 간다.

📖 ir al teatro 극장에 가다 | una vez a la semana 일주일에 한 번

☐ **actor**

`n.m.` **남자 배우**

El protagonista es un actor británico.
남자 주인공은 영국 배우이다.

📖 protagonista n.m.f. 주인공 | británico/a adj. 영국의, 영국 출신의

> **Tip**
> '배우(여자)'는 actriz라고 한다.

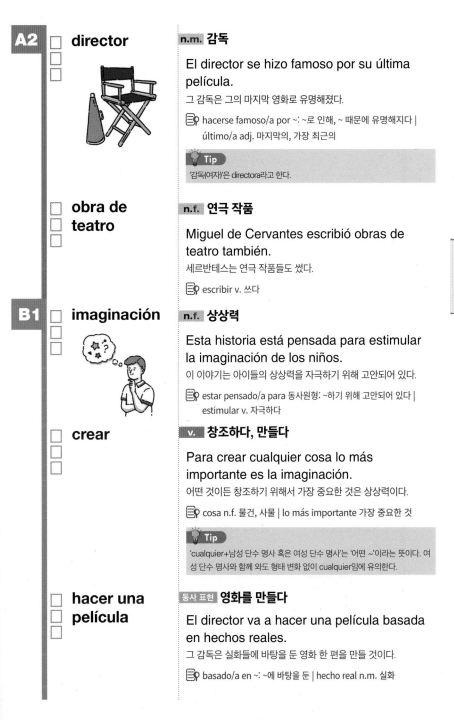

A2 director

n.m. 감독

El director se hizo famoso por su última película.

그 감독은 그의 마지막 영화로 유명해졌다.

📖 hacerse famoso/a por ~: ~로 인해, ~ 때문에 유명해지다 | último/a adj. 마지막의, 가장 최근의

💡 **Tip**
'감독(여자)'은 directora라고 한다.

obra de teatro

n.f. 연극 작품

Miguel de Cervantes escribió obras de teatro también.

세르반테스는 연극 작품들도 썼다.

📖 escribir v. 쓰다

B1 imaginación

n.f. 상상력

Esta historia está pensada para estimular la imaginación de los niños.

이 이야기는 아이들의 상상력을 자극하기 위해 고안되어 있다.

📖 estar pensado/a para 동사원형: ~하기 위해 고안되어 있다 | estimular v. 자극하다

crear

v. 창조하다, 만들다

Para crear cualquier cosa lo más importante es la imaginación.

어떤 것이든 창조하기 위해서 가장 중요한 것은 상상력이다.

📖 cosa n.f. 물건, 사물 | lo más importante 가장 중요한 것

💡 **Tip**
'cualquier+남성 단수 명사 혹은 여성 단수 명사'는 '어떤 ~'이라는 뜻이다. 여성 단수 명사와 함께 와도 형태 변화 없이 cualquier임에 유의한다.

hacer una película

동사 표현 영화를 만들다

El director va a hacer una película basada en hechos reales.

그 감독은 실화들에 바탕을 둔 영화 한 편을 만들 것이다.

📖 basado/a en ~: ~에 바탕을 둔 | hecho real n.m. 실화

Capítulo 18

día del espectador

n.m. 관객의 날

Tenemos que aprovechar el día del espectador, que las entradas son más baratas.

우리는 관객의 날을 놓치지 않고 잘 이용해야 해, 왜냐하면 입장권들이 더 저렴하거든.

📝 tener que+동사원형: ~해야 한다 | aprovechar+명사: ~를 놓치지 않고 잘 이용하다 | entrada n.f. 입장권, 티켓 | barato/a adj. 저렴한

💡 **Tip 1**

',(콤마) que 주어+ 동사'는 주로 구어체에서 '~하니까'라는 뜻으로 쓰여 이유를 나타낸다.

💡 **Tip 2**

스페인에는 주중에 입장권이 더 저렴한 '관객의 날'이 있다.

espectáculo

n.m. 볼거리

Cuando viajo a otro país, intento ver algún espectáculo típico de allí.

나는 다른 나라로 여행을 할 때, 그 곳의 전형적인 어떤 볼거리라도 보려고 노력한다.

📝 viajar a ~: ~로 여행 가다 | otro/a adj. 다른 | intentar+동사원형: ~하려고 노력하다, 시도하다 | típico/a adj. 전형적인, 대표적인 | de allí 그 곳의

💡 **Tip**

현재의 습관, 자주하는 행위는 모두 현재시제로 쓴다.

comedia

n.f. 코미디

Este dramaturgo es conocido por sus comedias llenas de sátiras.

이 극작가는 풍자로 가득한 그의 코미디들로 알려져 있다.

📝 dramaturgo n.m. 극작가 | ser conocido/a por ~: ~로 알려져 있다 | lleno/a de+무관사+(셀 수 있는 명사의) 복수 명사: ~로 가득 찬 | sátira n.f. 풍자

drama

☐
☐
☐

n.m. 연극, 드라마

Sus dramas siguen teniendo mucho éxito en todo el mundo.

그의 극작품들은 전 세계에서 여전히 큰 성공을 거두고 있다.

📝 seguir+현재분사: 계속해서 ~하다, 여전히 ~하다 | tener éxito 성공하다, 성공을 거두다

asiento

☐
☐
☐

n.m. 자리

Ya podéis elegir vuestros asientos comprando entradas en nuestra página web.

이제 당신들은 우리의 웹페이지에서 입장권들을 구매하면서 자리를 선택할 수 있습니다.

📝 elegir v. 선택하다 | entrada n.f. 입장권, 입구 | página web n.f. 웹페이지

> 💡 **Tip**
> 여기서는 '친근한 의미이자, 가까운 당신'의 뉘앙스로 vosotros를 사용한다. 광고에서 자주 사용되는 표현이다.

butaca

☐
☐
☐

n.f. 관람석

En la fila H, butacas 11 y 12, por favor.

H열의 11, 12번 좌석 주세요.

📝 fila n.f. 열, 줄

> 💡 **Tip**
> butaca라는 단어는 매표소에서 표를 구매할 때 또는 관람표에서 볼 수 있다.

pantalla

☐
☐
☐

n.f. 화면

Esta historia se llevó a la pantalla varias veces.

이 이야기는 여러 번 영화로 제작 되었다.

📝 historia n.f. 이야기 | varias veces 여러 번

> 💡 **Tip**
> llevarse a la pantalla는 '스크린으로 가져가지다' 즉 '영화로 제작되다'라는 의미이다.

Capítulo 18

☐ **escenario**
☐
☐

n.m. 무대

Confesó el actor que al principio tenía miedo a subir al escenario.

그 배우는 초창기에는 무대에 오르는 것에 대한 두려움을 가지고 있었다고 고백했다.

📝 confesar que+주어+동사: ~를 고백하다 | al principio 초창기에는, 처음에는 | tener miedo a 동사원형: ~하는 것에 대한 두려움을 가지다 | subir a ~: ~에 오르다

☐ **personaje**
☐
☐

n.m. 인물

El protagonista interpreta un personaje muy complejo.

남자 주인공은 매우 복잡한 인물을 연기한다.

📝 interpretar v. 연기하다 | complejo/a adj. 복잡한, 복잡 미묘한

☐ **función**
☐
☐

sin. sesión
n.f. 상영 시간, (어떤 모임의) 1회

n.f. 상영 시간

¿Vamos a la última función de hoy, que empieza a las nueve?

우리 9시에 시작하는 오늘의 마지막 상영 시간에 갈까?

📝 hoy adv.오늘 | empezar v. 시작하다

> 💡 **Tip**
>
> 보통 연극 작품의 상영 시간을 나타낼 때에는 función을 자주 쓰고, 영화의 상영 시간을 나타낼 때에는 sesión을 자주 쓴다.

☐ **película**
☐ **policíaca**
☐

n.f. 탐정 영화

Yo soy forofo de las películas policíacas.

나는 탐정 영화들의 광팬이다.

📝 ser forofo/a de+정관사+명사: ~의 광팬이다, ~를 매우 좋아하는 사람이다

☐ **película**
☐ **romántica**
☐

sin. película de amor
n.f. 로맨틱 영화

n.f. 로맨틱 영화

No soporto las películas románticas porque son muy cursis para mi gusto.

나는 로맨틱 영화들을 참지 못한다 내 취향에는 매우 유치하기 때문이다.

📝 soportar v. 참다, 견디다 | cursi adj. 유치한 | para mi gusto 내 취향에는

película de terror

□ □ □

sin. película de miedo
n.f. 공포 영화

---

n.f. **공포 영화**

En verano estrenan muchas películas de terror y siempre veo una por lo menos.

여름에는 많은 공포 영화들을 개봉한다 그리고 나는 항상 적어도 한 편은 꼭 본다.

📋 en verano 여름에(는) | estrenar v. 개봉하다 | siempre adv. 항상 | por lo menos 적어도, 최소한

💡 **Tip**
여기서 una는 una película de terror의 줄임 표현이다.

---

película de risa

□ □ □

sin. comedia
n.f. 코미디 영화

---

n.f. **코미디 영화**

Me apetece ver una película de risa para desconectar un poco.

나는 잠깐 머리를 식히기 위해서 코미디 영화 한 편을 보는 것이 당긴다.

📋 apetecer v. ~하는 것이 당기다(역구조 동사) | desconectar v. 머리를 식히다, (하던 일 등에서) 잠깐 벗어나다

---

película de ciencia ficción

□ □ □

---

n.f. **SF 영화, 공상 과학 영화**

Estosdías ponen muchas películas de ciencia ficción en los cines.

요즘 영화관들에서 많은 SF 영화들을 상영한다

📋 estos días 요즘 | poner v. 상영하다, 놓다

---

película de acción

□ □ □

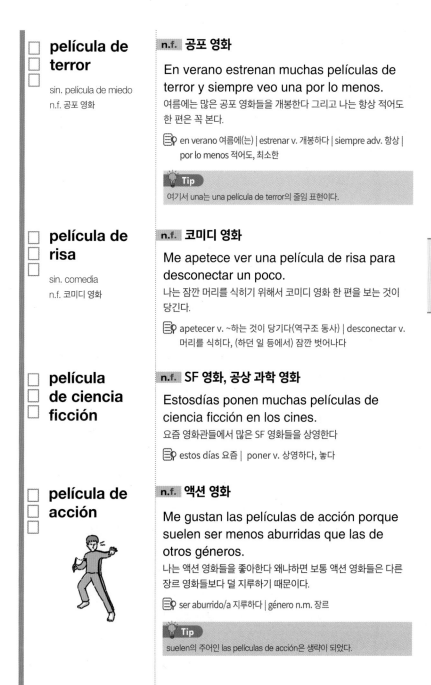

---

n.f. **액션 영화**

Me gustan las películas de acción porque suelen ser menos aburridas que las de otros géneros.

나는 액션 영화들을 좋아한다 왜냐하면 보통 액션 영화들은 다른 장르 영화들보다 덜 지루하기 때문이다.

📋 ser aburrido/a 지루하다 | género n.m. 장르

💡 **Tip**
suelen의 주어인 las películas de acción은 생략이 되었다.

☐
☐ **película de**
☐ **aventuras**

n.f. **모험 영화**

A mi sobrino de doce años le encantan las películas de aventuras.

12살짜리 나의 조카는 모험 영화들을 매우 좋아한다.

📖 sobrino n.m 조카(남자)

☐
☐ **película de**
☐ **guerra**

n.f. **전쟁 영화**

Las películas de guerra me ponen triste, así que no me gustan.

전쟁 영화들은 나를 슬프게 만든다, 그래서 나는 그것들을 좋아하지 않는다.

📖 poner a alguien triste ~를 슬프게 만들다

💡 **Tip**

gustan의 주어인 las películas de guerra는 생략되었다.

☐
☐ **película**
☐ **de dibujos**
animados

n.f. **애니메이션**

Si te portas bien, vamos a ver una película de dibujos animados este sábado.

만약 네가 말을 잘 들으면, 우리 이번 주 토요일에 애니메이션 보러 갈 거야.

📖 si 주어+동사: 만약 ~한다면 | este sábado 이번 주 토요일(에)

💡 **Tip**

portarse bien '행동을 잘하다'는 '착하게 굴다, 말을 잘 듣다'라는 의미이다.

☐
☐ **película**
☐ **en versión**
original

n.f. **원어 버전으로 된 영화**

En Inglaterra, veía películas en versión original para estudiar inglés.

영국에서 나는 영어를 공부하기 위해 원어 버전으로 된 영화들을 보곤 했다.

📖 Inglaterra 영국 | estudiar v. 공부하다 | inglés n.m. 영어, 영국인(남자)

película en versión doblada

sin. película doblada
n.f. 더빙된 영화

n.f. 더빙 버전의 영화

Yo paso de ver películas en versión doblada.

나는 더빙 버전의 영화들을 보는 것은 딱 질색이다.

📖 pasar+de+동사원형: ~하는 것에 관심이 없다, ~는 딱 질색이다

película en versión subtitulada

sin. película subtitulada
n.f. 자막 처리된 영화

n.f. 자막 버전의 영화

Las películas en versión subtitulada son difíciles de ver para los niños.

자막 버전의 영화들은 아이들이 보기에 어렵다.

📖 difícil de 동사원형: ~하기에 어려운 | niño n.m. 남자아이 | niña n.f. 여자아이

> **Tip**
> 'película con subtítulos 자막을 가진 영화'라는 표현도 같이 알아 두자.

final abierto

n.m. 열린 결말

La película que vi ayer tenía un final abierto.

내가 어제 본 영화는 열린 결말을 가지고 있었다.

> **Tip**
> un final feliz는 '해피 엔딩', un final triste는 '새드 엔딩'을 의미한다.

NOTA

¡Muéstrame lo que sabes!

실력을 보여 줘!

Capítulo 18의 필수 단어를 Gema와 Juan의 대화로 술술 말해 보세요.

Gema	¿Qué película quieres ver?
Juan	Pues, algo fácil de seguir.
Gema	Una película de acción, ¿por ejemplo?
Juan	No está mal. ¿Vemos la cartelera primero?
Gema	¡Vale! ¡Ah! Hoy puedo quedar a partir de las nueve de la noche.
Juan	*1 <u>¿Y eso?</u>
Gema	Es que tengo que entregar un trabajo y todavía no lo he terminado... Mira, hay una película de Jackie Chan. ¿Vamos a la sesión golfa?
Juan	¿A qué hora empieza la peli?
Gema	*2 <u>La última</u> empieza a las diez y media.
Juan	Entonces, yo te recojo sobre las diez y vamos a ver esa película.
Gema	*3 <u>¡Trato hecho!</u>

헤마	어떤 영화 보고 싶은데?
후안	음, 내용 따라가기 쉬운 거.
헤마	액션 영화 한 편, 예를 들자면?
후안	괜찮아. 먼저 상영판부터 볼까?
헤마	좋아! 참! 나 오늘 밤 9시 이후부터 만날 수 있어.
후안	왜?
헤마	그게, 과제 하나 제출해야는데, 아직 못 끝냈어... 어, 성룡 영화 한 편이 있네. 마지막 상영 시간에 갈까?
후안	그 영화 몇 시에 시작하는데?
헤마	마지막 영화가 10시 반에 시작해.
후안	그럼, 내가 10시쯤에 너 픽업하고 그 영화 보자.
헤마	오케이!

VOCA

fácil de seguir (내용 등을) 따라잡기 쉬운 | por ejemplo 예를 들자면 | No está mal. 나쁘지 않네, 괜찮아 | primero adj. 우선, 먼저 | quedar v. 만나다 | a partir de ~: ~부터 | Es que 주어+동사: 그게 말이야 ~해 | entregar v. 제출하다 | terminar v. 끝내다 | recoger v. 픽업하다

Tip

*1 ¿Y eso?는 '그리고 그것?'이 아니고 '그건 왜 그런데?, 왜?'에 해당하는 회화체 표현이다.

*2 la última는 la última película에서 película가 생략되었다.

*3 ¡Trato hecho!는 상대와 의견 조율 후 '그래 그렇게 하자!, 오케이!' 정도로 해석한다.

연습문제

1 [보기]에서 빈칸에 알맞은 단어를 찾아 문장을 완성하세요.

> **보기**　　cantautores　　arquitectura　　letra　　genio　　aficionado
> escultura　　muralla　　diseñador　　castillos　　pensados

1 Picasso fue un _____ .
피카소는 천재였다.

2 Soy muy _____ al *jazz*.
나는 재즈를 매우 좋아한다.

3 No me sé la _____ de esa canción.
나는 그 노래의 가사를 모른다.

4 Me gustaba hacer _____ de arena de pequeño.
나는 어릴 적에 모래성을 만드는 것을 좋아했다.

2 [보기]에서 알맞은 단어를 골라 문장을 완성하세요.

> **보기**　　espectador　　autobiografía　　lectura　　trípode

1 La _____ nos ayuda a mejorar la expresión oral.
독서는 우리가 구두의 표현력이 나아지도록 도와준다.

2 Su _____ es uno de los libros más vendidos del año.
그의 자서전은 올해 가장 많이 팔린 도서 중 하나이다.

3 Ayer pedí un _____ plegable por Internet y ya está de camino.
어제 나는 인터넷상으로 접이식 삼각대를 주문했고, 벌써 배송 중이다.

4 Tenemos que aprovechar el día del _____ , que las entradas
son más baratas.
우리는 관객의 날을 놓치지 않고 잘 이용해야 해, 왜냐하면 입장권들이 더 저렴하거든.

★ 오늘의 한 마디!

나는 더빙 버전의 영화들을 보는 것은 딱 질색이다. _____ .

정답
1 ① genio ② aficionado ③ letra ④ castillos
2 ① lectura ② autobiografía ③ trípode ④ espectador
☆ 오늘의 한 마디 - Yo paso de ver películas en versión doblada

보너스 단어

예술과 관련된 어휘들을 익혀 봅시다.

⚡ 예술 유파 관련 어휘

B1 romanticismo	n.m. 낭만주의
B1 cubismo	n.m. 입체주의
B1 impresionismo	n.m. 인상주의
B1 clasicismo	n.m. 고전주의
B1 arte contemporáneo	n.m. 현대 예술
B1 arte gótico	n.m. 고딕 예술
B1 arte barroco	n.m. 바로크 예술

🎺 음악 관련 용어

B1 acto	n.m. 막
B1 escena	n.f. 장면
B1 clarinete	n.m. 클라리넷
B1 saxofón	n.m. 색소폰
B1 trompeta	n.f. 트럼펫
B1 contrabajo	n.m. 콘트라베이스
B1 violonchelo	n.m. 첼로
B1 batería	n.f. 드럼
B1 compás	n.m. 박자, 장단
B1 armonía	n.f. 하모니
B1 sinfonía	n.f. 교향곡
B1 himno	n.m. 찬송가, 국가
B1 nota (musical)	n.f. 음표
B1 do, re, mi, fa, sol, la, si	도, 레, 미, 파, 솔, 라, 시

건축·회화·조각

B1	pirámide	n.f. 피라미드
B1	fachada	n.f. 건물의 외면
B1	columna	n.f. 기둥
B1	estatua de bronce	n.f. 청동상
B1	estatua de mármol	n.f. 대리석상
B1	estatua de barro	n.f. 점토상
B2	pintar al óleo	유화로 그리다
B2	pintar a la acuarela	수채화로 그리다

문학

B1	prosa	n.f. 산문
B1	verso	n.m. 운문
B1	monólogo	n.m. 독백
B1	concurso literario	n.m. 문학 대회, 백일장
B2	novela negra	n.f. 범죄 추리 소설
B2	novela rosa	n.f. 연애 소설

사진·영화·연극

B1	enfocar	v. 초점을 맞추다
B1	disparar	v. 셔터를 누르다
B1	largometraje	n.m. 장편 영화
B1	cortometraje	n.m. 단편 영화
B1	banda sonora	n.f. 사운드트랙
B1	efecto especial*	n.m. 특수 효과
B2	rodar	v. 촬영하다
B2	rodaje	n.m. 촬영
B2	enmarcar	v. 액자를 하다, 프레임을 씌우다

*표시 단어들은 보통 복수로 쓰인다.

Capítulo

19

Naturaleza y medio ambiente
자연과 환경

MP3 바로 듣기

◀ ORM, La Palma
로케 데 로스 무차초스 천문대,
라 팔마

Unidad 01 우주와 자연

Me gustaría vivir en la isla de Jeju.
나는 제주도에 살고 싶어.

A1 ☐ **sol**
☐
☐

n.m. 해, 태양

Me gusta tomar el sol.
나는 일광욕하는 것을 좋아한다.

📑 tomar el sol 일광욕 하다

> 💡 **Tip**
> 태양계와 우주에 대한 문맥에서는 Sol과 같이 첫 글자를 대문자로 시작한다.

☐ **cielo**
☐
☐

n.m. 하늘

El cielo está oscuro.
하늘이 어둡다.

📑 oscuro/a adj. 어두운

☐ **montaña**
☐
☐

n.f. 산

Subo a la montaña dos veces al mes.
나는 한 달에 두 번 산에 오른다.

📑 subir a la montaña 산에 오르다 | dos veces al mes 한 달에
   두 번

☐ **mar**
☐
☐

n.m. 바다

Nadar en el mar es difícil.
바다에서 수영하는 것은 어렵다.

📑 nadar v. 수영하다 | difícil adj. 어려운

☐ **río**
☐
☐

n.m. 강

Me gusta pescar en el río.
나는 강에서 낚시하는 것을 좋아한다.

📑 pescar v. 낚시하다

playa

n.f. 해변

Me gusta pasear por la playa.
나는 해변에서 산책하는 것을 좋아한다.

📖 pasear por ~: ~에서 산책하다

isla

n.f. 섬

Me gustaría vivir en la isla de Jeju.
나는 제주도에 살고 싶다.

📖 me gustaría+동사원형: ~하고 싶다 | vivir v. 살다 | isla de Jeju n.f. 제주도

desierto

n.m. 사막

¿Has estado alguna vez en un desierto?
너는 사막에 가 본 적이 있니?

📖 alguna vez 한 번이라도

💡 **Tip 1**

alguna vez가 들어가면 '~해 본 적'이라는 의미가 첨가되고, 경험을 묻는 것으로 완료 형태와 함께 쓰인다.

💡 **Tip 2**

haber estado en ~은 '~에 있어 본 적이 있다'가 아닌 '~에 가 본 적이 있다'로 해석한다.

bosque

n.m. 숲

Hay muchos animales en el bosque.
숲에는 많은 동물들이 있다.

📖 animal n.m. 동물

costa

n.f. 해안

En la costa hay muchos chiringuitos.
해안에는 많은 비치 바들이 있다.

📖 chiringuito n.m. 비치 바, 해변가에 있는 간이식당

interior

n.m. 내륙

El interior de España tiene muchos lugares bonitos.
스페인의 내륙은 예쁜 지역들을 많이 갖고 있다.

📖 lugar n.m. 장소 | bonito/a adj. 예쁜

luna

n.f. 달

Hoy se ve la luna llena.
오늘 보름달이 보인다.

📖 verse v. 보이다 | lleno/a adj. 꽉 찬

> 💡 **Tip 1**
> luna llena는 '꽉 찬 달'이 아니라 '보름달'로 해석한다

> 💡 **Tip 2**
> 태양계와 우주에 대한 문맥에서는 Luna와 같이 첫 글자를 대문자로 시작한다.

estrella

n.f. 별

Hay muchas estrellas en el cielo.
하늘에 많은 별들이 있다.

planeta

n.m. 행성

Hay ocho planetas en el sistema solar.
태양계에는 8개의 행성이 있다.

📖 sistema solar n.m. 태양계

horóscopo

n.m. 별자리, 점성술

Me gusta leer el horóscopo en el periódico.
나는 신문에서 별자리 운세를 읽는 것을 좋아한다.

📖 leer v. 읽다 | periódico n.m. 신문

espacio

n.m. 우주, 공간

En un futuro cercano se podrá viajar al espacio.
가까운 미래에 우주로 여행을 갈 수 있을 것이다.

📖 en un futuro cercano 가까운 미래에 | se puede+동사원형:
(보통 누구나, 일반적으로) ~할 수 있다 | viajar a ~: ~로 여행을
가다

> 💡 **Tip**
> espacio는 '지리적, 공간적 개념의 우주'를 뜻한다.

B1

universo

☐☐☐

n.m. 우주, 만물

Dicen que el universo sigue creciendo.

우주는 계속해서 크고 있다고 한다.

📝 dicen que 주어+직설법 동사: 사람들이 보통 ~라고 말한다 | seguir+현재분사: 계속해서 ~하다 | crecer v. 자라다, 크다, 성장하다

> 💡 **Tip**
> universo는 '시간, 공간, 물질'의 모든 것을 포함하는 개념으로, 말 그대로 '우주에 존재하는 모든 것'을 의미한다.

astronauta

☐☐☐

n.m.f. 우주 비행사

De pequeño, yo quería ser astronauta.

어릴 적에, 나는 우주 비행사가 되고 싶었다.

📝 de pequeño/a 어릴 적에 | querer+동사원형: ~하고 싶다

viaje espacial

☐☐☐

n.m. 우주 여행

¿En el siglo XXII será posible hacer un viaje espacial?

22세기에는 우주 여행을 하는 것이 가능할까?

📝 siglo n.m. 세기 | posible adj. 가능한 | espacial adj. 우주의

paisaje

☐☐☐

n.m. 풍경, 경치

Desde aquí el paisaje es precioso.

여기로부터 보이는 풍경이 매우 예쁘다.

📝 desde aquí 여기로부터 | precioso/a adj. 매우.멋진, 아주 소중한

> 💡 **Tip**
> precioso/a는 자체가 최상급인 형용사이기 때문에 muy와 함께 쓰이지 않는다.

vista

☐☐☐

n.f. 전망, 경치

El hotel tiene vistas al mar.

그 호텔은 바다를 내다보는 전망을 가지고 있다.

📝 hotel n.m. 호텔 | tener vistas a ~: ~를 내다보는 전망을 가지고 있다

valle

n.m. 유역, 계곡

Mi pueblo está en el valle del Guadalquivir.
나의 마을은 과달키비르 강 유역에 있다.

> **Tip**
> el (río) Guadalquivir은 안달루시아 지역에 있는 강이다.

lago

n.m. 호수

En mi ciudad hay un lago artificial.
내 도시에는 인공 호수가 하나 있다.

📝 ciudad n.f. 도시 | artificial adj. 인공의

selva

n.f. 정글, 밀림

La selva del Amazonas es muy famosa.
아마존 밀림은 매우 유명하다.

📝 el Amazonas 아마존강, 혹은 아마존 지역 | famoso/a adj. 유명한

> **Tip**
> las Amazonas라고 하지 않음에 유의한다.

tierra

n.f. 토지, 땅, 토양, 지구

Aquí la tierra es fértil.
여기 토지가 비옥하다.

📝 aquí adv. 여기 | fértil adj. 비옥한

> **Tip**
> '지구'의 의미로 쓰일 때에는 Tierra와 같이 첫 글자를 대문자로 시작한다.

suelo

n.m. 땅, 바닥

En las grandes ciudades, el precio del suelo es caro.
대도시들에서는 땅값이 비싸다.

📝 precio n.m. 값 | caro/a adj. 비싼

afuera

n.f. 교외, 외곽 지역

Muchos amigos míos viven en las afueras.
나의 많은 친구들은 외곽 지역에 거주한다.

📝 mío/a adj. 나의

> **Tip**
> afueras는 항상 복수로 쓰는 명사이다.

Unidad 02 기후와 날씨

¿Qué tiempo hace hoy?
오늘의 날씨는 어때?

A1 ☐ **tiempo**   **n.m. 날씨, 시간**

¿Qué tiempo hace hoy?
오늘의 날씨는 어때?

☐ **primavera**   **n.f. 봄**

Hay muchas flores en primavera.
봄에는 많은 꽃들이 있다.

📑 flor n.f. 꽃

☐ **verano**   **n.m. 여름**

Me gusta ir a la playa en verano.
나는 여름에 해변에 가는 것을 좋아한다.

📑 playa n.f. 해변

☐ **otoño**   **n.m. 가을**

En otoño hay muchas hojas caídas en la calle.
가을에는 거리에 많은 낙엽들이 있다.

📑 hoja caída n.f. 낙엽 | calle n.f. 거리

☐ **invierno**   **n.m. 겨울**

En invierno no suelo salir mucho.
겨울에 나는 보통 외출을 많이 하지 않는다.

📑 soler+동사원형: 보통 ~하다 | salir v. 외출하다, 나가다

☐☐☐ **llover**

v. 비가 오다

Llueve mucho.
비가 많이 온다.

> 💡 **Tip**
> 날씨 표현은 주어 없이 동사를 3인칭 단수로 쓴다.

☐☐☐ **nevar**

v. 눈이 오다

Va a nevar esta noche.
오늘 밤에 눈이 올 것이다.

📖 esta noche 오늘 밤(에)

☐☐☐ **hacer frío**

동사 표현 날씨가 춥다

Cuando hace frío, me gusta estar en casa.
날씨가 추울 때, 나는 집에 있는 것을 좋아한다.

📖 cuando 주어+동사: ~할 때

> 💡 **Tip**
> mucho를 사용하여 hace mucho frío의 형태로 '날씨가 매우 춥다'라고 할 수 있고, frío 자리에 calor/sol를 넣어서 '날씨가 덥다/화창하다'라는 표현을 만들 수 있다.

☐☐☐ **hacer viento**

동사 표현 바람이 불다

Hace mucho viento.
바람이 많이 분다.

☐☐☐ **hacer buen tiempo**

ant. hacer mal tiempo
날씨가 나쁘다

동사 표현 날씨가 좋다

Cuando hace buen tiempo, salgo a correr.
날씨가 좋을 때, 나는 조깅하러 나간다.

📖 salir a+동사원형: ~하러 나가다 | correr v. 뛰다, 조깅하다

> 💡 **Tip**
> 'hace muy buen tiempo 날씨가 매우 좋다'도 함께 알아 두자.

hacer fresco

동사 표현 날씨가 쌀쌀하다

Como hace fresco estos días, ponte una chaqueta gorda.

요즘 날씨가 쌀쌀하니까, 두꺼운 재킷 입어.

📖 como+주어+직설법 동사: ~이기 때문에, ~하니까 | estos días 요즘 | ponerse v. 입다 | chaqueta n.f. 재킷 | gordo/a adj. 뚱뚱한, 두꺼운

> **Tip**
> 'hace mucho fresco 날씨가 매우 쌀쌀하다'도 함께 알아 두자.

A2

estación

n.f. 계절

SPRING SUMMER

AUTUMN WINTER

¿Cuál es tu estación favorita?

네가 가장 좋아하는 계절은 무엇이니?

📖 favorito/a adj. 가장 좋아하는

> **Tip**
> '가장 좋아하는 것'은 cuál로 묻는다.

lluvia

n.f. 비

Me gusta ver la lluvia por la ventana.

나는 창문을 통해 비를 보는 것을 좋아한다.

📖 ver v. 보다 | ventana n.f. 창문

nieve

n.f. 눈

¡Vamos a hacer muñecos de nieve!

눈사람 만들자!

📖 vamos a+동사원형: ~하자 | hacer v. 만들다 | muñeco de nieve n.m. 눈사람

tormenta

n.f. 폭풍우

No puedo salir de casa por la tormenta.

나는 폭풍우 때문에 집에서 나갈 수 없다.

📖 salir de ~: ~에서 나가다

niebla

☐☐☐

n.f. 안개

Hay mucha niebla, así que ten cuidado al conducir.

안개가 짙어, 그러니까 운전할 때 조심해.

📖 así que 그래서 | tener cuidado 조심하다 | al+동사원형: ~할 때 | conducir v. 운전하다

💡 **Tip**
hace niebla라고 하지 않음에 유의하자.

nube

☐☐☐

n.f. 구름

El cielo está lleno de nubes.

하늘은 구름으로 가득 차 있다.

📖 estar lleno/a de ~: ~로 가득 차 있다

estar nublado

☐☐☐

동사 표현 **구름이 껴 있는 상태이다**

Está nublado.

구름이 껴 있는 상태이다.

💡 **Tip**
암묵적으로 생략된 주어는 el cielo(하늘)이다.

aire

☐☐☐

n.m. 공기

Necesito tomar aire fresco.

나는 신선한 공기를 쐬는 것이 필요하다.

📖 necesitar+동사원형: ~할 것이 필요하다, ~할 필요가 있다 | tomar aire fresco 신선한 공기를 쐬다

B1 ## húmedo/a

☐☐☐

adj. 습한

El clima del norte de España es húmedo.

스페인 북부 지역의 기후는 습하다.

📖 clima n.m. 기후 | norte n.m. 북부 지역, 북쪽

seco/a

☐
☐
☐

adj. 건조한, 메마른

Como no llueve, la tierra está seca.
비가 오지 않기 때문에, 땅이 건조하다.

📑 tierra n.f. 땅, 토양

clima seco

☐
ant. clima húmedo
n.m. 습한 기후
☐

n.m. 건조한 기후

En México es predominante el clima seco.
멕시코에서는 건조한 기후가 지배적이다.

📑 predominante adj. 지배적인, 우세한

granizo

☐
☐
☐

n.m. 우박

El granizo puede ser peligroso.
우박은 위험할 수 있다.

📑 peligroso/a adj. 위험한

hielo

☐
☐
☐

n.m. 얼음

Quiero beber un vaso de agua con hielo.
나는 얼음이 든 물 한 잔을 마시고 싶다.

📑 beber v. 마시다 | un vaso de agua 물 한 잔

Tip
beber는 찬 것을 마실 때 쓰이며, tomar는 찬 것, 뜨거운 것을 마실 때 모두 쓰인다.

relámpago

☐
☐
☐

n.m. 번개

Me dan miedo los relámpagos.
나는 번개가 무섭다.

📑 dar miedo 무서움을 주다, 두려움을 주다

Tip
직역하면 '번개들이 나에게 무서움을 준다'이지만, '나는 번개가 무섭다'로 자연스럽게 해석한다.

Capítulo 19

☐ ☐ ☐	**trueno**	**n.m.** 천둥

Anoche se oyeron truenos.

어젯밤에 천둥 소리가 들렸다.

📖 anoche adv. 어젯밤 | oírse v. 들리다

☐ ☐ ☐	**ola de calor** ant. ola de frío n.f. 한파	**n.f.** 폭염

No quiero salir de casa por la ola de calor.

폭염으로 나는 집에서 나가고 싶지 않다.

📖 por ~ : ~로 인해, ~ 때문에

> 💡 **Tip**
> 한파를 의미하는 ola de frío도 함께 알아 두자.

☐ ☐ ☐	**estar** **despejado**	동사 표현 맑게 갠 상태이다

Hoy el cielo está despejado.

오늘은 하늘이 맑게 갠 상태이다.

☐ ☐ ☐	**hacer** **bochorno**	동사 표현 찜통더위가 일다, 날씨가 무덥다

En verano hace bochorno en Corea.

여름에 한국의 날씨는 무덥다.

> 💡 **Tip**
> 'hace mucho bochorno 날씨가 매우 무덥다'도 함께 알아 두자.

Unidad **03** 동식물

Me ha picado un mosquito.
모기 한 마리가 나를 물었어.

A1 ☐ **animal**

n.m. 동물

Me gustan los animales.
나는 동물들을 좋아한다.

☐ **planta**

n.f. 식물

Tengo plantas en casa.
나는 집에 식물들을 키운다.

> 💡 **Tip**
> 직역하면 '집에 식물들을 갖고 있다'이지만 '식물들을 키운다'라고 자연스럽게 해석한다.

☐ **flor**

n.f. 꽃

Esta flor huele muy bien.
이 꽃은 향기가 매우 좋다.

📝 oler bien 냄새가 좋다, 향기가 좋다

☐ **árbol**

n.m. 나무

Quiero plantar un árbol frutal.
나는 과일나무 하나를 심고 싶다.

📝 plantar v. 심다 | árbol frutal n.m. 과일나무

A2 ☐ **rosa**

n.f. 장미

Mi novio me regaló un ramo de rosas en San Valentín.
내 남자 친구는 밸런타인데이에 나에게 장미꽃 한 다발을 선물했다.

📝 novio n.m. 남자 친구, 애인 | regalar v. 선물하다 | ramo de rosas n.m. 장미 꽃다발 | San Valentín 밸런타인데이

pino

n.m. 소나무

La madera de pino es muy cara.
소나무 원목은 매우 비싸다.

📖 madera n.f. 원목 | caro/a adj. 비싼

olivo

n.m. 올리브 나무

En España hay muchos olivos.
스페인에는 올리브 나무들이 많다.

perro

n.m. 개

Mi animal favorito es el perro.
내가 가장 좋아하는 동물은 개이다.

💡 **Tip**
'개(암컷)'는 perra라고 한다.

gato

n.m. 고양이

Hay muchos gatos callejeros en Corea.
한국에는 많은 길냥이들이 있다.

📖 callejero/a adj. 길거리의

💡 **Tip**
'고양이(암컷)'는 gata라고 한다.

conejo

n.m. 토끼

Mi vecina tiene un conejo como mascota.
나의 이웃 여자는 애완동물로 토끼 한 마리를 갖고 있다.

📖 vecina n.f. 이웃 여자 | como+무관사+명사: ~로(서)

león

n.m. 사자

El león es el rey de la selva.
사자는 밀림의 왕이다.

📖 rey n.m. 왕 | selva n.f. 밀림

> 💡 **Tip**
> '사자(암컷)'는 leona라고 한다.

tigre

n.m. 호랑이

Antes había muchos tigres en Asia.
전에 아시아에는 많은 호랑이들이 있었다.

📖 antes adv. 전에, 예전에 | Asia 아시아

> 💡 **Tip**
> '호랑이(암컷)'는 tigresa라고 한다.

jabalí

n.m. 멧돼지

Los jabalíes son peligrosos.
멧돼지들은 위험하다.

📖 peligroso/a adj. 위험한

> 💡 **Tip**
> '멧돼지(암컷)'는 jabalina라고 한다.

elefante

n.m. 코끼리

Dicen que los elefantes son muy inteligentes.
코끼리들은 매우 영리하다고 한다.

📖 inteligente adj. 영리한, 똑똑한

> 💡 **Tip**
> '코끼리(암컷)'는 elefanta라고 한다.

Capítulo 19

☐
☐
☐
serpiente

n.f. 뱀

Hay serpientes venenosas.
독이 있는 뱀들이 있다.

📖 venenoso/a adj. 독이 있는, 독을 가진

☐
☐
☐
cocodrilo

n.m. 악어

Quiero ir al zoo a ver cocodrilos.
나는 악어들을 보러 동물원에 가고 싶다.

📖 zoo n.m. 동물원

☐
☐
☐
pez

n.m. 물고기

Mi primo tiene un pez muy bonito.
내 사촌은 매우 예쁜 물고기 한 마리를 갖고 있다.

📖 primo n.m. 사촌

☐
☐
☐
pájaro

n.m. 새

Odio los pájaros, sobre todo las palomas.
나는 새들을 싫어한다, 특히나 비둘기들을.

📖 odiar v. 싫어하다, 미워하다 | sobre todo 특히, 무엇보다도 |
paloma n.f. 비둘기

💡 Tip
'새(암컷)'는 pájara라고 한다.

☐
☐
☐
mosca

n.f. 파리, 초파리

La fruta atrae las moscas.
과일은 파리들을 끌어들인다.

📖 fruta n.f. 과일 | atraer v. 끌어들이다, 매료시키다

☐ **mosquito**
☐
☐

`n.m.` 모기

Me ha picado un mosquito.
모기 한 마리가 나를 물었다.

📖 picar v. (벌레나 곤충 등이) 물다, 쏘다

☐ **araña**
☐
☐

`n.f.` 거미

Ha entrado en el baño una araña
화장실에 거미 한 마리가 들어왔다.

📖 entrar en ~: ~에 들어오다, 들어가다 | baño n.m. 화장실

☐ **insecto**
☐
☐

`n.m.` 곤충

Me dan mucho asco los insectos.
나는 곤충들이 징그럽다.

📖 dar asco 혐오감을 주다, 역겨움을 주다

💡 **Tip**

직역하면 '곤충들은 나에게 혐오감, 역겨움을 준다'이지만, '나는 곤충들이 징그
럽다'로 자연스럽게 해석한다.

☐ **mamífero**
☐
☐

`n.m.` 포유류

Los mamíferos son animales de sangre
caliente.
포유류들은 온혈 동물들이다.

📖 de sangre caliente 온혈의

☐ **reptil**
☐
☐

`n.m.` 파충류

Los reptiles tienen la piel dura.
파충류들은 딱딱한 피부를 가지고 있다.

📖 piel n.f. 피부 | duro/a adj. 딱딱한, 단단한

Capítulo 19

anfibio

n.m. 양서류

Los anfibios viven en ambientes acuáticos.
양서류들은 수중 환경에 산다.

📖 ambiente n.m. 환경 | acuático/a adj. 물의, 수중의

animal doméstico

n.m. 가축

Mis padres crían animales domésticos.
나의 부모님들은 가축들을 키우신다.

📖 criar v. 키우다, 양육하다

animal salvaje

n.m. 야생 동물

Está prohibido cazar animales salvajes.
야생 동물들을 사냥하는 것은 금지되어 있다.

📖 está prohibido+동사원형: ~하는 것은 금지되어 있다 | cazar v.
사냥하다

animal de compañía

n.m. 반려동물

Tener animales de compañía ayuda a disminuir el estrés.
반려동물들을 갖는 것이 스트레스를 감소시키는 데에 도움이 된다.

📖 ayudar a+동사원형: ~하는 데에 도움이 되다 | disminuir el
estrés 스트레스를 감소시키다

> 💡 **Tip**
> 유의어로 'mascota 애완동물'도 함께 알아 두자.

maceta

n.f. 화분

Cada mañana riego las macetas.
매일 아침 나는 화분에 물을 준다.

📖 cada mañana 매일 아침 | regar v. 물을 주다

☐ **rama**
☐
☐

n.f. 가지

Las ramas del árbol son muy finas.
그 나무의 가지들은 매우 얇다.

📖 fino/a adj. 얇은

☐ **raíz**
☐
☐

n.f. 뿌리

Las plantas absorben agua por las raíces.
식물들은 뿌리를 통해서 물을 흡수한다.

📖 absorber v. 흡수하다, 빨아들이다

☐ **hierba**
☐
☐

n.f. 허브, 약초, 풀

Algunas hierbas se usan para cocinar.
몇몇 허브들은 요리하기 위해 사용된다.

📖 usarse v. 사용되다 | cocinar v. 요리하다

> **Tip**
> yerba라고도 표기할 수 있다.

☐ **césped**
☐
☐

n.m. 잔디

No pises el césped, por favor.
잔디를 밟지 말아 줘.

📖 pisar v. 밟다

Capítulo 19

NOTA

Unidad 04 환경과 자연재해

Debemos cuidar el medio ambiente.
우리들은 자연환경을 돌봐야 한다.

B1

☐ **medio ambiente**

n.m. 자연환경

Debemos cuidar el medio ambiente.
우리들은 자연환경을 돌봐야 한다.

🔊 deber+동사원형: ~해야 한다 | cuidar v. 돌보다

☐ **contaminación**

n.f. 오염

La contaminación del aire es un problema grave en las grandes ciudades.
대기 오염은 대도시들에서 심각한 문제이다.

🔊 aire n.m. 대기, 공기 | problema n.m. 문제 | grave adj. 심각한

☐ **contaminar**

v. 오염시키다

Las pilas contaminan mucho el medio ambiente.
건전지들은 자연환경을 많이 오염시킨다.

🔊 pila n.f. 건전지

☐ **polución**

n.f. 공해

Cada vez hay más polución en las ciudades chinas.
중국의 도시들에는 매번 더 많은 공해가 있다.

🔊 cada vez 매번 | chino/a adj. 중국의

atmósfera

n.f. 대기

La atmósfera tiene varias capas.

대기는 여러 개의 층을 갖고 있다.

📖 varios/as adj. 여러 개의, 다양한 | capa n.f. 층

capa de ozono

n.f. 오존층

El agujero de la capa de ozono fue descubierto en los años ochenta.

오존층의 구멍은 80년대에 발견되었다.

📖 agujero n.m. 구멍 | ser descubierto/a 발견되다

terremoto

n.m. 지진

El terremoto de Japón ha provocado cientos de muertos.

일본의 지진은 수백 명의 사망자를 낳았다.

📖 provocar v. 일으키다, 낳다 | cientos de ~: 수백 개의 ~, 수백 명의 ~ | muerto n.m. 사망자

huracán

n.m. 허리케인

Un huracán ha destruido muchas casas en Florida.

한 허리케인이 플로리다의 많은 집들을 망가뜨렸다.

📖 destruir v. 망가뜨리다, 파괴하다

tifón

n.m. 태풍

Se han suspendido todos los vuelos debido a un tifón.

한 태풍으로 인해 모든 비행편들이 중지되었다.

📖 suspenderse v. 중지되다 | vuelo n.m. 비행편 | debido a ~: ~ 때문에

Capítulo 19

☐☐☐ **inundación**

n.f. 홍수

Las intensas lluvias han provocado inundaciones.

강한 비들은 그 지역에 홍수들을 일으켰다.

📖 intenso/a adj. 강한, 격렬한

☐☐☐ **sequía**

n.f. 가뭄

Esta región sufre sequía cada año.

이 지역은 매년 가뭄을 겪는다.

📖 región n.f. 지역 | sufrir v. 겪다 | cada año 매년

☐☐☐ **cambio climático**

n.m. 기후 변화

Los científicos tienen diferentes opiniones sobre el cambio climático.

과학자들은 기후 변화에 대해 다른 의견들을 가지고 있다.

📖 científico n.m. 과학자(남자) | científica n.f. 과학자(여자) | diferente adj. 다른 | opinión n.f. 의견 | sobre ~: ~에 대해

☐☐☐ **calenta- miento global**

n.m. 지구 온난화

¿A qué se debe el calentamiento global?

지구 온난화는 무엇에 원인이 있는가?

📖 deberse a ~: ~에 원인이 있다

☐☐☐ **recurso natural**

n.m. 천연자원

Hay países que tienen muchos recursos naturales.

많은 천연자원들을 가지고 있는 나라들이 있다.

💡 **Tip**

'천연자원'은 복수로 쓰는 것이 자연스럽다.

energía alternativa

n.f. 대체 에너지

Los científicos están buscando energías alternativas al petróleo.

과학자들은 석유에 대한 대체 에너지들을 찾고 있다.

📋 buscar v. 찾다 | alternativo/a a ~: ~를 대체하는 | petróleo n.m. 석유

contenedor

n.m. (쓰레기) 수거함

El contenedor de basura normal es de color gris.

일반 쓰레기 수거함은 회색이야.

📋 basura n.f. 쓰레기 | normal adj. 일반적인, 일반의 | de color gris 회색의

Tip

쓰레기 처리장을 의미하는 basurero, vertedero도 함께 알아 두자.

reciclar

v. 재활용하다

Los niños tienen que aprender a reciclar desde pequeños.

아이들은 어릴 때부터 재활용하는 법을 배워야 한다.

📋 aprender a+동사원형: ~하는 법을 배우다 | desde pequeño 어릴 때부터

NOTA

실력을 보여 줘!

Capítulo 19의 필수 단어를 Alba와 Raúl의 대화로 술술 말해 보세요.

Alba ¿A dónde vamos este invierno?

Raúl Pues, ¿qué te parece si vamos a Nueva Zelanda?

Alba ¿A Nueva Zelanda? ¡Hum! No sé yo... Allí, en diciembre *1 <u>estaremos en verano</u>.

Raúl Pasaremos una Navidad diferente, con sol y playa.

Alba Tomar el sol en las *2 <u>Navidades</u>.... me parece un poco raro.

Raúl ¡Hum! Entonces, ¿qué te parece Croacia, por ejemplo? Las vistas nocturnas tienen que ser preciosas.

Alba Bueno, si te digo la verdad, tampoco me interesa.

Raúl Entonces, ¡dime tú a qué país te gustaría ir!

Alba ¿Y si viajamos por España? Nos saldrá más barato todo.

알바 이번 겨울에 우리 어디 가?

라울 음, 뉴질랜드 가는 거 너 어때?

알바 뉴질랜드? 음! 난 잘 모르겠는데... 거기에서는, 12월에 여름일 텐데.

라울 색다른 크리스마스 보내겠네, 태양 그리고 해변과 함께.

알바 성탄절 기간에 일광욕은... 이상한 것 같아.

라울 음! 그렇다면, 크로아티아는 어때, 예를 들어? 야간 경치가 아주 멋있을 게 분명해.

알바 음, 너에게 사실대로 말하자면, 그것도 난 관심이 안가.

라울 그러면, 어느 나라에 가고 싶은지 네가 말해 봐!

알바 우리 스페인으로 여행하면 어때? 다 훨씬 저렴하게 비용이 들 거야!

VOCA

¿Qué te parece si 주어+동사?: ~하는 게 어때? | pasar v. 보내다 | tomar el sol 동사표현 일광욕 하다 | nocturno/a adj. 야간의 | viajar por ~: ~를 여행하다 | salir barato 동사표현 (비용 등이) 싸 게 들다, 저렴하게 들다

Tip

*1 estaremos en verano는 직역하면 '우리는 여름에 있을 거야'지만 '(계절이) 여름일 거야'로 자연스럽게 해석한다.

*2 Navidades는 성탄절 기간을 의미한다.

Ejercicios del capítulo 19

연습문제

1 [보기]에서 빈칸에 알맞은 단어를 찾아 문장을 완성하세요.

> **보기** hojas desierto interior llena estrellas
> grande población cosmopolita bosque tierra

1 Hoy se ve la luna _____ .
오늘 보름달이 보인다.

2 Hay muchas _____ en el cielo.
하늘에 많은 별들이 있다.

3 ¿Has estado alguna vez en un _____ ?
너는 사막에 가 본 적이 있니?

4 En otoño hay muchas _____ caídas en la calle.
가을에는 거리에 많은 낙엽들이 있다.

2 [보기]에서 알맞은 단어를 골라 문장을 완성하세요.

> **보기** selva reptiles compañía domésticos

1 Los _____ tienen la piel dura.
파충류들은 딱딱한 피부를 가지고 있다.

2 Mis padres crían animales _____ .
나의 부모님들은 가축들을 키우신다.

3 Tener animales de _____ ayuda a disminuir el estrés.
반려동물들을 갖는 것이 스트레스를 감소시키는 데에 도움이 된다.

4 El león es el rey de la _____ .
사자는 밀림의 왕이다.

★ 오늘의 한 마디!

나는 집에 식물들을 키운다. _____ .

 정답

1 ① llena ② estrellas ③ desierto ④ hojas
2 ① reptiles ② domésticos ③ compañía ④ selva
☆ 오늘의 한 마디 - Tengo plantas en casa.

Capítulo 19

Ejercicios 연습문제 527

보너스 단어

자연, 환경과 관련된 어휘들을 익혀 봅시다.

 지리

A1	este	n.m. 동
A1	oeste	n.m. 서
A1	sur	n.m. 남
A1	norte	n.m. 북
B1	península	n.f. 반도
B1	continente	n.m. 대륙
B1	América	미대륙, 아메리카
B1	África	아프리카
B1	Oceanía	오세아니아
B1	oriente	n.m. 동양
B1	occidente	n.m. 서양
B1	oriental	adj. 동양의
B1	occidental	adj. 서양의
B1	nordeste	n.m. 북동
B1	noroeste	n.m. 북서
B1	sudeste	n.m. 동남
B1	suroeste	n.m. 남서
B1	mar Rojo	n.m. 홍해
B1	mar Mediterráneo	n.m. 지중해
B2	Polo Sur	n.m. 남극
B2	Polo Norte	n.m. 북극
B2	hemisferio sur	n.m. 남반구
B2	hemisferio norte	n.m. 북반구
B2	Antártida	n.f. 남극 대륙
B2	océano Atlántico	n.m. 대서양
B2	océano Pacífico	n.m. 태평양
B2	océano Ártico	n.m. 북극해
B2	mar Báltico	n.m. 발트해

기후와 날씨

B1 temperatura	n.f. 기온
B2 temporal	n.m. 폭우
B2 chaparrón	n.m. 소나기
B2 nevada	n.f. 폭설
B2 predicción del tiempo	n.f. 일기예보
B2 soplar	v. 바람이 불다
B2 helar	v. 얼다
B2 granizar	v. 우박이 내리다

 ## 동식물

B2 poner un huevo	알을 낳다
B2 perro policía	n.m. 경찰견
B2 perro de caza	n.m. 사냥견
B2 extinción	n.f. 멸종
B2 brotar	v. 싹이 트다
B2 florecer	v. 꽃이 피다
B2 talar	v. 전정하다, 벌채하다
B2 deshojar	v. 나뭇잎을 뜯다
B2 trasplantar	v. 옮겨 심다

Capítulo 19

Capítulo

20

단어 활용 꿀팁

MP3 바로 듣기

◀ Camino de Santiago,
  Santiago de Compostela
  산티아고 순례길,
  산티아고 데 콤포스텔라

Unidad 01 ser를 활용한 성격 묘사

'ser+형용사'만 잘 써도 쉽게 성격을 묘사할 수 있습니다. 다음 표현들을 학습해 보세요.

1. 'ser+형용사'를 이용한 성격 묘사

ser raro/a	이상하다
ser indiferente	무관심하다
ser admirable	존경할 만하다
ser ambicioso/a	야망이 있는 사람이다
ser aventurero/a	모험적인 사람이다
ser despistado/a	덜렁거리는 사람이다
ser envidioso/a	남을 잘 부러워하는(질투하는) 사람이다
ser estricto/a	엄격하다
ser independiente	독립적이다
ser indeciso/a	우유부단하다
ser frío/a	차갑다
ser ingenuo/a	순진하다
ser marchoso/a	흥이 넘치는 사람이다

ser extravagante	사치스럽다
ser formal	정중하다
ser inteligente	똑똑하다
ser tonto/a	멍청하다
ser nervioso/a	가만히 있지 못하는 성격이다
ser gracioso/a	웃기다
ser bien educado/a	예의 바르다
ser maleducado/a	예의가 없다
ser tacaño/a	인색하다
ser trabajador(a)	성실하다
ser perezoso/a	게으르다
ser cabezota	고집이 세다
ser callado/a	과묵하다
ser presumido/a	멋 내기를 좋아하는 사람이다

Capítulo 20

Unidad 02 · estar를 활용한 감정·상태·위치 묘사

estar는 감정·상태·위치를 묘사할 때 반드시 필요한 필수 동사입니다. 다음 표현들을 꼭 익혀 두세요.

1. 'estar+형용사'를 이용한 감정·상태 묘사

estar de buen humor	기분이 좋은 상태이다
estar de mal humor	기분이 나쁜 상태이다
estar motivado/a	의욕적인 상태이다
estar decepcionado/a	실망한 상태이다
estar frustrado/a	좌절한 상태이다
estar sorprendido/a	놀란 상태이다
estar cansado/a	피곤한 상태이다
estar ocupado/a	바쁘다
estar celoso/a	질투하고 있다
estar aburrido/a	지루한 상태이다
estar confundido/a	혼란스러운 상태이다
estar orgulloso/a	자랑스러워 하고 있다
estar malo/a	아프다
estar agradecido/a	감사해하고 있다

2. 'estar+위치' 묘사

delante de ~	~ 앞에
detrás de ~	~ 뒤에
dentro de ~	~ 안에
fuera de ~	~ 밖에
a la izquierda de ~	~ 왼쪽에
a la derecha de ~	~ 오른쪽에
encima de ~ **sobre ~**	~ 위에
en ~	~ 안에, ~ 위에 (안과 위의 개념을 모두 지칭)
cerca de ~	~ 가까이에
al lado de ~	~ 옆에
lejos de ~	~ 로부터 멀리
entre ~	~ 사이에
entre A y B	A와 B 사이에

Capítulo 20

¿Dónde está el perro? 그 개는 어디에 있습니까?

답변 1
Está delante de la caja.

상자 앞에 있습니다.

답변 2
Está detrás de la caja.

상자 뒤에 있습니다.

답변 3
Está dentro de la caja.

상자 안에 있습니다.

답변 4
Está fuera de la caja.

상자 밖에 있습니다.

답변 5
Está a la izquierda de la caja.

상자 왼쪽에 있습니다.

답변 6
Está a la derecha de la caja.

상자 오른쪽에 있습니다.

답변 7	답변 8
Está encima de la caja. **= Está sobre la caja.** 상자 위에 있습니다.	**Está en la caja.** 상자에 있습니다. (안과 위의 개념을 모두 지칭)

답변 9	답변 10
Está cerca de la caja. 상자 가까이에 있습니다.	**Está lejos de la caja.** 상자로부터 멀리 있습니다.

답변11
Está entre dos cajas. 두 상자 사이에 있습니다.

Capítulo 20

Unidad 03 · estar를 활용한 진행·그 밖의 표현들

실생활에서 자주 쓰는 'estar de ~'를 활용한 진행 표현과 그 밖의 유용한 표현들을 학습해 보세요.

1. estar de 무관사+명사: ~하는 중이다

estar de visita	방문 중이다
estar de moda	유행 중이다
estar de guardia	당직 중이다
estar de viaje	여행 중이다
estar de excursión	당일치기 여행/소풍 중이다
estar de paso	거쳐 가는 중이다
estar de charla	수다 떠는 중이다
estar de paseo	산책하는 중이다
estar de luto	상(喪)을 치르는 중이다
estar de camarero	(임시로) 웨이터로 일하는 중이다
estar de vacaciones	휴가 중이다
estar de compras	쇼핑 중이다
estar de exámenes	시험 기간 중이다

2. 그 외 유용한 표현들

no estar para bromas	농담할 기분이 아니다
no estar para nadie	누구를 만날 상태가 아니다 (기분이 좋지 않아서, 또는 몰골이 좋지 않아서)
estar para chuparse los dedos	(음식이) 손가락을 빨 정도로 아주 맛있다

- **Hoy el jefe no está para bromas.**
  오늘 상사는 농담할 기분이 아니다.

- **No puedo quedar hoy contigo. No estoy para nadie.**
  오늘 너와 만날 수 없어. 내가 누구를 만날 상태가 아니야.

- **La comida estaba para chuparse los dedos.**
  그 음식은 손가락을 빨 정도로 아주 맛있었다.

Unidad 04

알면 재미있는 증대사와 축소사

스페인어에는 여러가지 증대사와 축소사가 있습니다. 우리가 따로 외웠던 단어들이 증대사와 축소사를 이용해서 만들어진 단어라는 것을 알고 본다면, 더 재미있게 단어를 학습할 수 있습니다.

■ '-ón / -ona'는 스페인어의 여러 증대사 중 하나입니다. 어떤 동사의 행위를 과장 하는 사람과, 비슷한 모양의 것이 크기가 커진 모양을 상상하며 단어를 비교해 보세요.

dormir v. 자다	➡	**dormilón / dormilona** n.m./n.f. 잠꾸러기
comer v. 먹다	➡	**comilón / comilona** n.m./n.f. 먹보
llorar v. 울다	➡	**llorón / llorona** n.m./n.f. 울보
gruñir v. 투덜거리다	➡	**gruñón / gruñona** n.m./n.f. 투덜거리는 사람
mandar v. 명령하다	➡	**mandón / mandona** n.m./n.f. 명령하기 좋아하는 사람
caja n.f. 상자	➡	**cajón** n.m. 서랍
taza n.f. 머그	➡	**tazón** n.m. 스프 또는 시리얼용 그릇
tabla n.f. 판, 보드, 도마	➡	**tablón** n.m. 게시판
cuchara n.f. 수저	➡	**cucharón** n.m. 국자
sala n.f. 작은 방, 실(室)	➡	**salón** n.m. 거실

* 증대사: 기존 어휘에 증대 어미를 붙여서 대상의 크기나 의미를 긍정적이거나 부정적으로 과장하는 표현

■ '-illo/-illa'는 스페인어의 여러 축소사 중 하나입니다. 비슷한 모양의 것이 크기가 줄어든 모양을 상상하면서 단어를 비교해 보세요.

bomba n.f. 폭탄	➡	**bombilla** n.f. 전구
bolso n.m. 가방	➡	**bolsillo** n.m. 주머니
alfombra n.f. 카페트	➡	**alfombrilla** n.f. 마우스 패드
mesa n.f. 테이블	➡	**mesilla** n.f. 협탁
bastón n.m. 지팡이	➡	**bastoncillo** n.m. 면봉
ventana n.f. 창문	➡	**ventanilla** n.f. (기차나 비행기의) 창문
palo n.m. 막대기	➡	**palillo** n.f. 이쑤시개, 젓가락
fleco n.m. (실을 꼬아 장식으로 만든) 술	➡	**flequillo** n.m. 앞머리
paso n.m. 통로	➡	**pasillo** n.m. 좁은 통로, 복도
cama n.f. 침대	➡	**camilla** n.f. 들것
caja n.f. 상자	➡	**cajetilla** n.f. 담뱃갑

Capítulo 20

* 축소사: 기존 어휘에 축소 어미를 붙여서 대상을 작고 귀엽게 표현하거나 기존 어휘의 가치를 깎아내리는 뉘앙스 첨가

■ '-azo'도 증대사 중 하나로 기존의 단어에 '충격, 타격' 또는 '더 좋음, 훌륭함'의
의미를 추가합니다.

1. 기존 단어에 '충격, 타격'의 뉘앙스를 더함

flecha n.f. 화살	➡	**flechazo** n.m. 화살 맞음, 첫눈에 반함
puerta n.f. 문	➡	**portazo** n.m. 문이 쾅 닫힘
látigo n.m. 채찍	➡	**latigazo** n.m. 채찍질
rodilla n.f. 무릎	➡	**rodillazo** n.m. 니 킥
puño n.m. 주먹	➡	**puñetazo** n.m. 주먹질
bala n.f. 총알	➡	**balazo** n.m. 총에 맞음, 총상

- **Mi primer amor fue un flechazo.**
  내 첫사랑은 완전히 첫눈에 반한 거였어.

- **Mi vecina siempre sale de su casa dando un portazo.**
  이웃집 여자는 항상 문을 쾅 닫으면서 집에서 나가.

- **El hombre fue asesinado de un balazo.**
  그 남자는 총에 맞아서 살해되었다.

2. 기존 단어에 '더 좋음, 훌륭함'의 뉘앙스를 더함

cuerpo n.m. 몸, 몸매	⮕	cuerpazo n.m. 멋진 몸매
tema n.m. (노래) 한 곡	⮕	temazo n.m. 명곡
gol n.m. 골	⮕	golazo n.m. 멋진 골
partido n.m. 경기	⮕	partidazo n.m. 명경기

- **¡Qué cuerpazo!**
  몸매 봐!

- **'Eres tú' de Mocedades es un temazo.**
  Mocedades의 'Eres tú'는 완전 명곡이야.

- **El mejor momento de la Copa Mundial de 2002 fue el golazo de Jisung Park.**
  2002년 월드컵 최고의 순간은 박지성의 멋진 골이었어.

Unidad 05 접미사를 활용한 섬세한 느낌 묘사

우리가 알고 있던 단어에 특정 접미사가 붙으면 조금 더 섬세한 부분까지 표현할 수 있습니다.

1. '~하기 쉬운, 곧잘 ~하는'의 뉘앙스를 더해 주는 '-izo'

olvidar 잇다	➡	olvidadizo/a 잘 잇는, 깜빡깜빡하는
resbalar 미끄러지다	➡	resbaladizo/a 미끌거리는, 미끄러지기 쉬운
enamorarse 사랑에 빠지다	➡	enamoradizo/a 쉽게 사랑에 빠지는
asustar 놀라게 하다	➡	asustadizo/a 쉽게 놀라는
pegar 붙이다	➡	pegadizo/a 입에 쉽게 붙는, 귀에 착착 감기는

- **Mi padre es olvidadizo.**
  아빠는 잘 깜빡깜빡하신다.

- **Este suelo es resbaladizo.**
  이 바닥은 미끄러지기 쉽다.

- **Mi prima es enamoradiza.**
  내 사촌(여자)은 쉽게 사랑에 빠진다.

- **Las tortugas son asustadizas.**
  거북이들은 쉽게 놀란다.

- **Esta canción es pegadiza.**
  이 노래는 쉽게 입에 붙는다.

2. 작은 동작을 반복적으로 하는 뉘앙스를 더해 주는 '-ear'

llorar 울다	➡	**lloriquear** 훌쩍거리다
oler 냄새를 맡다	➡	**olisquear** 킁킁거리다
tocar 만지다	➡	**toquetear** 만지작거리다
besar 뽀뽀하다	➡	**besuquear** 쪽쪽거리다
bailar 춤추다	➡	**bailotear** 덩실거리다

* 어휘에 따라 약간의 부정적인 뉘앙스도 첨가된다.

- **¡Deja de lloriquear!**
  그만 좀 훌쩍거려!

- **Mi perro olisquea el suelo cuando está en la calle.**
  내 개는 길거리에 있을 때 땅을 킁킁거리며 냄새를 맡는다.

- **A mi bebé le gusta toquetear mis cosas.**
  내 아기는 내 물건들을 만지작거리는 것을 좋아한다.

- **No entiendo a los que se besuquean en público.**
  나는 다른 사람들 앞에서 서로 쪽쪽거리는 사람들이 이해가 안가.

- **Mira a esa señora que está bailoteando en el escenario.**
  무대에서 덩실거리고 있는 저 여자 분 좀 봐 봐!

Capítulo 20

MEMO

MEMO

MEMO

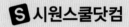